大学C语言实用教程

（第2版）

潘旭华　主编

姜书浩　赵玉刚　王桂荣　参编

清华大学出版社

北　京

内容简介

本书以程序设计为主线，以编程需要带动知识的学习。全书共9章，系统介绍了C语言的相关知识及其程序设计技术，包括简单的C程序设计、基本数据类型、数据运算、结构化程序设计、数组和字符串、指针、函数、复合数据类型、文件与预处理；通过丰富的C程序设计实例，详尽介绍了相应的知识和算法；各章编排了一定量的练习题，以帮助读者在初步掌握语言的基础上，着重培养程序设计的能力。

本书内容充实、体系合理、概念清晰、讲解详尽、例题丰富，是学习C程序设计的理想教材，可作为高等学校本科以上教学用书。为了便于读者上机实践以及课后练习和检测，本书配有辅助教材《大学C语言实用教程实验指导与习题(第2版)》(ISBN 978-7-302-58564-0)。

图书在版编目(CIP)数据

大学C语言实用教程/潘旭华主编．—2版．—北京：清华大学出版社，2021.8(2022.7重印)
ISBN 978-7-302-58699-9

Ⅰ．①大…　Ⅱ．①潘…　Ⅲ．C语言－程序设计－高等学校－教材　Ⅳ．①TP312

中国版本图书馆CIP数据核字(2021)第141312号

责任编辑：汪汉友
封面设计：何凤霞
责任校对：胡伟民
责任印制：宋　林

出版发行：清华大学出版社
　网　　址：http://www.tup.com.cn，http://www.wqbook.com
　地　　址：北京清华大学学研大厦A座　　**邮　　编**：100084
　社 总 机：010-83470000　　**邮　　购**：010-62786544
　投稿与读者服务：010-62776969，c-service@tup.tsinghua.edu.cn
　质量反馈：010-62772015，zhiliang@tup.tsinghua.edu.cn
　课件下载：http://www.tup.com.cn，010-83470236
印 装 者：三河市铭诚印务有限公司
经　　销：全国新华书店
开　　本：185mm×260mm　　**印　　张**：18.75　　**字　　数**：475千字
版　　次：2011年3月第1版　2021年9月第2版　　**印　　次**：2022年7月第3次印刷
定　　价：54.50元

产品编号：093615-01

前言

C语言是广泛应用的计算机语言，学会使用C语言进行程序设计是计算机工作者的一项基本功。当今流行的面向对象语言C++、Visual C++、C#以及Java、Python语言就源于C语言。

在计算机日益普及、信息技术日新月异、新型计算机软件层出不穷的今天，程序设计仍然是每一位当代大学生的基本功，是计算思维素质教育的重要环节之一。尤其是那些希望用计算机来解决本专业领域实际问题的有识之士，更需要加强程序设计与计算思维的学习与训练。

学习计算机语言的目的是应用，而应用要通过程序设计来实现。程序设计发展到今天，已经由技艺推进到科学，有了自己的一套基本原理和方法。进行程序设计，需要很强的逻辑思维能力，是一种极富创造性的智力劳动。对初学者而言，最使他们望而生畏的，往往正是这一点。可以这样认为，语言是一种技能，程序设计是一门科学。因此，任何计算机语言及其程序设计的基本特点就是理论性和实践性并重，教学上应强调科学训练与技能培养并存。基于这一认识，本书以应用为目的，以提高程序设计能力为目标，以程序设计方法学为依据，系统介绍了C语言及其程序设计技术，把程序设计作为科学来讲授，把语言作为技能来培养，让读者在大量的程序设计实践中自然而然地熟悉和掌握，将计算思维的思想进行潜移默化。

根据C语言自身的特点，本书从内容上做了如下安排：第1章是简单的C程序设计，尽管简单，但它是学习C语言的纲；第2、5、8章从易到难介绍了C语言的各种数据结构(基本数据类型、数组和字符串、复合数据类型)；第3章专门介绍C语言的数据运算；第4章集中介绍C语言的控制结构和程序设计的基本思维方法，体现结构化程序设计的特点；第6章介绍指针，这是C语言的精髓和特色，也是学习的难点；第7章介绍函数，体现模块化程序设计思想，也是学习的重点；第9章主要介绍如何建立和操作文件，以及几种常用的编译预处理方法；附录部分给出了C语言运算符集、ASCII代码表、常用库函数、习题参考答案以及C程序应用开发案例，便于读者的查阅。书中所有例题源程序均通过Visual C++ 2010编译系统调试，为方便读者上机实践以及课后练习与检测，本书配有辅助教材《大学C语言实用教程实验指导与习题(第2版)》(ISBN 978-7-302-58564-0)。

本书由潘旭华教授制定写作大纲，王桂荣编写第 1、2 章和附录 A～C 及附录 D 部分内容，姜书浩编写第 3、4、8 章及附录 D 部分内容，潘旭华编写第 5、6、7 章及附录 D、E 部分内容，赵玉刚编写第 9 章及附录 D～E 部分内容。全书由潘旭华教授担任主编并统稿。本书在编写和出版过程中，得到作者所在单位的支持，清华大学出版社的编校人员也为此付出了大量辛勤的劳动，在此一并表示感谢。

本书配套的电子教学资源（教学大纲、实验大纲、授课计划、电子教案、电子图书等），读者可在清华大学出版社网站（http://www.tup.com.cn）本书相应的页面或扫码下载。

由于作者学识水平所限，书中难免疏漏和错误，恳请读者不吝指正。

编　者

2021 年 8 月

目录

第1章 简单的C程序设计

C语言是一种结构化的程序设计语言，具有简洁、灵活、应用广泛、可移植性强和效率高的特点。C语言不仅具有高级语言的优点，还兼有低级语言的功能，因此既可用于编写系统程序，也可用于编写不同领域的应用程序。本书所用C语言案例，均在Visual C++ 2010环境下编写和运行。

1.1 C语言的产生和发展

C语言的原型是ALGOL 60语言(也称为A语言)。

1963年，剑桥大学将ALGOL 60发展成CPL(Combined Programming Language)，该语言已比较接近于硬件，但其规模较大，难以实用。

1967年，剑桥大学的Martin Richards将CPL语言进行了简化，产生了BCPL(Basic Combined Programming Language)。

1970年，美国贝尔实验室的Ken Thompson将BCPL修改成"B语言"，并用B语言开发了第一个用高级语言编写的操作系统——UNIX。

1972年，美国贝尔实验室的Dennis M. Ritchie在B语言基础上设计出一种新的语言，并将BCPL的第二个字母作为该语言的名字，这就是C语言。

1978年，Brian W. Kernighan和Dennis M. Ritchie合著了《The C Programming Language》一书。后来，美国国家标准化协会(American National Standards Institute, ANSI)于1983年在此基础上制定了C语言标准——ANSI C。经过不断地补充和完善，C语言的标准化工作经历了C89、C95、C99和C11这4个阶段。

C语言是一种面向过程的语言，应用C语言编程时，必须按照算法的实现过程逐条编写语句。进入20世纪80年代后，面向对象的程序设计(Object Oriented Programming, OOP)日益普及。所谓面向对象，就是通过类和对象把程序涉及的数据结构和相应的操作有机地组织成模块，对于数据和数据处理细节进行最大限度的封装，使开发出来的软件易重用、易修改、易测试、易维护、易扩充。

1986年，美国贝尔研究所的Bjarne Stroustrup推出了C语言的超集C++语言，一开始C++还不叫C++，而是被称为C with classes(带类的C)。C++与C语言相比，效率不相上下，可以说C++既可用于面向过程的结构化程序设计，又可用于面向对象的程序设计，是一种功能强大的混合型的程序设计语言。

本书在讲述 C 语言编程基础的同时，又讲述了 Visual C++ 2010 环境下调试的完整过程，为今后学习 Visual C++ 打下良好的基础。

1.2 开发环境

1. Visual Studio 开发环境

Visual Studio（简称为 VS），是由美国微软公司发布的一个集成开发环境，它由多种程序设计语言和工具组成，其中 Visual C++ 是 Visual Studio 中的一个重要组成部分，此外还有 Visual C#、Visual Basic 等。

Visual Studio 包含众多版本，分别面向不同的开发角色。

2007 年 11 月，微软发布了 Visual Studio 2008。

2010 年 4 月，微软发布了 Visual Studio 2010 以及.NET Framework 4.0。

2012 年 9 月，微软发布了 Visual Studio 2012。

2013 年 11 月，微软发布 Visual Studio 2013。

2014 年 7 月，微软发布了 Visual Studio 2014。

2015 年 7 月，微软发布 Visual Studio 2015。

2019 年 4 月，微软发布 Visual Studio 2019。

2. Visual C++

目前，还有不少人不清楚 Visual C++ 和 Visual Studio 的关系。Visual C++ 最初发布的时候还没有 Visual Studio，与 Visual Basic 等一样，是一个独立的开发环境，后来微软公司将它们整合在一起，组成了 Visual Studio 集成开发环境。

微软公司为个人开发者提供了快速学习版——Express，Express 版比其他版本简洁，容易安装。

3. 安装 Microsoft Visual C++ 2010 Express

第 1 步，运行 Visual C++ 2010 Express.exe，如图 1-1 所示。

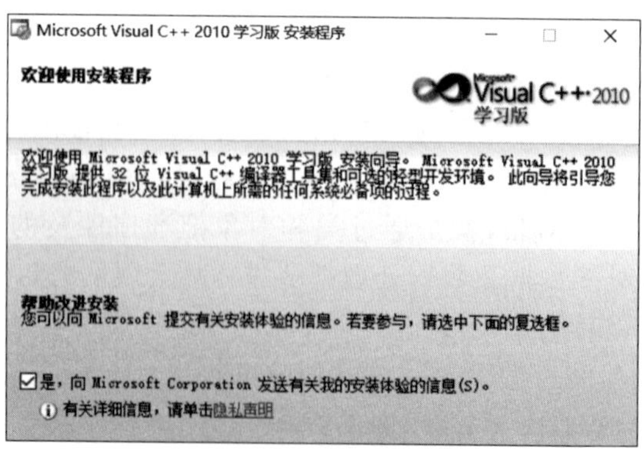

图 1-1 开始安装

第 2 步，选择安装位置，如图 1-2 所示。

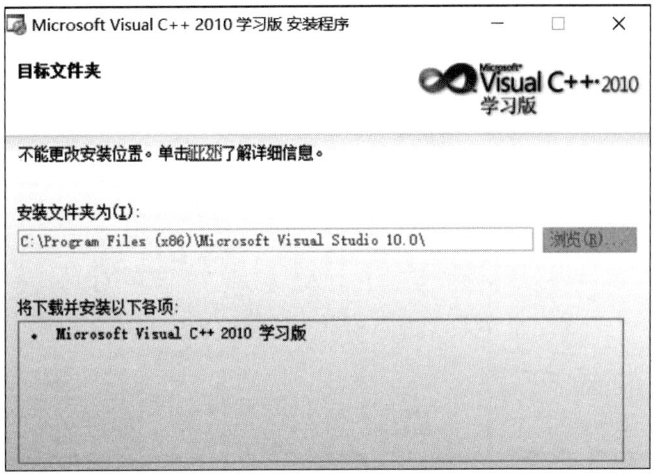

图 1-2　选择安装路径

第 3 步，安装成功，如图 1-3 所示。

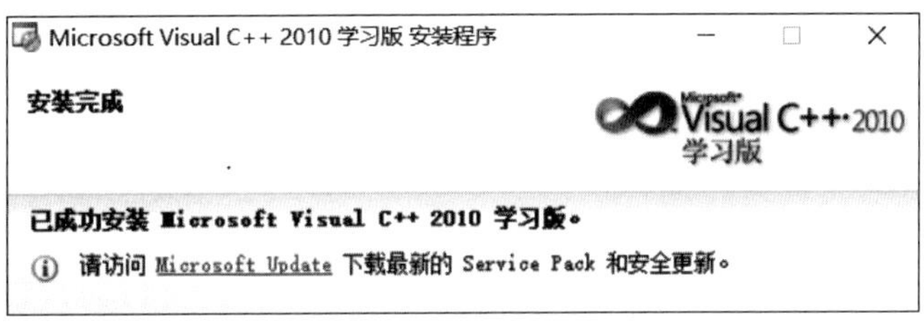

图 1-3　安装完成

1.3　编译环境

快速熟悉 Visual C++ 2010 Express 开发环境，编写 C 语言程序。

Visual C++ 2010 里面不能单独编辑一个.cpp 或者一个.c 文件，这些文件必须依赖于某一个项目(Project)，因此必须创建一个项目。创建项目有很多种方法，可以通过“文件”菜单新建项目，也可以通过工具栏单击“新建项目”按钮进行创建。新建项目步骤如下。

第 1 步，启动 Microsoft Visual Studio 2010 Express，在“开始”菜单选中 Microsoft Visual C++ 2010 Express 选项，如图 1-4 所示。

图 1-4　启动 Microsoft Visual Studio 2010 Express

第 2 步，在“开始页”中单击“新建项目”按钮，如图 1-5 所示。

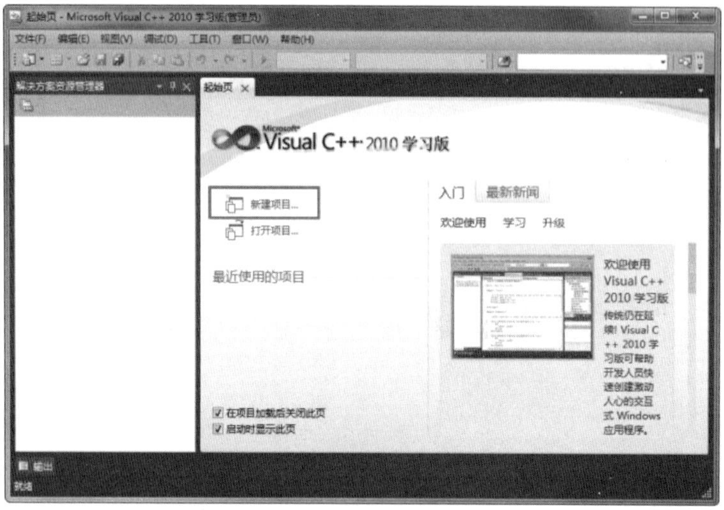

图 1-5　新建项目

第 3 步，设置项目名称、位置和解决方案名称，如图 1-6 所示。

图 1-6　新建项目窗口

从图 1-6 中可以看出新建项目窗口大致可分为 3 个部分。

(1) 在模板区域可以选择要开发项目的模板，本教程针对 C 语言进行讲解，因此选择 Visual C++ 选项。

(2) 在项目区域可以选择要创立项目的类型。具体如下。

① Win32 控制台应用程序：用于创建 Win32 控制台应用程序的项目。

② Win32 项目：用于创建 Win32 应用程序、控制台应用程序、DLL 或其他静态库项目。

③ 空项目：用于创建本地应用程序的项目。

④ 生成文件项目：用于使用外部生成系统的项目。

在此选择“空项目”。

(3) 在项目区域的下面可以设置项目的名称位置以及解决方案的名称，解决方案名称默认为与项目名称相同(也可以更改解决方案名称)。

第 4 步，添加源文件 ex1_1.c。

(1) 建立 prog1 项目后，在“解决方案资源管理器”窗口中，用鼠标右击“源文件”，在弹出的快捷菜单中选择“添加”|“新建项”。

(2) 在弹出的“添加新项-prog1”对话框中，选择“C++ 文件(.cpp)”，在名称框中输入“ex1_1.c”，如图 1-7 所示。

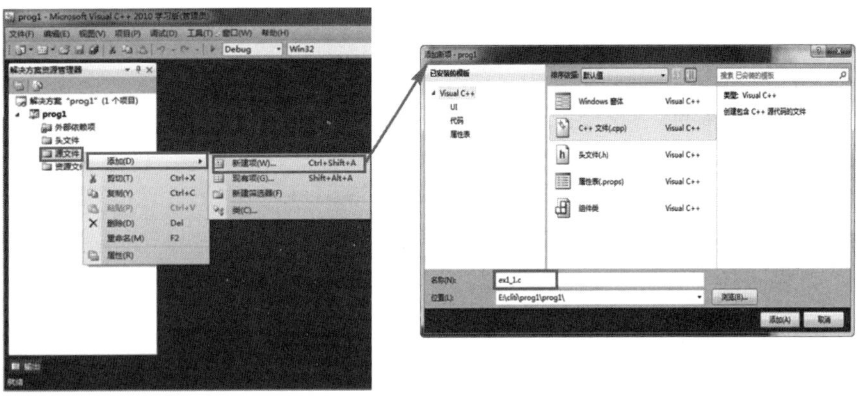

图 1-7 添加源文件

第 5 步，编写代码。在解决方案资源管理器的源文件中看到 ex1_1.c 文件，在代码编辑区中编写的代码如图 1-8 所示。

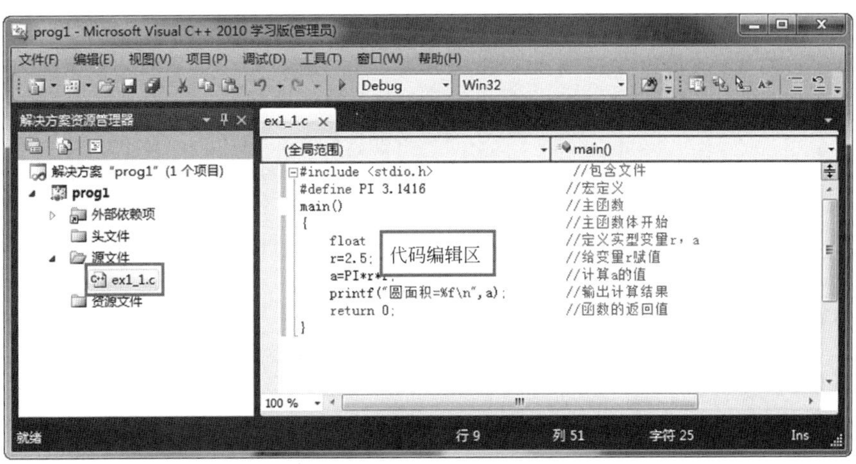

图 1-8 代码编辑区

1.4 结构特点和书写风格

C 语言的基本组成结构是函数，格式灵活。

1.4.1 一个简单的 C 程序

为了对 C 语言编程有一个整体了解，下面结合具体程序进行讲解。

【例 1-1】 计算圆面积。

```
#include<stdio.h>                  //包含文件
#define PI 3.1416                  //宏定义
main()                             //主函数
{                                  //主函数体开始
    float  r,a;                    //定义实型变量 r,a
    r=2.5;                         //给变量 r 赋值
    a=PI * r * r;                  //计算 a 的值
    printf("圆面积=%f\n",a);       //输出计算结果
    return 0;                      //函数返回值
}                                  //主函数体结束标记
```

程序中每条语句右边都加了注释，这是 C 语言允许的。这样便于初学者读懂每个语句的含义，尽快掌握 C 语言的使用。

从例 1-1 可以看到，C 语言基本组成是函数，本例中用到了一个主函数 main()和一个输出函数 printf()，但在实际程序设计中可以有多个函数，每个函数是一个功能模块，函数之间可以相互调用，这可使程序设计更灵活、功能更强大。同样是计算圆面积，在程序设计时，也可以通过函数调用实现。程序代码如下所示。

【例 1-2】 计算圆面积，另一种程序设计方法。程序如下：

```
#include<stdio.h>                  //包含文件
#define PI 3.1416                  //宏定义
main()                             //主函数
{                                  //主函数体开始
    float area();                  //自定义函数类型说明
    float r,a;                     //定义实型变量 r,a
    scanf("%d",&r);                //接受键盘输入数据
    a=area(r);                     //调用自定义函数 area(),返回值赋值给 a
    printf("圆面积=%f\n",a);       //输出计算结果
    return 0;                      //函数返回值
}                                  //main 函数体结束标记

float area(float  x)               //自定义计算圆面积函数 area()及形参 x 类型说明
{                                  //area()函数体开始标记
    float   y;                     //定义实型变量 y
```

```
    y=PI * x * x;                    //计算圆面积赋值给 y
    return(y);                       //返回圆面积值
}
```

注意：C 程序设计通常由多个函数组成，如上文的程序设计使用的函数有 C 语言的标准函数 main()、scanf()、printf()和自定义函数 area()。在本书前 5 章的学习中，主要介绍 C 语言的基本知识和基础程序设计，因此程序设计基本上按照第一种思路，也就是程序的功能在主程序 main()中实现。在第 7 章，会详细介绍函数的定义与使用。

1.4.2　C 程序的结构特点

1. C 为函数式语言

所有的 C 程序都是由函数模块构成，在例 1-2 中涉及主函数 main()、计算圆面积函数 area()和格式化输出输入库函数 printf()、scanf()，从整体上看 C 程序就是函数的集合体。

（1）主函数。main()是 C 程序不可少的主函数，一个应用项目有且仅有一个 main()函数。该函数是程序执行的入口，与其他函数一样，其位置可以在程序的任何位置，一般放在程序的起始位置。程序运行时，总是从主函数 main()的第一条语句开始执行。"{ }"中的内容是函数体，用于实现函数的功能。因此，程序的相关操作写在函数体中。

函数由说明部分和函数体组成，C 程序中对变量和函数的使用遵循"先说明，后使用"的原则。函数的使用将在第 7 章详细介绍。

（2）库函数。库函数是 C 语言的标准函数，其定义包含在以.h 为扩展名的头文件中。格式化输入输出库函数是经常使用的两个函数。程序中用到输入函数 scanf()和输出函数 printf()，需在程序前加：

```
#include<stdio.h>
```

（3）自定义函数。例 1-2 中的 area()是用户自定义函数。C 语言程序是由一个主函数 main()与若干个函数构成的。由主函数调用其他函数，其他函数也可以相互调用，但是主函数不能被其他函数调用。

2. 预处理命令

在 C 源程序中，一般以"#"开头的是预处理命令，这些特殊命令表示在编译 C 语言程序之前应该进行的预先处理工作。

（1）#include：文件包含命令。在例 1-1 中引用了包含文件 stdio.h，在编译预处理时就会将头文件 stdio.h 嵌入到本程序中，在链接时就会将所引用函数的目标代码添加到目标程序中，经编译形成可执行文件。

（2）#define：宏定义命令。先通过宏定义预处理命令定义宏名 PI 的值。宏名通常用大写字母标识，以区分普通变量，宏的使用提高了程序的可读性、可移植性，修改也方便。

关于预处理命令将在第 9 章详细介绍。

3. return 语句

return 语句是返回函数的执行结果，后面紧跟函数的返回值，具体应用将在第 7 章详细介绍。

1.4.3 C 程序书写风格

C 语言采用 ASCII 字符集，用小写字母书写程序，用 C 语言编写的程序具有简洁、高效、灵活、结构化的特点。

(1) C 语言严格区分大小写，关键字（被 C 编译系统预先定义的专用标识符，如 int、float 等）必须小写，其他的也习惯用小写字母，有些情况下用大写区分。

(2) C 语言程序中的标点符号，一律使用西文符号。

(3) C 语句没有行号，使用";"作为语句分隔符或语句结束符，一行内可写多条语句，但通常一行写一条语句并用分号结束。

(4) "{ }"用于标定函数或复合语句范围，必须前后呼应，配对使用。

(5) 必要时，可对程序作注释，通常在语句后边用"/* 注释内容 */"格式；或用"//注释内容"（通常用在单行注释）。

注释可以出现在程序的任何位置，既可以出现在某语句的开头或结尾处，也可以独占一行或几行。注释不是 C 语句，它对程序的编译和运行没有影响，使用注释的目的是增加程序的可读性。

(6) C 语言格式相当灵活，但建议采用结构化格式，即不同层次的结构最好采用右缩进对齐格式书写，即同一结构层次的语句左对齐，下一层次的右缩进至少两个字符。

1.5 输入与输出

一个程序通常具备输入数据、数据运算和输出结果 3 个功能。

C 语言本身不提供输入和输出操作，它是通过调用 scanf()、printf()、getchar()、putchar()等标准的输入输出函数完成。这些函数均以标准的输入输出设备（一般为键盘和屏幕）作为输入输出对象，其函数代码存放在 C 语言编译系统的头文件中。因此，在使用库函数时，要用预处理命令 #include 将相关的头文件书写在源文件的前面。

在 C 语言中，数据运算主要通过赋值语句完成。

本节简要介绍赋值语句和格式输入输出函数的使用，以便能进行简单的程序设计。

1.5.1 赋值语句

赋值语句具有计算和存储两大功能，其一般格式如下：

```
变量名=表达式;
```

其功能是将表达式的值赋给左边的变量。

例如，x=a+b 功能是先计算表达式 a+b 的值，并将该值转换成和 x 相同的数据类型后保存在变量 x 中，变量和表达式在第 2 章和第 3 章中详细介绍。

1.5.2 格式输入输出函数

输入指的是用户通过输入设备(如键盘)将原始数据送入计算机，以便计算机对它们进行处理；输出指的是将保存在内存中的计算结果输出到输出设备(如显示器)，以便用户能阅读。本节将对输入函数 scanf()和输出函数 printf()做简单介绍，详细介绍见第 2 章。

1. 格式化输出函数 printf()

格式化输出函数 printf()用于向标准的输出设备(显示器)按指定的格式输出数据，其一般调用格式如下：

```
printf("格式控制字符串",输出项列表);
```

例如：

```
printf("x=%d,y=%f\n",x,y);
```

(1) printf 是函数名，其后的括号中是该函数的参数。

(2) 格式控制字符串：置于一对双引号中。

① 非控制字符：按原样输出(如 x=,y=)。

② 格式转换说明符：以%开始，后置特定字符(如"%d"用来输出十进制整数，"%f"用来输出实数)，控制输出格式。

③ 转义字符：以反斜线"\"开始，后置特定字符(如"\n"用于控制换行)，实现相应功能。

(3) 输出项目列表：包含零个或多个输出项，当有多个输出项时，相互之间用逗号隔开。

2. 格式化输入函数 scanf()

该函数用于从标准输入设备(键盘)按规定格式接收输入数据。其一般调用格式如下：

```
scanf("格式控制字符串",地址列表);
```

例如：

```
scanf("%d%f",&a,&b);
```

功能：接收从键盘输入的一个整数和一个实数，并保存到对应变量 a 和 b 中。

(1) scanf 是函数名，其后的括号中是该函数的参数。

(2) 格式控制字符串：置于双引号中，用来规定输入数据格式，其用法和 printf()相同。

(3) 地址列表：必须是地址量，变量地址可以在变量名前面加取地址运算符"&"获取，当有多个输入项时，相互之间用逗号隔开。

1.5.3　库函数和标题文件

前面介绍的 printf()和 scanf()函数是 C 编译系统提供的库函数。库函数不是 C 语言的组成部分，而是由 C 编译系统提供的一些非常有用的功能函数。这些库函数的说明、类型和宏定义都分门别类地保存在相应的标题文件(也称头文件)中，而对应的子程序则存放在运行库(.lib)中，当需要使用编译系统提供的库函数时，需在程序开始用

```
#include<标题文件>
```

或

```
#include "标题文件"
```

就可以调用其中定义的库函数。printf()和 scanf()函数是在标题文件 stdio.h 中定义的，因此，在调用它们之前，应先用

```
#include<stdio.h>
```

或

```
#include "stdio.h"
```

将它们所在的标题文件包含进来。这里，由 # include 行以及前面用到的 # define 都称为命令行，它们是 C 语言的编译预处理命令，不是 C 语句，命令动词 include 和 define 也不是 C 关键字。

1.6　运行程序

程序编写完成并保存后，需要对程序进行编译、调试和运行操作，运行例 1-1 程序。选择“调试”|“启动调试”菜单命令，如图 1-9 所示。

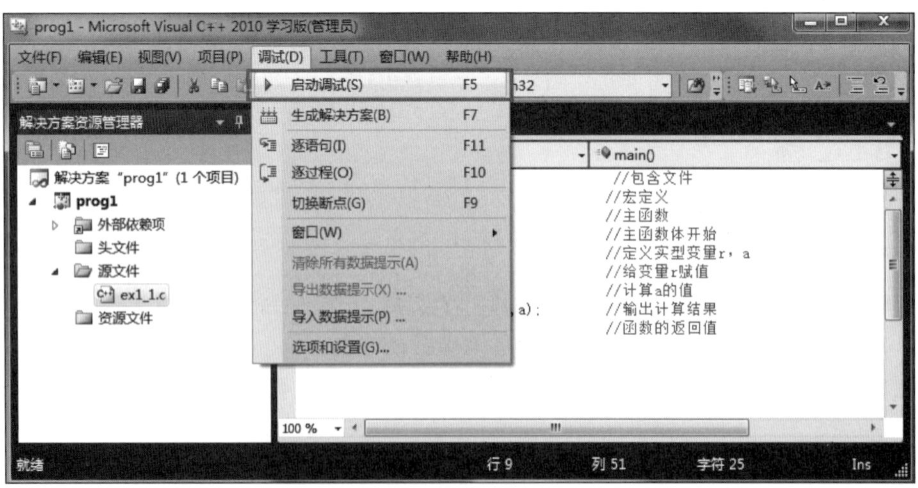

图 1-9　启动调试

(1) 编译成功,弹出运行结果窗口,如图 1-10 所示。

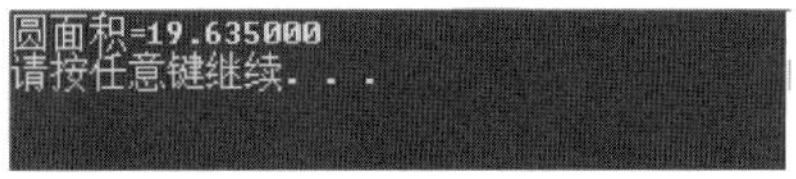

图 1-10　运行结果窗口

(2) 编译过程中,若程序出现错误,会在输出窗口中显示错误信息,如图 1-11 所示。此时,需要返回源程序,修改代码,进行调试直至得到正确的运行结果。

图 1-11　编译未成功

注意:如何让运行界面暂停?

在 Visual C++ 2010 中,直接单击运行按钮或使用 F5 键,就可在调试状态下运行程序,运行结束后结果显示窗口立即消失,此时若想让结果显示窗口暂停,可以采用以下几种方法:

① 使用 Ctrl+F5 组合键。

② 在 return 语句前插入 getchar()函数,如图 1-12 所示。

```
printf("圆面积=%f\n",a);
getchar();
return 0;
```

图 1-12　添加 getchar()函数

getchar()函数用于获取一个字符,在输入字符之前,程序将会停留在运行界面。

③ 在 return 语句前加上

```
system("pause");
```

语句，如图 1-13 所示。

```
printf("圆面积=%f\n",a);
system("pause");
return 0;
```

图 1-13 添加 system 语句

习题 1

一、选择题

1. 以下说法中正确的是(　　)。
   A. 一个 C 函数中只允许一对大括号
   B. C 程序运行时，总是从 main()函数开始执行
   C. C 源程序中的 main()函数必须放在程序的开始部分
   D. C 程序运行时，总是从第一个定义的函数开始执行
2. 下列标识符中错误的一组是(　　)。
   A. Name,char,a_bc,A-B　　B. abc_c,x5y,_USA,print
   C. read,Const,type,define　　D. include,integer,Double,short_int
3. 下面的单词中属于 C 语言关键字的是(　　)。
   A. include　　B. define　　C. ENUM　　D. struct
4. 下面属于 C 语句的是(　　)。
   A. printf("%d\n",a)　　B. /* This is a statement */
   C. x=x+1;　　D. #include<stdio.h>
5. 在一个 C 程序文件中，main()函数的位置(　　)。
   A. 可以任意　　B. 必须在开始
   C. 必须在最后　　D. 必须在系统调用库函数之后
6. C 源程序的基本组成结构是(　　)。
   A. 过程　　B. 函数　　C. 程序段　　D. 子程序
7. 下列 4 个叙述中，错误的是(　　)。
   A. C 语言不提供输入输出语句
   B. C 语言中的关键字必须小写
   C. C 语言中的标识符必须全部由字母组成
   D. C 程序中的注释可以出现在程序的任何位置

二、填空题

1. Visual C++ 2010 中，开发一个 C 程序要经过________、________、________和________ 4 个阶段。

2. Visual C++ 2010 中,C 源程序经过编译后生成的目标文件的默认扩展名是________。

3. Visual C++ 2010 中,C 源程序经过编译和连接后生成的可执行文件的扩展名是________。

4. Visual C++ 2010 中,用________菜单可同时实现 C 源程序的编译和连接。

5. 下面的程序用 scanf()函数从键盘接收一个字母,用 printf()函数显示其十进制代码值,请将程序填完整。

```
include<stdio.h>
void main()
{ __【1】__
scanf("%c",&ch);
printf(__【2】__);
}
```

三、编程题

1. 编写程序,在屏幕上输出"欢迎进入 Visual C++ 2010"字样。

2. 编写程序,从键盘输入一个摄氏度为单位的温度值,将它转换成华氏度为单位的温度值并输出。

(转换公式:华氏度=(9/5)*摄氏度+32)

3. 编写程序,从键盘输入一个华氏度为单位的温度值,将它转换成摄氏度为单位的温度值并输出。

第2章

基本数据类型、常量和变量

用 C 语言编写的程序可以进行文字处理、数值计算、绘制图形、逻辑判断等工作，这些处理对象被划分成不同的数据类型。不同的数据类型在计算机内部的存储方式以及所允许的操作也不相同。C 语言允许使用的数据类型如下。

(1) 基本类型。基本类型包括数值型(即整型、实型)和字符型。不同数据类型在内存中占用字节数(也称数据长度)不同。

(2) 构造类型。构造类型是由已知的基本类型通过一定的构造方法构造出来的类型，包括数组、结构体、枚举类型等。构造类型通常代表一批数据。

(3) 指针类型。指针可以直接指向内存地址，访问效率高，用于构造各种形式的动态或递归数据结构，如链表、树等。

(4) 空类型。空类型也称无类型，是从语法完整性的角度给出的数据类型，表明该处没有数据类型。其主要有两个用途：一是明确地表示一个函数不返回任何值；二是产生一个同一类型指针(可根据需要动态分配给它存储空间)。

本章主要介绍 C 语言提供的基本数据类型、常量及变量的表示方法、符号常数的定义方法及不同类型数据的输入输出操作。

2.1 基本数据类型及关键字

1. 关键字

关键字(也称保留字)，就是已被 C 语言编译系统预先定义的专用标识符(均为小写字母)，而不能做其他用途使用(例如不能用作变量名、函数名等命名)。C 语言早期只有 32 个关键字，随着 C 语言版本提高，关键字也随之增加，如表 2-1 所示。

表 2-1 C 语言标准关键字

ANSI C 的关键字	auto	break	case	char	const	continue	default	do
	double	else	enum	extern	float	for	goto	if
	int	long	register	return	short	signed	sizeof	static
	struct	switch	typedef	union	unsigned	void	volatile	while

续表

C99 标准新增的关键字	inline　restrict　_Bool　_Complex　_Imaginary
C11 标准新增的关键字	_Alignas　_Alignof　_Atomic　_Static_assert　_Noreturn　_Thread_local　_Generic

2. 标识符

标识符是有效字符序列，用来标识用户自己定义的变量名、数组名、函数名等。标识符的命名应遵循以下规则：

(1) 不能与关键字相同。

(2) 只能由字母、数字和下画线组成。

(3) 第一个字符必须为字母或下画线，其后的字符可以是字母、数字或下画线。

(4) 中间不能有空格。

(5) 一般不要与 C 语言中提供的库函数名或对象名相同。

正确的标识符：student、_above、key_board。

不正确的标识符：5smart、boy?、Key · board。

3. 基本数据类型

C 语言数据类型如表 2-2 所示。

表 2-2　基本数据类型及对应关键字表

数据类型	关键字	数据类型	关键字
字符型	char	无值类型	void
整型	int	逻辑型	_bool
浮点(单精度)型	float	复数型	_complex、_imaginary
双精度型	double		

4. 基本数据类型的存储方式和取值范围

不同类型的数据在计算机中的存储方式是不同的，即它们的存储结构和所占的存储空间字节数并不一样，如表 2-3 所示。

表 2-3　基本数据类型的长度和取值范围

数据类型		类型说明符	长度(B)	取值范围
字符型	有符号字符型	char	1	−128～127
	无符号字符型	unsigned char	1	0～255

续表

数据类型		类型说明符	长度(B)	取值范围
整型	有符号短整型	short [int][1]	2	−32768～32767
	无符号短整型	unsigned short [int]	2	0～65535
	有符号整型	[signed] int	4	−2147483648～2147483647
	无符号整型	unsigned [int]	4	0～4294967295
	有符号长整型	[signed] long [int]	4	−2147483648～2147483647
	无符号长整型	unsigned long [int]	4	0～4294967295
实型	单精度实型	float	4	$-3.4\times10^{38}\sim3.4\times10^{38}$
	双精度实型	double	8	$-1.798\times10^{308}\sim1.798\times10^{308}$
	长双精度实型	long double	8	$-1.798\times10^{308}\sim1.798\times10^{308}$

注：①使用时，带方括号的关键字可以省略。

2.2 常量

常量是指在程序运行过程中，其值保持不变的数据。C语言规定常量数据有整型、实型、字符型等。常量不需要预先定义和说明，在需要的地方直接书写即可。下面介绍各种类型常量的书写形式。

1. 整型常量

整型常量就是数学中的整数，可以用十进制、八进制、十六进制表示。

(1) 十进制：整数(0～9)和正号(+)或负号(−)，例如，0、1234、−23、+187。

(2) 八进制：在八进制整数(0～7) 前加数字 0，例如，00、0123、−016。

(3) 十六进制：在十六进制整数(0～9 及 a～f)前加数字 0x(字母大小写均可)，例如，0x2f、0x49。

注意：

在整数后面加上后缀 u 或 U 表示无符号整数，例如 70000u、0123u、0x567abU 等。

在整数后面加上后缀 l 或 L 表示长整数，例如−1247836481、1234567890L 等。

在整数后面加上后缀 ul 或 UL 表示无符号长整数，例如 3456ul，1234567890ul 等。

2. 实型常量

实型常量就是带小数的数，是双精度数，用十进制数表示，有两种书写形式。

(1) 小数格式：例如 123.45、−256.701 等。

为了使计算机正确识别实数，书写时小数点是必不可少的，而整数部分和小数部分可以缺少其一，但不能同时没有。例如.543、−25.、0.、.0、0.0 等都是正确的。

(2) 指数格式：也称科学计数法表示，如数学中 1.25×10^3 和 2.74×10^{-2}，在程序中书写成 1.25e3 和 2.74e-2，e 或 E 前必须有数字，e 或 E 后跟一个 1～3 位整型数。

需要指出，在 C 语言中，无论是小数格式还是指数格式的实型常量，一概被视为 double 型。为了表示 long double 型实型常量，可加后缀 l 或 L，例如，2.36L、1.2e23L。

3. 字符常量

用两个单引号括起来的一个字符(包括转义字符)，每个字符常量占用 1B。字符常量有两种表示方法。

(1) 单个字符。用两个单引号括住，如：'A'、'a'、'5'、'$'、'? '和'+'。

注意：字符数据都是区分大小写的，单个字符常量在内存中实际存放的是 ASCII 码值，因此还可以作为整型常量来表示；而整型变量如果其值为 0～127，也可以将其看成一个字符型常量，对应的就是以该值为 ASCII 代码值所对应的那个字符。

例如：

```
x='a';            //变量 x 在内存中保存的值是 97(字母 a 的 ASCII 值为 97)
```

(2) 转义字符。转义字符是以反斜线"\"开始的特殊字符常量的表示形式，如表 2-4 所示。

表 2-4　常用的转义字符

转义字符	含义	十进制 ASCII 代码值	说　明
\0	NULL	0	ASCII 代码值为 0
\a	BELL	7	报警铃响
\b	BS	8	退格符(Backspace)
\f	FF	12	换页符
\n	NL(LF)	10	换行符
\r	CR	13	回车符
\t	HT	9	水平制表符(Tab)
\v	VT	11	垂直制表符
\\	\	92	反斜杠
\'	'	44	单撇号(单引号)
\"	"	34	双撇号(双引号)

转义字符也可以由反斜杠开头，后跟 1～3 位八进制数(数字前不加 0)或 1～2 位十六进制数(数值前面必须加小写字母 x)。

例如，字母 A 的 ASCII 值是十进制数 65、八进制数 101 和十六进制数 41，在程序中字母 A 常量可以写成'A'、'\101'和'\x41'。

转义字符 '\n'用八进制表示为'\12'，用十六进制表示为'\xa'。

4. 字符串常量

字符串常量是用双引号括起来的字符序列。例如：

```
"I am a student. "
"x"
""
"0107328136"
```

其中，两个双引号连写表示空字符串；当字符串中包含像单引号、双引号或反斜杠这类有特定用途的字符时，应该分别用转义字符\'、\"、\\表示，而且在计算字符个数时，每个转义字符也只算作一个字符。例如：

```
"I said,\ "good morning! \ ""
```

代表的是下面的英文句子，

```
I said,"good morning!"
```

（1）字符串常量的存储方式。每个字符串在内存中占用字节为字符串长度加 1，其最后 1B 存放的字符是“空”，即 NULL 或('\0')表示字符串结束，它是 C 编译系统自动加上的，打印时不显示。

例如，字符串常量"I am a student"。

含有 14 个字符(包括 3 个空格字符)，它在内存中占用 15B 的存储单元，如图 2-1 所示。

I		a	m		a		s	t	u	d	e	n	t	\0

图 2-1　字符串占用的存储单元

（2）字符串常量和字符常量的区别。

① 使用的定界符号不同。字符串常量是以双引号定界，而字符常量则以单引号定界。例如，字母 A 的表示：'A'则是字符型常量，"A"是字符串常量。

② 占用的字节数不同。字符型常量占 1B 的存储单元，而字符串常量占用字节数为字符串长度加 1。例如，字母 A 在内存中占用 1B：字符型常量'A'占 1B；字符串常量"A"占 2B 空间。

③ 字符型常量通常可存放在字符型变量中，而字符串常量则必须存放在字符型数组中。

④ 字符型常量可以与整数混合运算，而字符串常量则不可以。

2.3　变量

变量是指在程序运行过程中其值可以改变的量。变量根据其取值范围的不同，可分为不同类型的变量，如整型变量、实型变量、字符型变量等。不同类型的变量其存储空间是不同的。一个变量有 3 个要素，即变量名、变量的存储空间、在存储空间中存放该变量的值。

1. 变量的定义

C 语言规定，任何变量都必须先定义后使用。

变量定义的一般格式如下：

```
[存储类型] 数据类型<变量名 1>,<变量名 2>,<变量名 3>,…;
```

其中，存储类型可以省略，也可以取 auto、static、extern 或 register，省略时默认为 auto，存储类型的含义及作用将在第 7 章介绍。

数据类型可以是 int、char、float 或 double；有多个变量，相互之间用“,”隔开。例如：

```
int a,b;
char c1,c2,c3;
short int si;
float f1,f2;
double balance,profit,loss;
```

(1) 变量名。代表内存中的一个位置，程序根据变量名进行数据的存取。变量的命名规则与标识符相同。

(2) 数据类型。决定了该变量存储的数据的含义，在表 2-3 中可以看到不同类型数据长度不同存储数据的差异，因此指定变量的类型是必要的。例如：

```
int x;
x=3.14159;
```

定义了 int 型变量 x，则 x 中只能存放整数，即使把其他类型的数据赋给它，C 编译系统也会先将 3.14159 转换为整数 3 后才能存放到 x 中。

2. 变量的初始化

在定义变量的同时赋予其初值称为变量的初始化。例如：

```
int a=2,b=3;
double x,pi=3.1415926;
char ch1='a',ch2='b',ch3=ch1;
```

注意：如果未用 static 或 extern 对变量进行存储类型声明，未经初始化或赋值的变量，其值是不确定的，不能引用。

2.4 符号常数

符号常数是用标识符表示的常数。从外表看，它是标识符，像变量；但实质上，它是常数，它的值不能在程序运行时被修改。

1. 使用符号常数的目的

(1) 用符号常数可以清晰地看出常量所代表的物理意义。例如,用符号常数 G 和 PI 表示重力加速度和圆周率,要比写成 9.8 和 3.14159 更容易看出其代表的物理意义,又符合人们的习惯,这就增强了程序的可读性。

(2) 如果一个程序中多次出现某一个常数,例如,3.1415926535,需要多次书写,若用符号常数就可以用较短的符号代替很长的数字,从而有效地避免多次书写,并可减少出错的概率。

(3) 当程序中多次出现同一常数需要修改时,必须逐个修改,很可能出现漏改或错改。用符号常数只需修改定义,可以做到一改全改。

2. 符号常数的定义

定义符号常数有宏定义、const 修饰和枚举 3 种方法。本节先介绍前两种方法,第三种枚举方法将在第 8 章讨论。

(1) 宏定义。宏定义是用指定的标识符来代表一串字符,一般形式如下:

```
#define 标识符  字符串
```

例如:

```
#define PI 3.14159265
```

其中,标识符 PI 称为宏名,也叫符号常数,为了与一般变量名相区别,通常用大写字母表示;字符串 3.14159265 称为宏体,它没有类型和值的含义。程序在编译前,凡是出现宏名 PI 的地方都用宏体 3.14159265 来替换,然后由编译系统根据上下文确定它的类型和值。

使用宏定义时应注意以下几点:

① 宏定义必须以#define 开头,行末不加分号,因为它不是 C 语句。

② 每个#define 只能定义一个宏,且只占一个书写行。

③ #define 命令一般出现在函数外部,其有效范围为从开始处到本源程序文件结束。

④ 使用宏定义时可使用已定义过的宏,称为宏定义的嵌套。例如:

```
#define PI 3.14159265
#define A 2*PI
```

⑤ 编译系统只对程序中出现的宏名用定义中的字符串作简单替换,而不作语法检查。

⑥ 用宏定义还可定义更复杂的表达式或函数,详见第 9 章。

(2) const 定义。const 和宏定义不同,用 const 定义的符号常数,既有类型也有值,一般形式如下:

```
const  数据类型  标识符=常数表达式;
```

例如：

```
const int max=300;
const double x=max+3.14;
```

定义了一个整型符号常数 max，其值等于 300，一个双精度型符号常数 x，其值为 303.14。

使用 const 定义符号常数应注意以下几点。

① const 定义是以关键字 const 开头、以分号结尾的 C 语句。

② 每个 const 语句可以定义多个同类型的符号常数，相互之间用逗号隔开，如：

```
const int x=20,y=30;
const float a=3.5,b=4.6;
```

③ const 定义既可以出现在函数外部，也可以出现在函数体内。和变量一样，不同位置定义的符号常数的作用域也是不同的。

④ const 定义是在程序编译时完成对标识符的赋值，这个值被存放在内存的常数区中，而宏定义则在预编译时进行宏展开，在编译时按上下文对被替换的字符串进行解释。因此，作为宏名的标识符被存放在内存的代码区中。

【例 2-1】 符号常数的定义方法。程序如下：

```
#include<stdio.h>
#define PI 3.1415926535
void main()
{   double c,a,s,v;
    const double R=2.5;
    c=2*PI*R;
    a=PI*R*R;
    s=4*a;
    v=4*a*R/3;
    printf("Circuference=%f\n",c);
    printf("Area=%f\n",a);
    printf("Surface Area=%f\n",s);
    printf("Volume=%f\n",v);
}
```

程序中分别用 define 和 const 定义了两个符号常数，PI 代表圆周率，R 代表圆半径。在程序编译前，PI 被替换成 3.1415926535，R 则在编译时被赋予 2.5。程序运行结果如下：

```
Circuference=15.707963
Area=19.634954
Surface Area=78.539816
Volume=65.449847
Press any key to continue
```

2.5 输入和输出

C 编译系统为了方便用户使用，提供了多种输入输出函数，其中使用较多的是格式化输入输出函数、单字符输入输出函数、文件输入输出函数等。

2.5.1 格式化输出函数

printf()函数在第 1 章曾作简要介绍，它是用得最多的输出函数，可以用于所有类型数据的输出。只要采用不同的格式转换说明符，就可以将不同类型的数据输出到标准输出设备上。调用 printf()函数的一般形式如下：

```
printf("格式控制字符串",输出项列表);
```

1. 格式控制字符串

格式控制字符串规定了输出项输出数据的格式安排。格式控制字符串中包括以下 3 种符号：

(1) 格式转换说明符。格式转换说明符与输出项相对应，规定输出项的显示格式。不同类型的输出项要用不同的格式转换说明符来控制，如表 2-5 所示。

表 2-5 printf()格式转换说明符

格式转换说明符	功　　能
%c	输出一个字符
%d 或 %i	按实际位数输出十进制整数
%f	按定点格式输出浮点数，整数部分取实际位数，小数部分保留 6 位
%e 或 %E	按指数形式输出单精度、双精度
%g	根据实际数值大小，按输出宽度较小的原则，自动选择%f 或%e 格式输出浮点数
%s	按实际位数输出字符串
%u	按实际位数输出无符号十进制整数
%o	按实际位数输出八进制整数
%x	按实际位数输出十六进制整数
%%	输出一个%
%p	输出指针值(地址)

(2) 转义字符。格式控制字符串中的转义字符主要用控制数据的输出位置，如换行、换页、间隔长度等，常用的转义字符如表 2-4 所示。

(3) 其他字符。若格式控制字符串中含有以上两项以外的其他字符，都视为普通字符，输出时照原样输出。

例如：

```
int a=123,b=1455;
float c=3.14159265;
printf("a=%d,b=%x \t c=%f\n", a, b, c);
```

的控制关系如图 2-2 所示。

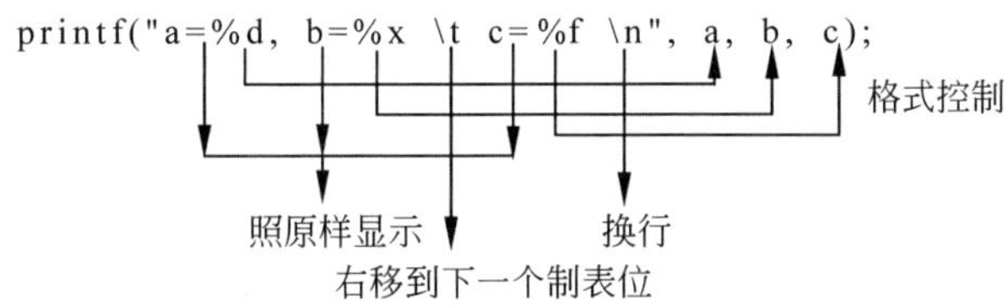

图 2-2　printf()函数的参数含义

图 2-2 中，格式转换说明符%d、%x 和%f 分别用来控制变量 a、b 和 c 的数据显示格式，即 a 的值是十进制整数形式，b 的值是十六进制整数形式，c 的值是浮点数(默认保留 6 位小数)；转义字符，\t 控制在下一个制表位输出数据；\n 控制输出项将在下一行输出；普通字符：a=、,、b=和 c=则照原样输出。

printf()语句输出结果如下：

```
a=123, b=5af  c=3.141593
```

2. 使用 printf()函数的几点说明

(1) 调用 printf()函数时，格式转换说明符与输出项必须在顺序和数据类型上一一对应和匹配。

(2) 输出数据项的个数取决于格式说明符的个数，即当格式转换说明符的个数少于输出项个数时，多余的输出项因没有对应的格式转换说明符而不予输出；当格式转换说明符多于输出项个数时，多余的格式转换说明符因没有对应的输出项而输出不定值。

(3) 当 printf()函数中有多个表达式作为输出项时，先按从右到左的顺序计算各表达式的值，再按从左到右的顺序输出结果。

(4) 每当调用 printf()函数后，该函数将返回一个整数值，其大小等于输出的字符个数。

3. 特殊格式控制

某些特定场合下，可能需要更精密地控制输出数据的格式，包括指定输出数据的宽度、小数位数、设定数据的对齐方式及输出无符号整数、长整数等，通过对格式转换说明符进行适当的修饰就可以做到这一点。

1) 指定输出项的宽度、对齐方式

(1) %$m.n$d 用于整型数据输出形式，其中 m 指定输出项的总宽度，n 为最小有效位数。

① 如果输出项的实际位数小于 m，则左端补足空格直至 m 位；否则，m 不起作用，即按实际位数输出，如例 2-2 输出结果 2 显示。

② 如果在 $m.n$ 之前加一个 0，则在小于输出项实际位数的情况下，左边多余的空位用 0 而不是用空格填充，如例 2-2 输出结果 3 显示。

③ 如果输出项的实际有效位数小于 n，则左边补足 0 直至 n 位；否则，n 不起作用，即按实际位数输出，如例 2-2 输出结果 4 显示。

④ 如果在 $m.n$ 之前加一个“-”，则左对齐输出，如例 2-2 输出结果 5 显示。

【例 2-2】 整数输出格式。程序如下：

```
#include<stdio.h>
main()
{   int a=1234;
    printf("a=%d\n",a);               /*结果 1 输出十进制整数 a=1234*/
    printf("a=%6d\n",a);              /*结果 2 输出十进制整数 a=  1234*/
    printf("a=%06d\n",a);             /*结果 3 输出十进制整数 a=001234*/
    printf("a=%6.5d\n",a);            /*结果 4 输出十进制整数 a=01234*/
    printf("a=%-6d\n",a);             /*结果 5 输出十进制整数 a=1234*/
}
```

运行结果如下：

```
a=1234
a=  1234
a=001234
a= 01234
a=1234
```

(2) %$m.n$f 用于实型数据输出形式，能自动进行末位小数的四舍五入。其中，m 规定输出项的总宽度，n 规定输出的小数位数(默认输出 6 位小数)。

① m 的宽度大于实际数据位数，右对齐，左补空格；否则，m 不起作用，如例 2-3 输出结果 2 显示。(输出宽度 9 位浮点数，小数位为 3，小数点 1 位，整数 1 位，右对齐，左补 4 个空格)。

② 如果在 $m.n$ 之前加一个 0，左边多余的空位用 0 而不是用空格填充，如例 2-3 输出结果 3 显示。

③ 如果在 $m.n$ 之前加一个“-”，则按左对齐的方式输出，如例 2-3 输出结果 4 显示。

④ 如果 n 小于实际小数位数，则自动在结束位之后对数值四舍五入。

【例 2-3】 浮点数输出格式。程序如下：

```
#include<stdio.h>
main()
{   float x=3.141594653;
    printf("x=%f\n",x);               /*结果 1 输出浮点数 x=3.121593*/
    printf("x=%9.3f\n",x);            /*结果 2 输出浮点数 x=3.142*/
    printf("x=%09.3f\n",x);           /*结果 3 输出浮点数 x=00003.142*/
    printf("x=%-9.3f\n",x);           /*结果 4 输出浮点数 x=3.142*/
}
```

运行结果如下：

```
x=3.141593
x=    3.142
x=00003.142
x=3.142
```

(3) %$m.n$s 用于字符串的输出形式。m 规定输出项的总宽度，n 规定只输出字符串中前 n 个字符。若输出项的实际长度小于 m，则左边补充空格；否则，m 不起作用。若输出项的实际长度小于 n，则 n 不起作用；否则，只输出左边 n 个字符，多余的字符被截断。例如：

```
printf("%2s,%8s,%3.8s,%.3s","study","study","study","study");
```

输出结果如下：

```
study,   study,study,stu
```

第 1 项输出时字符串本身的长度已经超出规定的宽 m，按实际长度输出；第 2 项输出时，规定的宽度 m 大于字符串的长度，故在左边填充两个空格；第 3 项输出时，字符串的实际长度大于规定的 m 而小于规定的 n，故 n 不起作用，原样输出字符串；第 4 项输出时，字符串的实际长度大于规定的 n，则按 n 的值输出字符串的前 n 个字符。

如果在 $m.n$ 之前加一个“－”，则按左对齐的方式输出，例如：

```
printf("%-2s,%-8s,%-3.8s,%-.3s","study","study","study","study");
```

输出结果如下：

```
study,study   ,study,stu
```

与上述类似，不同的是在要求左对齐的前提下，若字符串的实际长度小于规定的宽度 m，则在输出项的右边填充空格。

2) 类型修饰

(1) 在类型转换字符 d、i、o、u、x 前面可以加字母 l 或 h，分别表示 long 或 short。例如%ld 表示输出 long int 型，%hu 表示输出 short unsigned int 型；%lo 用来输出无符号形式的八进制长整数；%lx 用来输出无符号形式的十六进制长整数等。注意，八进制和十六进制都不能输出负数，而是根据整数的存储形式，将其视为无符号数输出。例如：

```
printf("%d,%8ld,%ld\n",7000,70000l,70000l);
printf("%x,%o,%d\n",-1,-1,-1);
printf("%x,%x,%lx\n",-01234,01234u,01234ul);
printf("%o,%o,%lo\n",-01234,01234u,01234ul);
```

输出结果如下：

```
7000,   70000,70000
ffffffff,37777777777,-1
fffffd64,29c,29c
37777776544,1234,1234
```

(2) 在类型转换字符 f、e、g 前面可以加字母 L，效果不变。

3）对%u 格式的说明

%u 格式用无符号十进制整数的方式输出。如果输出的是有符号数，则把符号位视为数值的一部分。反之，如果一个无符号数按%d 格式输出，则会将其最高位视为符号位，其余部分按补码处理。

注意：整数在计算机内部以补码形式存放。

```
printf("%u,%u\n",2147483647u, -2147483647);
printf("%d,%u\n",4294967295u, -2);
```

输出结果如下：

```
2147483647,2147483649
-1,4294967294
```

2.5.2 格式化输入函数

scanf()函数可以用于所有类型数据的输入，采用不同的格式转换说明符将不同类型的数据从标准输入设备读入内存。其调用的一般形式如下：

```
scanf("格式控制字符串",输入项目清单);
```

其中，格式控制字符串通常只包含格式转换说明符，而不使用转义字符和普通字符。

1. 格式转换说明符

常用的格式转换说明符如表 2-6 所示。

表 2-6 scanf()格式转换说明符

格式转换说明符	功 能
%c	读入一个字符
%d 或%i	读入一个十进制整数
%f	读入一个浮点数
%e	读入一个浮点数
%h	读入一个 short int 型数
%s	读入字符串，遇到空格、制表符或换行符时结束
%u	读入一个无符号十进制整数
%o	读入一个八进制整数
%x	读入一个十六进制整数
%p	读入指针值
%n	接收%n 之前所读入的字符个数，并存入指定的整型变量的地址中

2. 使用 scanf()函数的几点说明

（1）调用 scanf()函数时，格式转换说明符与输入项必须在顺序和数据类型上一一对应和匹配。例如，用%d 格式对应一个浮点型变量地址时，会得到错误的输入数据。

(2) scanf()函数中至少必须有一个输入项，输入项必须用地址表示。

(3) 当一个 scanf()函数中包含若干个输入项或几个 scanf()函数连续出现时，可以依次输入几个数据，各数据之间只能用空格、制表符或 Enter 键分隔，其他符号都不能作为分隔符。

(4) 当用%d 控制 int 型变量时，键盘输入的数据必须是整数。当用%f 或%e 控制 float 型或 double 型变量时，可从键盘输入等值的整数、小数形式或指数形式的实数，函数会自动进行转换。当用%c 控制 char 型变量时，输入的字符不必加单引号，如果连续几个 char 型数据同时输入时，不要使用分隔符。

(5) 在格式控制字符串中通常只出现格式转换说明符，如果出现格式转换说明符以外的字符，这些字符应该照原样输入，否则当 scanf()函数从输入数据中找不到这样的字符时，将自行终止输入。例如：

```
scanf("%d,%d",&a,&b);
```

由于格式控制字符串中除两个格式转换说明符%d 外，还有一个逗号，输入数据时，第一个数据后面也必须输入一个逗号，然后接着输入第二个数据，即

```
5,6↓
```

程序才能正确接收 5 和 6 分别存放在变量 a 和 b 中。如果输入

```
5 6↓
```

则变量 a 获得数值 5，往后由于找不到与格式控制字符串中对应的“,”，scanf()函数自行终止，变量 b 接收不到数据。

有时，为了提示用户正确输入数据，通常将 printf()与 scanf()函数联合使用，前者输出提示信息，后者接收输入数据。例如，

```
printf("输入一个整型数: ");
scanf("%d",&x);
```

运行时，屏幕上会先显示

```
输入一个整型数:
```

提示用户输入数据，用户只需输入一个整数，如

```
10↓
```

就可以了。

(6) 每次调用 scanf()函数将得到一个返回值，其大小等于输入字符的个数。

3. 使用 scanf()的几个特殊控制

(1) 抑制赋值。在“%”之后、转换控制字符之前加进一个“*”时，scanf()函数将正常读入对应的数据，但不赋值。例如，%*c 将抑制一个输入的字符；%*d 将抑制一个输入

的整数等。例如：

```
scanf("%d%*c%d",&a,&b);
```

若从键盘输入

```
10/20↓
```

则函数把 10 赋给 a，20 赋给 b，而“/”被忽略。即%*c 的作用是跳过一个输入字符。又如

```
scanf("%d%*d%d",&x,&y);
```

当输入

```
10  20  30↓
```

时，变量 x 得到 10，y 得到 30，而 20 被忽略。即%*d 的作用是跳过一个整数。

(2) 限制接收的字符个数。在“%”和控制字符之间插进一个整数可以限制从输入数据中接收的字符个数。如果连续输入的字符个数超过指定的长度，则多余的字符被截断；反之，若连续输入的字符个数尚未达到指定的长度而提前遇到分隔符，则只接收分隔符之前的字符。例如：

```
scanf("%4d%4d",&x,&y);
```

① 若输入

```
123  32658↓
```

则将 123 赋给变量 x(分隔符之前的输入数据不足 4 位，只接收分隔符之前的字符)，将 3265 赋给变量 y(输入的数据超过 4 位，只取前 4 位)。

② 若输入

```
123456789012↓
```

则将 1234 赋给变量 x，将 5678 赋给变量 y。

在进行浮点型数据输入时，输入的小数点优先，且小数点算作 1 位。如

```
scanf("%4f%4f",&x,&y);
```

① 若输入

```
123  32658↓
```

则将 123.0 赋给变量 x(分隔符之前的输入数据不足 4 位，只接收分隔符之前的字符)，将 3265.0 赋给变量 y(输入的数据超过 4 位，只取前 4 位)。

② 若输入

```
1.23456789012↓
```

则将 1.23 赋给变量 x，将 4567.0 赋给变量 y。

注意：在 printf()中可以用%$m.n$f 来控制输出数据的宽度和小数位数，在 scanf()中只能控制接收的数据位数，而不能控制小数位数。例如，试图用 scanf("%5.2f",&x)来规定读入 5 个字符并取两位小数是错误的。

2.5.3 单字符输出函数

单字符输入输出函数 getchar()和 putchar()函数定义在标题文件 stdio.h 中，当需要进行单个字符的输入和输出时，它们比使用 scanf()和 printf()简洁。

1. 单字符输出函数 putchar()

调用 putchar()函数的一般格式如下：

```
putchar(c);
```

其中，c 是一个字符型常量或变量，也可以是一个取值不大于 255 的整型常量或变量。它的功能是向标准输出设备输出一个字符。

【例 2-4】 用 putchar()函数输出一个字符。程序如下：

```
#include<stdio.h>
void main()
{  int ch1;
   char ch2;
   ch1=65; ch2='A';
   putchar(ch1);
   putchar(ch2);
   putchar('A');
   putchar(65);
}
```

程序中的 4 个 putchar()函数输出完全相同的结果，屏幕显示如下：

```
AAAA
```

用 putchar()函数还可以输出不可显示字符或控制字符。例如，用

```
putchar('\n')
```

可以控制换行，用

```
putchar('\a')
```

或

```
putchar('\07')
```

可以输出一声铃响。

2. 单字符输入函数 getchar()

调用 getchar()函数的一般格式如下：

```
getchar();
```

这是一个不带参数的函数,即括号中没有参数,但括号不能省略。

getchar()函数的功能是从标准输入设备接收一个字符。

【例 2-5】 用 getchar()函数输入一个字符。程序如下:

```
#include<stdio.h>
void main()
{  char ch;
ch=getchar();
printf("%c\n",ch);
printf("%d\n",ch);
}
```

程序运行时,等待用户从键盘输入字符,假设用户输入字母 a 及 Enter 键,则屏幕显示:

```
a↓
a         (printf()函数按字符格式显示 ch 的值)
97        (printf()函数按整数格式显示 ch 的值)
```

getchar()还可以作为 putchar()的参数,例如:

```
putchar(getchar());
```

其功能是显示用户从键盘输入的字符。

使用 getchar()函数时,Enter 键也作为输入字符的一部分。特别要注意在连续调用该函数时,Enter 键将会转换成换行符被下一个 getchar()接收。例如:

```
#include<stdio.h>
void main()
{  char ch1,ch1;
   ch1=getchar();
   ch2=getchar();
   printf("%c\n",ch1);
   printf("%d\n",ch2);
}
```

程序运行时,用户输入字母 a 及 Enter 键后,字母 a 被变量 ch1 接收,而 Enter 键将转换成换行符被变量 ch2 接收,屏幕显示为:

```
a↓
a         (printf()函数按字符格式显示 ch1 的值)
10        (printf()函数按整数格式显示 ch2 的值)
```

2.5.4 单字符输入函数

使用 getchar()函数时,输入一个字符必须按 Enter 键后才能被接收。这是由于最初的 UNIX 操作系统的行缓冲区被设计成必须接收 Enter 键后才能把输入的字符送往程序。这种输入方式有时会和环境很不协调，于是人们更多地使用 getche()和 getch()函数。这两种函数的最大特点是输入字符后不必按 Enter 键。

getche()和 getch()定义在标题文件<conio.h>中，因此程序中要使用#include <conio.h>包含标题文件。

【例 2-6】 getche()函数的使用。程序如下：

```
#include<conio.h>
#include<stdio.h>
void main()
{  char ch;
   ch=getche();
   printf("%c\n",ch);
}
```

程序运行时，用户只要按字母 a，屏幕立即显示：

```
aa
```

其中，第一个 a 是 getche()函数回显的，第二个 a 是 printf()函数按字符格式显示的。

有些场合下，例如输入密码和选择菜单，并不希望在屏幕上显示输入的字符，就可以用 getch()函数。用 getch()替换例 2-5 程序中的 getche()，则对同样的输入，由于 getch()不回显输入的字符，因此屏幕只显示“a”。

习题 2

一、选择题

1. C 语言规定，不同类型的数据占用存储空间的长度是不同的。下列各组数据类型中，满足占用存储空间从小到大顺序排列的是(　　)。

   A. short int，char，float，double　　B. char，float，int，double

   C. int，unsigned char，long int，float　　D. char，int，float，double

2. 在 C 语言中，不同数据类型的长度是(　　)。

   A. C 语言本身规定的　　B. 任意的

   C. 由用户自己定义的　　D. 与宿主机器字长有关的

3. 在 Visual C++ 2010 中，设 short int 型占 2B，下列不能正确存入 short int 型变量的常数是(　　)。

   A. 65536　　B. 0　　C. 037　　D. 0xaf

4. 下列 4 组整型常数中，错误的一组是(　　)。

   A. xcdf 017 0xe 123　　B. 160 0xffff 011 0L

   C. 01 32768u 0617 0x163　　D. 0x48a 0205 0x0 －256

5. C 语言中，能用八进制表示的数据类型为(　　)。

   A. 字符型、整型　　B. 整型、实型

C. 字符型、实型、双精度型　　D. 字符型、整型、实型、双精度型

6. 设 char 型占 1B，则 unsigend char 所能表示的数据范围是(　　)。

A. 0～255　　B. 1～256　　C. －128～127　　D. －128～128

7. 下列属于 C 语言合法的字符常数是(　　)。

A. '\97'　　B. "A"'　　C. "\0"　　D. '\t'

8. 在 C 语言中，合法的长整型常数是(　　)。

A. 0xa34b7fe　　B. 4962710　　C. 04312765　　D. 0L

9. 若有以下定义和语句

```
char c1='B',c2='E';
printf("%d,%c\n",c2-c1,c2+'a'-'A');
```

则输出结果是(　　)。

A. 2,M

B. 3,e

C. 2,e

D. 输出项与对应的格式控制不一致，输出结果不确定

10. 若有以下定义和语句

```
int u=010,v=0x10,w=10;
printf("%d,%d,%d\n",u,v,w);
```

则输出结果是(　　)。

A. 8,8,10　　B. 8,10,10　　C. 8,16,10　　D. 10,10,10

11. 已知字母 B 的 ASCII 码为十进制的 66，下面程序输出的是(　　)。

```
#include<stdio.h>
void main()
{   char ch1,ch2;
    ch1='B'+'4'-'3';
    ch2='B'+'5'-'3';
    printf("%d,%c\n",ch1,ch2);
}
```

A. C,D　　B. B,C　　C. 67,D　　D. 不确定的值

12. 下面程序输出的是(　　)。

```
#include<stdio.h>
void main()
{   int k=15;
    printf("k=%d,k=%o,k=%x\n",k,k,k);
}
```

A. k=15,k=017,k=0xf　　B. k=15,k=17,k=f

C. k=15,k=15,k=15　　D. k=11,k=17,k=17

13. 当用#define X 23.6f 定义后，下列叙述正确的是(　　)。

A. X是实型常数　　B. X是实型变量

C. X是一串字符　　D. 语法错误

14. 当用 const int B=9;定义后，下列叙述错误的是(　　)。

A. B是整型变量　　B. B是整型常数

C. B不能在程序中再赋值　　D. 定义符号常数B

15. 若变量a、b、c已正确说明为double型，要使语句 scanf("%f %f %f",&a,&b,&c);将11.0、22.0和33.0，依次赋给变量a、b、c，下列不正确的键盘输入形式是(　　)。(<CR>为回车符)

A. 11 <CR>
22<CR>
33<CR>

B. 11.0,22.0,33.0<CR>

C. 11.0 <CR>
22.0　33.0<CR>

D. 11　22<CR>
33<CR>

16. 设x是int型变量，y是float型变量，用下面的语句给这两个变量输入值：

```
scanf("i=%d,f=%f",&x,&y);
```

为了将10和76.52分别赋给x和y，则正确的输入为(<CR>为回车符)(　　)。

A. 10　76.52<CR>　　B. i=10,f=76.52<CR>

C. 10<CR>76.52<CR>　　D. x=10,y=76.52<CR>

17. 以下对scanf()函数的叙述中，正确的是(　　)。

A. 当输入数据时，必须指明变量地址，例如：

```
scanf("%f",&f);
```

B. 输入项可以是一个实型常数，例如：

```
scanf("%f",3.3);
```

C. 只有格式控制，没有输入项，也能正确输入数据到内存，例如：

```
scanf("a=%d,b=%d");
```

D. 当输入一个实型数据时，格式控制部分可以规定小数点后的位数，例如：

```
scanf("%4.2f",&f);
```

18. a、b、c被定义为int型变量，若从键盘给a、b、c输入数据，正确的输入语句是(　　)。

A. INPUT a,b,c;　　B. scanf("%d%d%d",&a,&b,&c);

C. scanf("%d%d%d",a,b,c);　　D. read("%d%d%d",&a,&b,&c);

二、填空题

1. 在Visual C++ 2010环境下，内存中存储常量"C"要占________字节，存储常量'C'

要占用________字节。

2. 定义符号常量的宏定义格式是________。

3. 无符号整型的类型关键字为________，双精度实型的类型关键字为________，字符型的类型关键字为________。

4. 在C语言中，整数可用________进制数、________进制数和________进制数3种数制表示。

5. 在Visual C++ 2010中，一个int型数据在内存中占________字节。

6. 在Visual C++ 2010中，putchar()和getchar()函数定义在________标题文件中。

7. 字符串常量的结束符为________，使用printf()函数输出字符串时，应使用的格式转换说明符为________。

8. 运行以下程序段，若要使a=5.0，b=4，c=3，则输入数据的形式应为________。

```
int b,c;
float a;
scanf("%f,%d,c=%d",&a,&b,&c);
```

9. 若想通过以下输入语句将1赋予x，将2赋予y，则输入数据的形式应该是________。

```
int x,y;
scanf("a=%d,b=%d",&x,&y);
```

三、编程题

1. 定义int型变量a的值为100，请编制程序分别按八进制、十进制和十六进制输出a的值。

2. 编制程序，其功能是从键盘输入一个实数，分别按小数形式（保留2位小数）和指数形式（尾数部分保留2位有效数字）输出该实数的值。

3. 编制程序定义char型变量ch1和ch2，初值均为'a'，依次按字符、十进制、八进制和十六进制整数的形式输出它们的值，要求每个变量各占一行。

第3章

数据运算

计算机的基本功能是进行数据运算，而数据运算主要是通过对表达式的计算完成的。表达式是将运算量用运算符连接起来组成的式子，其中运算量可以是常量、变量或函数。由于运算量划分为不同的数据类型，每一种数据类型都规定了自己特有的运算或操作，这就形成了对应于不同数据类型的运算符集合及其相应的求值规则。本章主要介绍C语言运算符及各种表达式的构造与求值规则。

3.1 算术运算

算术运算又称数值运算，是程序设计中使用最多的一种数据运算。

3.1.1 算术运算符

算术运算符包括加(+)、减(-)、乘(*)、除(/)、求整数余数(%)、加1(++)、减1(--)及正负号(+、-)，其中，+、-、*、/、%运算符必须连接两个运算量，称为二元运算符；++、--、正负号(+、-)运算符只能连接一个运算量，称为一元运算符，参见附录A。

1. 求余运算

求余运算又称求模运算，只能用来求两个整数(int型或char型)的余数。假设两个整数分别为a和b，$a\%b$表示求a整除b后的余数，基本规则如下：

```
a%b=a-a/b*b
```

其中，a/b得到a除以b的整数商，例如：

```
14%(-6)=14-14/(-6)*(-6)=14-(-2)*(-6)=2
-14%6=-14-(-14/6)*6=-14-(-2)*6=-2
```

2. 加1和减1运算

加1运算又称自加运算，减1运算又称自减运算，是对变量自身增加1或减少1的运算。例如：＋＋i 表示 i＝i＋1，－－i 表示 i＝i－1。

（1）＋＋或－－只能对变量施加运算，不能对常量或表达式施加运算。如＋＋(25)、＋＋(x＋y)、－－(x－3)，＋＋i－－是错误的。

（2）＋＋或－－可以写在变量之前，称为前缀，也可以写在变量之后，称为后缀。它们之间的区别在于：n＋＋表示先取 n 的值，然后令 n＝n＋1；＋＋n 表示先令 n＝n＋1，然后取 n 的值。例如，令 i＝5，j＝5，则

```
x1=++i;      //先计算 i=i+1,得到 i 的值是 6,然后将 6 赋给 x1
x2=j++;      //先将 j 的值 5 赋给 x2,然后计算 j=j+1,得到 j 的值是 6
```

【例 3-1】 加 1 和减 1 运算。

由于加 1 和减 1 运算既有计算的功能，又有赋值的功能，因此将改变变量的值。程序如下：

```
#include<stdio.h>
void main()
{  int a=100;
   printf("%d\n",a);
   printf("%d\n",++a);     //先计算 a 的值为 101,再输出 a 的值
   printf("%d\n",a--);     //先输出 a 的值 101,再计算 a=a-1 得 a 的值为 100
   printf("%d\n",a);
}
```

程序运行结果如下：

```
100
101
101
100
```

3.1.2 算术表达式

算术表达式是用算术运算符连接数值型的运算量构成的式子，用来完成数值计算的功能。例如：－5＊3＋6％4/2－1、(a＋b)/(a－b)、a＋(b＋＋)＊c、(i＋＋)＋j 和 y＋x＋＋－(＋＋i)。

1. 算术表达式的书写规则

正确书写算术表达式对正确计算该表达式的值非常重要，应注意以下几点。

（1）乘法运算符“＊”在表达式中既不能省略，也不能用“·”或“×”代替；除法运算符“/”也不能用其他符号代替。

（2）正确使用运算符的优先级和结合性来决定表达式的求值顺序。

优先级指的是当几个不同的运算符同时出现在表达式中时，各个运算符计算的优先次序。例如，在表达式 a/b＋c 中，由于除法的优先级高于加法，因此应先计算 a/b 然后与 c 相加。

结合性指的是当同一个优先级别的运算符同时出现在表达式中时，其运算的优先次序。例如，在表达式 a/b * c 中，由于乘除法处于同一优先级，它们的优先次序由结合性确定。乘除法的结合性为自左至右，因此，应先计算 a/b 然后再乘 c；又如，在表达式 －＋＋i 中，取负号和减 1 运算处于同一优先级，根据它们自右至左的结合性，应先计算＋＋i 然后再取负。

(3) 恰当地使用括号可以改变优先次序或防止出现二义性。例如，表达式 a/(b * c) 中，使用“()”可将乘法运算提前，从而改变了运算顺序，因此该表达式与 a/b/c 是等价的。又如，对诸如－－－i 这样的式子，其中连续 3 个减号的含义可以有多种解释，为防止二义性，应使用括号将后“－－”作为减 1 运算符，才能形成正确的表达式－(－－i)；否则，编译系统就会报错。

(4) 在表达式中只允许使用“()”改变运算优先顺序，不允许使用“[]”或“{}”，多重括号可以嵌套配对使用，如((a＋b)－(c＋d))/(b＋d)。

(5) C 语言不含乘方运算，当需要进行乘方运算时，可以通过连乘的方式实现乘方运算，也可以使用 C 编译系统提供的数学函数，如 pow(x,y)表示 x^y，pow10(n)表示 10^n。

2. 算术表达式的求值规则

(1) 优先级和结合性规则。计算机在进行表达式的计算时，通常是严格按运算符的优先级和结合性进行的，就算术表达式而言，“()”最优先，其次是一元运算符，然后是乘、除和求模，最后是加、减；当同一优先级的运算符同时出现时，按它们的结合性确定其优先次序。

【例 3-2】 算术表达式计算中的优先级和结合性规则。程序如下：

```
#include<stdio.h>
void main()
{  int a=3,b=5,c=15,d=2;
   printf("%d\n",6-a*b/c%d);
   printf("%d\n",++a-a++);
   printf("%d\n",a);
}
```

在第一个 printf()语句中，由于乘、除、求模的优先级高于减法，因此先计算 a * b/c%d，在这一步计算中，根据从左到右的原则依次进行乘、除和求模的运算，得到中间结果 1，然后再计算 6－1，结果为 5。在第二个 printf()语句中，由于＋＋优先于－，因此，先计算第一个＋＋a，得 a＝4(注意前后两个 a 是同一个变量，它们具有相等的值)，然后计算 4－4，输出 0，输出之后还要进行 a＋＋运算，得 a 的值为 5，并在第三个 printf()语句中输出 5。该程序的输出如下：

```
5
0
5
```

(2) 自动类型转换规则。算术表达式中可能含有不同类型数值量的混合运算，除了遵循优先级和结合性规则外,还要遵循如下自动类型转换规则。

① 如果表达式中含 char 型,全部转换成 int 型。例如,表达式'a'+'3'+15 中,字符常量'a'和'3'将被转换成 int 型的 97 和 51,然后再进行计算,其结果为 163。

② 如果表达式中含 float 型,全部转换成 double 型。

③ 同类型的运算量运算后,结果仍为同类型。例如,表达式 3/2 的值是 1 而不是 1.5,因为其中的两个运算量均为 int 型,计算结果也应是 int 型。

④ 不同类型的运算量运算前,先将低精度类型转换成高精度类型,运算结果为高精度类型。这种类型转换称为自动类型转换。

类型精度的高低取决于两点:一是看类型的长度,长度越长,精度越高,例如,double 型的长度为 8,而 float 型的长度为 4,因此 double 型的精度高于 float;二是看该类型所能表示的数的范围,能表示的数越大,精度越高。例如,int 型能表示的最大数为 32767,而 unsigned int 型能表示的最大数为 65535,因此 unsigned int 的精度高于 int。

【例 3-3】 混合运算的自动类型转换求值规则。程序如下:

```
#include<stdio.h>
void main()
{   char ch='a';
    int i=5;
    unsigned int j=6;
    long int k=12;
    float f=3.0;
    double d=6.0;
    printf("%lf\n",ch/i+i * k-(j+k) * (f * d)/(f+i));
}
```

其中,表达式 ch/i+i * k-(j+k) * (f * d)/(f+i)中含有多种类型的变量,根据优先级和结合性规则及自动类型转换规则进行计算,计算过程如图 3-1 所示。

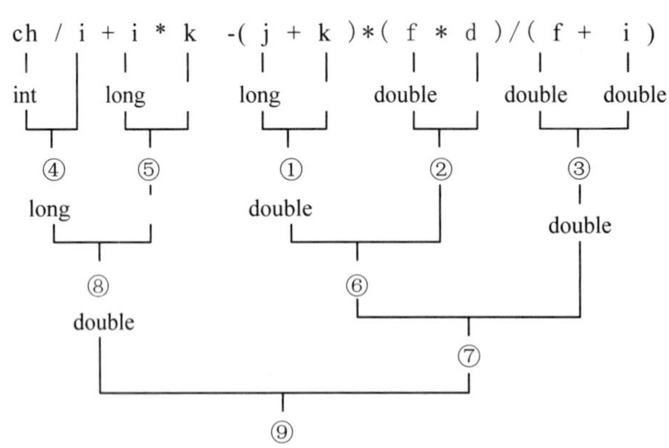

图 3-1 表达式 ch/i+i * k-(j+k) * (f * d)/(f+i)的求值过程

图中凡标有类型关键字的,表示对应的数据进行了自动类型转换,带圆圈的数字表示计算的顺序号。

和变量一样，C 语言的表达式不仅有值，也分为不同的类型。表达式值的类型就是表达式的类型。本例中，由于表达式 ch/i＋i＊k－(j＋k)＊(f＊d)/(f＋i)的值是 double 型，所以该表达式也是 double 型。程序输出结果如下：

```
38.500000
```

自动类型转换总是将低精度数转换为高精度数，目的是在转换过程中不损失数的精度。注意，当负整数转换成无符号整数时，由于符号位变成了数值位，其值将会发生变化。例如，short int a＝－1 转换成 unsigned short 型时将变成 65535。

3. 强制类型转换规则

在算术表达式的计算中，如果要违反自动类型转换规则，可以采用强制类型转换。例如，根据自动类型转换规则，表达式 3/2 的值是 1 而不是 1.5。如果将整数 3 强制转换成 float 型，写成(float)3/2，其值就是 1.5 而不是 1。

强制类型转换的一般格式如下：

```
(类型关键字)(表达式)
```

强制也是一种一元运算符，其与其他一元运算符具有相同的优先级和结合性，它的功能是将指定的表达式的值强制转换成指定的类型。例如：

```
(double)a                    //将变量 a 的值强制转换成 double 型
(int)(x+y)                   //将表达式(x+y)的值强制转换成 int 型
(int)x+y                     //将变量 x 的值强制转换成 int 型,然后与 y 相加
```

【例 3-4】 强制类型转换。程序如下：

```
#include<stdio.h>
void main()
{  int a=7,x=3,y=2;
   float b=2.5f,c=4.7f,z=3.5f;
   printf("%f\n",b+a%3*(int)(b+c)%2/4);
   rintf("%d\n",(x+y)%2+(int)b/(int)z);
}
```

程序运行结果如下：

```
2.500000
1
```

程序运行时，在第一个 printf()语句中，b＋c 的值为 7.2，强制转换成 int 型后变成 7，整个表达式变成 2.5＋7％3＊7％2/4，最后计算结果为 2.5，float 型，因此要用"％f"控制输出；第二个 printf()语句中，变量 b 和 z 的值分别被强制转换成 int 型的 2 和 3，整个表达式变成(3＋2) ％2＋2/3，最后计算结果为 1(注意，在计算 2/3 时，其值是 0 而不是 0.67)，int 型，因此要用"％d"控制输出。

在程序设计实践中，强制类型转换有时非常有用。例如，运算符“％”要求连接两个整

型量，设 x 是 float 型变量，则表达式 x%3 就是错误的，用(int)x%3 就允许了。第 5 章将要介绍的数组，当用 float 型或 double 型变量作下标时，也需要使用强制类型转换。此外，C 编译系统提供的数学函数大多数是 double 型的，通过强制类型转换可将它们转换成需要的类型。

使用强制类型转换应注意以下几点：

(1) 在对一个表达式进行强制类型转换时，整个表达式应该用"()"括住。例如，(float)(a+b)若写成(float)a+b 就只对变量 a 进行了强制类型转换。

(2) 在对变量或表达式进行了强制类型转换后，并不改变变量或表达式原来的类型。例如，设 x 为 float 型，y 为 double 型，则(int)(x+y)是将 x+y 的值强制转换成 int 型，而表达式 x+y 本身仍为 double 型。

(3) 高精度整数转换成低精度整数时，由于会丢掉一些数位，因而会造成值的改变。例如，int 型整数 65536 转换成 short int 型整数时会变成 0；int 型整数 65535 转换成 short int 型整数时会变成 -1。

3.2 赋值运算

在 C 语言中，赋值运算与赋值语句紧密相关，赋值表达式的末尾加上分号就是赋值语句。通过赋值表达式有助于揭示 C 语言特有的一些语言规则。

形如：

```
v=e
```

的表达式称为赋值表达式。其中，"="称为赋值号或赋值运算符，"="右边的 e 是一个表达式，左边的 v 是一个变量或数组元素。赋值表达式的功能是计算 e 的值并存放在 v 中。

(1) 赋值运算符。

① 赋值运算符"="是一种二元运算符，必须连接两个运算量，其左边只能是变量或数组元素，右边则可以是任何表达式。例如，x=y+2 和 x=x+1 是允许的，而 y+2=x 和 5=x 是错误的。

② 赋值运算符除了"="，还有另外 10 种复合赋值运算符，它们由赋值号"="和另外一个二元运算符组成，具有计算和赋值双重功能，这 10 种复合赋值运算符是+=、-=、*=、/=、%=、&=、|=、^=、<<=和>>=。其中，前 5 种复合赋值运算符具有算术运算和赋值的双重功能：

x+=e 等价于 x=x+e；

x-=e 等价于 x=x-e；

x*=e 等价于 x=x*e；

x/=e 等价于 x=x/e；

x%=e 等价于 x=x%e。

后 5 种复合赋值运算符则具有位运算和赋值的双重功能。

③ 赋值运算符的优先级在所有的 C 运算符集中处于倒数第二，参见附录 A，结合性

均为从右到左。

④ 在使用复合赋值运算符时，要将右边的表达式作为一个整体与左边的变量进行运算，例如，x * =y+3 表示 x=x *（y+3）而不是 x=x * y+3。

（2）赋值表达式。

① 作为一种表达式，赋值表达式同样也有值和类型的问题。C 语言规定，被赋值的变量或数组元素 v 的值和类型就是赋值表达式的值和类型。在赋值过程中，当赋值号两边的 v 和 e 类型相同时，直接赋值；当 v 和 e 类型不一致时，C 编译系统会自动将 e 的值转换成与 v 相同的类型后再赋给变量 v。赋值表达式中的类型转换既有可能要将 e 的值由低精度转换成高精度，也有可能要由高精度转换成低精度，以满足与 v 的类型一致。例如，赋值表达式 x=10.8-4.3 执行后，假设 x 是 int 型的变量，则根据类型转换规则，变量 x 得到的值是 6，那么，该赋值表达式的值为 6，类型为 int。

② 上节介绍的++和--运算施加于变量后也构成赋值表达式，例如，i++表示 i=i+1，所以 i++也是赋值表达式。但要特别注意++或--只能施加于变量，而不能施加于表达式。例如，++i++就不是正确的赋值表达式，因为根据++运算符从右到左的结合性，它表示++(i=i+1)，++被施加在赋值表达式 i=i+1 上是不允许的。

③ 赋值表达式本身也可以作为一个表达式赋给另一个变量。例如，b-=b * b 是一个正确的赋值表达式，可以将它赋给变量 a，写成 a=b-=b * b，也构成一个正确的赋值表达式。这时，由于赋值运算符从右向左的结合性，先计算 b-=b * b，然后再将这个值赋给 a。但是，要特别注意赋值号右边必须是变量或数组元素，诸如 a=b+c=d、x=i++=y、u=2=v 这样的表达式就不是正确的赋值表达式。

【例 3-5】 赋值表达式中的类型转换。程序如下：

```
#include<stdio.h>
void main()
{   int a; char b; float c;
    c=2.5;
    b=c;
    a=b;
    printf("%d,%d,%.1f",a,b,c);
}
```

在计算数值型的赋值表达式时，要将赋值号右边的表达式转换成与左边变量或数组元素相同的类型。这种转换既可能将高精度类型转换成低精度类型，也可能相反。在本例中，计算赋值表达式 c=2.5 时，先要将双精度型常数 2.5 转换成 float 型，再赋给变量 c；在计算赋值表达式 b=c 时，先要将 c 中的 float 型数转换成 char 型，然后赋给变量 b；在计算赋值表达式 a=b 时，先要将 b 中的 char 型值转换成 int 型，然后赋给变量 a。前两个赋值是将高精度转换成低精度，第三个赋值则将低精度转换为高精度。程序运行结果如下：

```
2,2,2.5
```

【例 3-6】 赋值表达式中类型转换引起的数值变化。程序如下：

```
#include<stdio.h>
void main()
{   short int a=-1;
    unsigned short b;
    b=a;
    printf("%d   %u\n",a,b);
}
```

在 Visual C++ 2010 中，数值是按补码形式存储的，int 型的－1 的二进制存储格式为 16 个"1"，在进行 b=a 的赋值时，要将－1 转换成 unsigned short 型。这时，最高位的符号位也被视为数值位，16 个"1"代表的数值是 65535。因此，程序输出如下：

```
-1    65535
```

【例 3-7】 复合赋值运算符和变量的连续赋值。程序如下：

```
#include<stdio.h>
void main()
{  int a=12;                  //a=12
   a+=a-=a*a;                 //该表达式可拆分为 a=a-a*a;  a=a+a;
   printf("%d\n",a);
}
```

在计算赋值表达式 a+=a-=a*a 时，按从右到左的顺序先计算 a*a，得 144，然后进行 a-=144 的赋值运算，得到 a=12－144= －132，该值作为赋值表达式 a- =a*a 的值，参加下一个赋值表达式的计算，得 a=a+(－132) =－264。因此，当同一变量被连续赋值时，要注意其值在不断变化。本例程序的运行结果如下：

```
-264
```

3.3 逗号运算(顺序运算)

逗号运算符的作用是连接多个数据项，从而将它们能作为一个整体来处理。前面介绍的用一个类型关键字定义多个变量时，各变量之间要用逗号隔开，在 printf()函数中多个输出项之间用逗号隔开，在 scanf()函数中多个输入项之间用逗号隔开等，目的都是将多个变量、输出项或输入项视为一个整体。本节讨论用逗号运算符将多个表达式作为一个整体时的处理原则。

1. 逗号表达式

用逗号运算符将几个表达式连接在一起就构成逗号表达式。例如，

```
a=3*5,a*4,a+5
```

通过使用两个逗号运算符将一个赋值表达式和两个算术表达式连接起来，构成一个逗号表达式。

(1) 逗号运算符的优先级和结合性在所有的运算符中是最低的，处于赋值运算符之后。其结合性为从左到右。

(2) 逗号运算符的功能是从左到右依次计算各个表达式的值，因此逗号运算符也称顺序运算符。

(3) 逗号表达式的值是逗号表达式中最右边的一个表达式的值。例如，设 a 是 int 型变量，其初值为 5，则

```
a=3*5,a*4,a+5
```

中第一个表达式的值是 15，第二个表达式的值是 60，第三个表达式的值是 20，那么整个逗号表达式的值就是第三个表达式的值，即 20，而 a 的值为 15。

如果用括号改变计算顺序，把上式改写成

```
a=(3*5,a*4,a+5)
```

就要先计算逗号表达式(3*5,a*4,a+5) 的值，再将该逗号表达式的值赋给变量 a，结果得到 a=10。

【例 3-8】 逗号运算符及逗号表达式。程序如下：

```
#include<stdio.h>
int main()
{  int a=2,b=4,c=6,x,y;
   y=(x=a+b), (b+c);
   printf("y=%d,x=%d",y,x);
   return 0;
}
```

读者可结合前面所学的知识，分析该程序的运行结果。在不同的 C 编译环境下，其运行结果有所差异，在 Visual C++ 2010 中的运行结果如下：

```
y=6,x=6
```

2. 逗号表达式的应用

(1) 用一个逗号表达式语句可代替多个赋值语句，如

```
a=0,b=1,c=2;
```

在语法上作为一条语句，它相当于下面的 3 条语句：

```
a=0;
b=1;
c=2;
```

(2) 用一个逗号表达式语句可得到多个计算结果，如

```
y=10,x=(y=y-5,60/y);
```

执行后，可同时得到 x 的值为 12，y 的值为 5。

（3）当某些语法位置只允许出现一个表达式时，用逗号表达式可实现多个表达式的运算。例如，后面要介绍的 for 循环：

```
for(i=0,j=0;i<8,j<10;i++,j++)
```

中的 3 个语法位置：循环变量赋初值、循环终止条件判断和循环变量增值都只允许一个表达式，用逗号表达式可实现两个或多个表达式的运算。

3.4 关系运算和逻辑运算

在程序设计中，关系运算和逻辑运算通常用在程序流程控制中的 if、switch、for 或 while 语句中，目的是进行条件判断，以便程序能按照指定的流程运行。

1. 关系运算符

（1）关系运算符有 6 种，即＞、＜、＞＝、＜＝、＝＝和!＝，分别表示大于、小于、大于或等于、小于或等于、等于和不等于。其中，表示大于或等于、小于或等于、等于和不等于的 4 种符号在书写形式上与人们日常使用的数学比较符略有不同。

（2）关系运算符分为两个优先级，＞、＜、＞＝和＜＝处于同一优先级，＝＝和!＝处于同一优先级，前者的优先级高于后者，它们在整个 C 语言运算符集合中的运算优先顺序参见附录 A，结合性都是从左到右。

（3）关系运算符主要用来对两个算术表达式或赋值表达式进行比较运算。

2. 关系表达式

（1）用 6 个关系运算符中的一个连接两个算术表达式或赋值表达式，就构成了关系表达式。例如：

```
a+b>=c-d
x==y
score>90
```

用“＝＝”或“!＝”连接两个算术表达式或关系表达式就构成相等（不等）表达式，例如：

```
(b*b>=4*a*c)==(a!=0)
(b*b-4*a*c)!=0
```

（2）关系表达式的值表示比较的结果，是一个逻辑值：当比较结果成立时，为逻辑真；否则，为逻辑假。C 语言不提供逻辑型数据，而是用整数 1 表示逻辑真，用整数 0 表示逻辑假。例如：

```
0>9                //比较不成立,其值为 0
100!=20            //比较成立,其值为 1
```

注意:数值型数据转化为逻辑型数据时,非 0 数据表示逻辑真,0 表示逻辑假。

(3) 在相等表达式中,先计算两个算术表达式(或关系表达式)的值,然后对这两个值进行相等性比较,其结果也是一个逻辑值。例如,计算相等表达式(25>5) !=(6>=7)时,先计算 25>5,其值为 1;再计算 6>=7,其值为 0;然后比较 1!=0,显然是成立的,因此该表达式的值为 1。

【例 3-9】 关系表达式的计算。程序如下:

```
#include<stdio.h>
void main()
{   int x=8,y,z;
    y=z=x++;
    printf("%d  ",(x>y)==(z=x-1));
    x=y==z;
    printf("%d  ",x);
    printf("%d\n",x++>=++y-z--);
}
```

程序执行赋值语句 y=z=x++后,得到 z=8,y=8,x=9。第一个 printf()输出的是关系表达式(x>y)==(z=x-1) 的值,该表达式中 x>y 的计算结果是 1,z=x-1 的计算结果是 8(注意 z=x-1 是赋值表达式),经过 1==8 的比较后可知该关系表达式的值是 0。执行赋值语句 x=y==z 时,由于"=="的优先级高于"=",故先进行 y==z 比较,然后将比较的结果赋给变量 x。由于 y 和 z 的值均为 8,故 y==z 的值为 1,从而得到 x=1。第三个 printf()中的输出项是关系表达式 x++>++y-z--,即比较 1>=9-8,得到结果为 1。程序运行后输出结果如下:

```
0 1 1
```

思考:当 x 分别为 8 和-8 时,关系表达式 0<=x<=10 的值分别是多少?

3. 逻辑运算符

逻辑运算可以实现更复杂的比较。例如,数学不等式 $0\leqslant x\leqslant 10$ 表示的条件是,若 x 在闭区间[0,10]中,不等式成立;否则,不成立。将该数学不等式写成关系表达式 0<=x<=10是不正确的。因为根据关系运算符从左到右的结合性,无论 x 取何值,关系表达式 0<=x<=10 的值恒为 1。所以,为了得到满足 0<=x 和 x<=10 同时成立的条件,必须用逻辑表达式 0<=x&&x<=10 来表示。

(1) 逻辑运算符有"!""&&"和"||"3 种,分别表示逻辑非、逻辑与和逻辑或。其中,"!"为一元运算符,"&&"和"||"为二元运算符。

逻辑运算符必须连接逻辑量,运算的结果也是逻辑量,即只能取 0 或 1,因此逻辑运算的规则就比较简单,通常用真值表表示,见表 3-1,表中 0 表示逻辑假、1 表示逻辑真。

表 3-1　逻辑运算真值表

p	q	p&&q	p||q	!p
0	0	0	0	1
0	1	0	1	1
1	0	0	1	0
1	1	1	1	0

从真值表可以看出，只有两个运算量都是逻辑真时，它们的逻辑与运算结果才是逻辑真；两个运算量中只要有一个为逻辑真，它们的逻辑或运算结果就为逻辑真；而一个逻辑量经逻辑非运算后，总是取其相反的值。逻辑与也叫逻辑乘，逻辑或也叫逻辑和，逻辑非也叫逻辑反，因为它们的运算规则与数学中的乘法、加法和取负号相似。

(2) 逻辑运算符处于不同的优先级，其中逻辑非"!"和其他一元运算符具有相同的优先级和结合性；逻辑与"&&"的优先级低于算术运算符及关系运算符而高于逻辑或"||"，逻辑或"||"的优先级高于赋值运算符和逗号运算符。"&&"和"||"的结合性均为从左到右。

(3) 通常逻辑运算符连接的是关系表达式。但由于 C 语言规定任何非 0 值都被视为逻辑真，而 0 则被视为逻辑假，因此逻辑运算符也可以连接任何数值型的表达式。

4. 逻辑表达式

(1) 用逻辑运算符连接关系表达式或其他任意数值型表达式就构成逻辑表达式。例如，为了判断变量 ch 的值是不是字母，可用下面的逻辑表达式表示：

```
ch>='A'&&ch<='Z'||ch>='a'&&ch<='z'
```

(2) 当用逻辑运算符连接数值表达式时，运算结果也是非 0 即 1。例如：

```
25&&-3          //其值为 1
0||356          //其值为 1
!(-23)          //其值为 0
```

(3) 一个逻辑表达式中可能含有算术运算符、关系运算符、赋值运算符等多种运算符，计算逻辑表达式的值时，应按各种运算符的优先级和结合性一步一步进行计算。

【例 3-10】 逻辑表达式的计算。程序如下：

```
#include<stdio.h>
#define EOF 1
void main()
{   int a=3,b=4,c=5;
    printf("%d\n",3*(a+b)>c&&a++||c!=0&&!EOF);
}
```

该逻辑表达式包含多种运算符，其计算过程如图 3-2 所示。

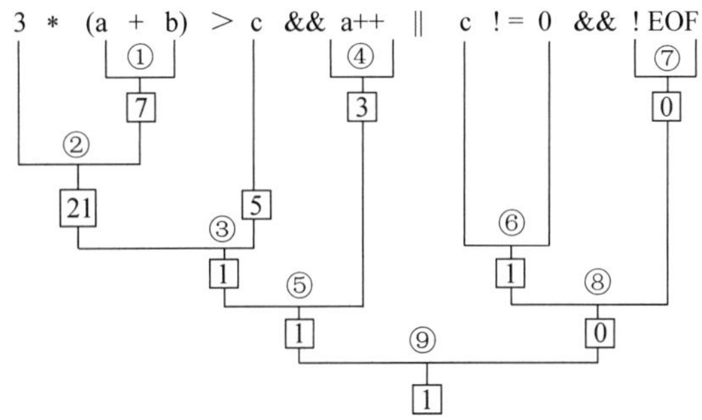

图 3-2 逻辑表达式 3*(a+b)>c&&a++||c!=0&&!EOF 的计算过程

其中,方框内的数字是各步计算的结果,圆圈内的数字是计算的顺序编号。程序运行结果为 1。

(4) 在计算形如(表达式 1) &&(表达式 2) &&…的逻辑与表达式时,只要有一个表达式的值为“假”,那么整个逻辑表达式的值就为“假”。因此,C 语言规定在计算这种逻辑表达式时,先计算表达式 1,如果其值是逻辑真或非 0,就接着计算表达式 2,以此类推,如果计算到第一个为逻辑假的表达式,就可判定整个逻辑表达式为逻辑假,其后的表达式将不被计算。

【例 3-11】 逻辑表达式中的特殊计算规则。程序如下:

```
#include<stdio.h>
void main()
{   int a=1,b=2,c=3,d=4,m=2,n=2;
    (m=a>b)&&(n=c>d);
    printf("%d  %d\n",m,n);
}
```

程序第 3 行是逻辑表达式构成的语句,而该逻辑表达式是求两个赋值表达式的逻辑与。执行时,先计算 m=a>b,结果得到 m=0。对于逻辑与来说,只要有一个运算量为 0,整个逻辑表达式的值即为 0,因此表达式 n=c>d 并不被计算。这样,变量 n 就没有被赋值,其值仍为 2,因此程序输出结果如下:

```
0  2
```

(5) 同样,在计算形如(表达式 1) ||(表达式 2) ||…的逻辑或表达式时,先计算表达式 1,如果其值是逻辑“假”或 0,就接着计算表达式 2,如果计算到第一个为逻辑“真”的表达式,就可判定整个逻辑表达式为逻辑“真”,其后的表达式将不被计算。

【例 3-12】 设 x 为 int 型变量,请写出与关系表达式 x==0 等价的最简单的逻辑表达式及能表示 x 为正奇数的逻辑表达式。

关系表达式 x==0 表示的含义如下:当 x 等于 0 时,为逻辑真;否则,为逻辑假。与之等价的逻辑表达式是!x。因为对!x 而言,若 x 等于 0,则!x 为非 0,即逻辑真;若 x 不等于 0,则!x 为 0,即逻辑假。

为了判断 x 是不是奇数,相当于判断 x 能否被 2 整除,可以用 x%2!=0 或 x%2==1

来判断。因此，表示正奇数的逻辑表达式是 x>0&&x%2!=0，也可以写成 x>0&&x%2 等多种形式。

3.5 位运算

C语言是介于汇编语言和高级语言之间的一种程序设计语言，它综合了高级语言的要素和汇编语言的机能，可以实现汇编语言位操作的功能。其中，C的低级语言功能主要是通过指针、位运算和位段结构体现的。所谓位运算，是对字节或字节内部的二进制位进行测试、设置、移位或逻辑运算。在一些系统软件和应用软件中，常要处理二进制位的问题。二进制位操作符及功能如表3-2所示。

表 3-2 二进制位操作符及功能

名　称	运算符	功　能
按位与运算符	&	用于将一个单元清零、取一个数中的某些指定位以及保留指定位
按位或运算符	|	常被用来将一个数的某些位置“1”
按位异或运算符	^	判断两个位值，不同为1，相同为0。常用来使特定位翻转等
按位取反运算符	~	常用来配合其他位运算符使用，常用来设置屏蔽字
左移位运算符	<<	将一个数的各二进制位全部左移，高位左移后溢出，舍弃不起作用。左移一位相当于该数乘以2，左移 n 位相当于乘以 2^n。左移比乘法运算要快得多
右移位运算符	>>	右移时，要注意符号问题。对无符号数，右移时左边高位移入0，对于有符号数，如果原来符号位为0(正数)，则左边移入0；如果符号位为1(负数)，则左边移入0还是1要取决于计算机系统。移入0的称为“逻辑右移”，移入1的称为“算术右移”

位操作经常应用于设备驱动程序中，如调制解调器驱动程序中用于屏蔽某些位，实现奇偶校验；在磁盘文件管理中如果希望文件不可读，可用密码子程序将文件中的字符逐位取反；有些C编译系统用左移位实现乘2运算，用右移位实现除2运算，其速度非常快。

位操作分为两类：一类为位逻辑运算，另一类为移位运算。位逻辑运算实现二进制位与二进制位之间的逻辑运算，移位运算实现二进制位的顺序向左或向右移位。

1. 位逻辑运算符

位逻辑运算用来对某一个或某一对二进制位进行操作，其中：

~表示按位取反。

& 表示按位与。

|示按位或。

^表示按位异或。

除了“~”是一元运算符外，其他都是二元运算符，它们的运算优先级和结合性参见附录A。

2. 位逻辑运算规则

(1) 和前面介绍的逻辑运算(&&、||、!)一样,位逻辑运算规则也用真值表表示。假设 p 和 q 分别表示一个二进制位,则按位逻辑运算符的真值表如表 3-3 所示。

表 3-3 位逻辑运算真值表

p	q	$p\&q$	$p\mid q$	$p\hat{}q$	$\sim p$
0	0	0	0	0	1
0	1	0	1	1	1
1	0	0	1	1	0
1	1	1	1	0	0

(2) 按位与(&)是对参加运算的两个整数按二进制位逐对进行"与"运算:如果一对二进制位中有一个位是 0,结果就是 0;只有两个位都是 1 时,结果才为 1。例如,令 $a=65$,$b=120$;则 $c=a\&b$ 为 64。

```
    0 1 0 0 0 0 0 1    (操作数 a:整数 65)
&   0 1 1 1 1 0 0 0    (操作数 b:整数 120)
    ———————————————
    0 1 0 0 0 0 0 0    (结果 c:整数 64)
```

(3) 按位或(|)是对参加运算的两个整数按二进制位逐对进行"或"运算:如果一对二进制位中有一个是 1,结果就是 1;只有两个位都是 0 时,结果才是 0。例如,令 $a=65$,$b=120$;则 $c=a|b$ 为 121。

```
    0 1 0 0 0 0 0 1    (操作数 a:整数 65)
|   0 1 1 1 1 0 0 0    (操作数 b:整数 120)
    ———————————————
    0 1 1 1 1 0 0 1    (结果 c:整数 121)
```

(4) 按位异或(^)是对参加运算的两个整数按二进制位逐对进行"异或"运算:如果一对二进制位中两个位相同(都是 1 或都是 0),则结果为 0;当两个位不同时,结果为 1。换言之,"异或"就是当参加运算的两个二进制位不同(异)时,进行"或"运算。例如,令 $a=65$,$b=120$;则 $c=a\hat{}b$ 为 57。

```
    0 1 0 0 0 0 0 1    (操作数 a:整数 65)
^   0 1 1 1 1 0 0 0    (操作数 b:整数 120)
    ———————————————
    0 0 1 1 1 0 0 1    (结果 c:整数 57)
```

(5) 按位取反(~)是将参加运算的一个整数的各个二进制位逐位取反,相当于求该数的反码。例如,令 $a=65$;则 $c=\sim a$ 为 190(无符号数)或者 −66(有符号数,以补码形式存放)。

$$
\begin{array}{rll}
\sim & 01000001 & \text{(操作数 } a\text{：整数 65)} \\
\hline
& 10111110 & \text{(结果 } c\text{：190 或}-66\text{)}
\end{array}
$$

注意：

(1) 位逻辑运算的运算对象只能是包括 char 型和各种长短不同的 int 型在内的整数。

(2) 和逻辑运算的结果只能是 0 或 1 不同，按位逻辑运算的结果可能是任何整数值。

3. 移位运算符

(1) 左移位运算符。左移位运算符是<<，它是一个二元运算符，用它连接两个操作数的一般格式如下：

v<<*n*

其中，*v* 是操作数，可以是 char 型或整型的变量或表达式；*n* 必须是正整数。功能是将 *v* 中的所有二进制位顺序向左移动 *n* 位。

(2) 右移位运算符。右移位运算符是>>，它也是一个二元运算符，用它连接两个操作数的一般格式如下：

v>>*n*

其中，*v* 是操作数，可以是 char 型或整型的变量或表达式；*n* 必须是正整数。功能是将 *v* 中的所有二进制位顺序向右移动 *n* 位。

4. 移位运算规则

(1) 左移位运算规则。在移位过程中，各个二进制位顺序向左移动，右端空出的位补 0，移出左端之外的位则被舍弃。

例如，设 $a=25$，其二进制存储形式如图 3-3 所示。

a	0	0	0	0	0	0	0	0	0	0	0	1	1	0	0	1

图 3-3　25 的二进制存储形式

则 *a*<<3 表示将 *a* 的各个二进制位顺序左移 3 位，如图 3-4 所示。

a>>3	0	0	0	0	0	0	0	0	1	1	0	0	1	0	0	0

图 3-4　a 左移 3 位后的二进制形式

对无符号数而言，左移位相当于乘 2 运算，左移 *n* 位相当于该数乘 2^n，在本例中，25<<3表示 $25\times2^3=200$。

(2) 右移位运算规则。在移位过程中，各个二进制位顺序向右移动，移出右端之外的位被舍弃，左端空出的位是补 0 还是补 1 取决于具体的机器和被移位的数是有符号数还是无符号数。具体如下：

① 对无符号数进行右移时，左端空出的位一律补 0。

② 对用补码表示的有符号数进行右移时，有的机器采取逻辑右移，有的机器则采取算术右移。逻辑右移时，不管是正数还是负数，左端空位一律补 0。算术右移时，正数右移，左端的空位全部补 0；负数右移，左端的空位全部补 1(即符号位)。Visual C++ 2010 采用的是算术右移。

例如，设 $a=-32768$(补码表示)，其二进制存储形式如图 3-5 所示。

a	1	0	0	0	0	0	0	0	0	0	0	0	0	0	0	0

图 3-5　−32768 的二进制存储形式

则 $a>>2$ 表示将 a 的各个二进制位顺序右移 2 位。若采用逻辑右移，其值为 8192，如图 3-6 所示。

逻辑*a*>>2	0	0	1	0	0	0	0	0	0	0	0	0	0	0	0	0

图 3-6　8192 的二进制存储形式

若采用算术右移，值为−8192，如图 3-7 所示。

算术*a*>>2	1	1	1	0	0	0	0	0	0	0	0	0	0	0	0	0

图 3-7　−8192 的二进制存储形式

采用算术右移相当于除 2 运算。右移 1 位，其值等于该数除以 2，右移 n 位，其值等于该数除以 2^n。本例中，$-32768>>2$ 表示 $-32768/2^2=-8192$。

5. 位操作运算符组成的复合赋值运算符

本章第 2 节介绍了 5 种由算术运算符组成的复合赋值运算符，本节介绍的 6 种位操作运算符中，除了一元运算符～外，其他 5 种二元运算符可组成另外 5 种复合赋值运算符：

$v\&=e$　　等价于　$v=v\&e$

$v|=e$　　等价于　$v=v|e$

$v\hat{}=e$　　等价于　$v=v\hat{}e$

$v<<=e$　　等价于　$v=v<<e$

$v>>=e$　　等价于　$v=v>>e$

【例 3-13】 位操作及由位操作运算符组成的复合赋值运算符。程序如下：

```
#include<stdio.h>
main()
{  int a=25,b=120,c1,c2,n=1;
   c1=a,c2=b;
```

```
    a&=b;
    b|=a;
    printf("a=%d&%d=%d   b=%d|%d=%d\n",c1,c2,a,c2,c1,b);
    a=c1,b=c2;
    a>>=n+1;
    b<<=n+1;
    printf("a=%d>>%d=%d   b=%d<<%d=%d\n",c1,n+1,a,c2,n+1,b);
    a=c1,b=c2;
    a=~a;
    b^=a;
    printf("a=~%d=%d   b=%d^%d=%d\n",c1,a,c2,c1,b);
}
```

程序的运行结果如下：

```
a=25&120=24     b=120|25=120
a=25>>2=6       b=120<<2=480
a=~25=-26       b=120^25=-98
Press any key to continue
```

3.6 常用数学函数

C 编译系统在标题文件 math.h 中定义了众多的数学函数。当需要调用这些数学函数时，要用 #include<math.h>命令行包含该标题文件。表 3-4 列出的函数中，自变量 x 和 y 为 double 型，n 为 int 型，所有的函数值均为 double 型，三角函数的自变量以弧度为单位，反三角函数的函数值以弧度为单位。

表 3-4 常用的数学函数

函 数	功 能
sin(x)	x 的正弦，值域为[−1,1]
cos(x)	x 的余弦，值域为[−1,1]
tan(x)	x 的正切
asin(x)	x 的反正弦，定义域为[−1,1]，值域为[−π/2,π/2]
acos(x)	x 的反余弦，定义域为[−1,1]，值域为[0,π]
atan(x)	x 的反正切，定义域为[−1,1]
atan2(y,x)	y/x 的反正切，y/x 的取值范围为[−1,1]
sinh(x)	x 的双曲正弦，即$(e^x-e^{-x})/2$
cosh(x)	x 的双曲余弦，即$(e^x+e^{-x})/2$
tanh(x)	x 的双曲正切，即$(e^x-e^{-x})/(e^x+e^{-x})$
exp(x)	指数函数，e^x
log(x)	自然对数，即 $\ln x$，$x>0$

续表

函　数	功　能
log10(x)	常用对数，即 $\lg x$，$x>0$
pow(x,y)	x^y，若 $x=0$ 且 $y\leqslant 0$，或 $x<0$ 但 y 不是整数时出错
pow10(n)	幂函数，10^n
sqrt(x)	x 的平方根，$x\geqslant 0$
ceil(x)	不小于 x 的最小整数，double 型函数，例如：ceil(1.02)=2.0，ceil(−1.02)=−1.0
floor(x)	不大于 x 的最大整数，double 型函数，例如：floor(1.02)=1.0，floor(−1.02)=−2.0
fabs(x)	x 的绝对值
fmod(x,y)	x/y 的浮点余数，其符号与 x 相同。例如：fmod(10.0,3.0)=1.0

【例 3-14】 求 cos(30°)的值。程序如下：

```
#include<math.h>
main()
{   double x,y;
    x=30.0;
    y=cos(x/180 * 3.14159);
    printf("%f\n",y);
}
```

程序运行结果如下：

```
0.866026
```

【例 3-15】 求 $6^{5.2}$ 值。

```
#include<math.h>
main()
{   double x;
    x=pow(6.0,5.2);
    printf("x=%.3f\n",x);
}
```

程序运行结果如下：

```
x=11127.216
```

【例 3-16】 求 $e^{3.2145689}$ 的值。

```
#include<math.h>
main()
{   double x;
    x=exp(3.2145689);
    printf("x=%.7lf\n",x);
}
```

程序运行结果如下：

```
x=24.8925584
```

习题 3

一、选择题

1. C 语言中要求运算量必须是整型的运算符是(　　)。

A. ＋　　B. /　　C. %　　D. －

2. 在 C 语言中，不同类型的数据混合运算时，先要转换成同一类型，然后进行计算。设一表达式中含有 int、long、unsigned 和 char 类型的常数和变量，则表达式的最后运算结果是(　【1】　)类型。这 4 种类型的转换规律是(　【2】　)。

【1】A. int　　B. char　　C. unsigned　　D. long

【2】A. int→unsigned→long→char　　B. char→int→long→unsigned

C. char→int→unsigned→long　　D. char→unsigned→long→int

3. a、b 均为整数，且 b≠0，则表达式 a/b * b+a%b 的值为(　　)。

A. a　　B. b

C. a 被 b 除的整数部分　　D. a 被 b 除商的整数部分

4. a、b 均为整数，且 b≠0，则表达式 a－a/b * b 的值为(　　)。

A. 0　　B. a

C. a 被 b 除的余数部分　　D. a 被 b 除商的整数部分

5. 表达式 18/4 * sqrt(4.0)/8 的数据类型为(　　)。

A. int　　B. float　　C. double　　D. 不确定

6. 若变量已正确定义，且 k 的值是 4，执行表达式 j=k－－后，j、k 的值是(　　)。

A. j=4,k=4　　B. j=4,k=3　　C. j=3,k=4　　D. j=3,k=3

7. 设 int x=10,x+=3+x%(－3)，则 x=(　　)。

A. 14　　B. 15　　C. 11　　D. 12

8. 表达式(int)(3.0/2.0)的值是(　　)。

A. 1.5　　B. 1.0　　C. 1　　D. 0

9. 设 float m=4.0,n=4.0；使 m 为 10.0 的表达式是(　　)。

A. m－=n * 2.5　　B. m/=n+9　　C. m * =n－6　　D. m+=n+2

10. C 语句 x * =y+2;还可以写成(　　)。

A. x=x * y+2;　　B. x=2+y * x;

C. x=x * (y+2)；　　D. x=y+2 * x;

11. 若变量已正确定义，要将 a 和 b 中的数进行交换，则下列不正确的语句组是(　　)。

A. a=a+b,b=a－b,a=a－b;　　B. t=a,a=b,b=t;

C. a=t; t=b; b=a;　　D. t=b; b=a; a=t;

12. 设已定义：int k=7,x=12;,则下列表达式中,计算结果为 0 的是(　　)。

A. x%=(k%=5)　　　　B. x%=(k-k%5)

C. x%=k-k%5　　　　D. (x%=k)-(k%=5)

13. 若已定义 x 和 y 为 double 型变量,则表达式：x=1,y=x+3/2 的值是(　　)。

A. 1　　B. 2　　C. 2.0　　D. 2.5

14. 设 int c=5 和 int a,a=2+(c+=c++,c+8,++c),则 a 的值为(　　)。

A. 15　　B. 14　　C. 13　　D. 16

15. 设 int a=7,b=8; 则 printf("%d,%d",(a+b,a),(b,a+b));的输出结果是(　　)。

A. 7,15　　B. 8,15　　C. 15,7　　D. 出错

16. 设 int a=3; 则表达式 a<1&&--a>1 的运算结果和 a 的值分别是(　　)。

A. 0 和 2　　B. 0 和 3　　C. 1 和 2　　D. 1 和 3

17. 已知 int x=43,y=0; char ch='A'; 则表达式(x>=y&&ch<'B'&&!y)的值是(　　)。

A. 0　　B. 语法错　　C. 1　　D. -1

18. 为表示“a 和 b 都大于 0”,应使用的 C 语言表达式是(　　)。

A. (a>0)|(b>0)　　　　B. a&&b

C. (a>0)||(b>0)　　　　D. (a>0)&&(b>0)

19. 设 a 为整型变量,下列不能正确表达数学关系 10<a<15 的 C 语言表达式是(　　)。

A. 10<a<15

B. a==11||a==12||a==13||a=14

C. a>10&&a<15

D. !(a<=10)&&!(a>=15)

20. 设有以下语句,则 z 的二进制值是(　　)。

char x=3,y=6,z; z=(x^y)<<2;

A. 00010100　　B. 00011011　　C. 00011100　　D. 00011000

二、填空题

1. 设有以下定义,并已赋确定的值：

```
char ch; int i; float f; double d;
```

则表达式 ch * i+d-f 的数据类型为________。

2. 设有 int a=11;,则表达式(a++ * 1/5) 的值为________。

3. 运行以下程序段,若要使 a=5.0,b=4,c=3,则输入数据的形式应为________。

```
int b,c;
float a;
scanf("%f,%d,c=%d",&a,&b,&c);
```

4. 设已定义 int a=10,b=12,则表达式(!a||b--)的值是________。

5. 若 a 为 int 型变量,请以最简单的形式写出与逻辑表达式!a 等价的 C 语言关系表达式________。

6. 若有以下程序段:

```
int a=1,b=2,c;
c=1.0/b*a;
```

则执行后,变量 c 的值为________。

三、编程题

1. 编写程序,实现如下功能:从键盘输入长方体 3 条边的边长 x、y、z,然后求其表面积 S 和体积 V。

2. 编写程序,实现如下功能:从键盘输入圆的半径 r,计算并输出该圆的面积 S 和周长 c。

3. 编制程序,实现如下功能:从键盘输入 3 个顶点的坐标(x_1,y_1),(x_2,y_2),(x_3,y_3),利用海伦公式计算三角形的面积 S。

第4章

结构化程序设计

程序设计是计算机科学的一个核心问题，也是一项艰苦的智力劳动。目前，程序设计主要还是靠人完成。人们在程序设计方面已经做了大量的研究，取得了许多重要的成果，结构化程序设计方法是面向过程程序设计的基本方法。C语言是一种结构化的程序设计语言，它提供了完善的结构化程序设计的各种控制结构。本章介绍C语言提供的各种程序控制结构。

4.1 基本结构

由于计算机硬件速度和容量的限制，早期的程序设计强调程序的效率，注重程序设计的技巧。随着程序规模的扩大，按照艺术品的方式进行程序设计的方法引发了20世纪70年代初期的“软件危机”。荷兰学者Dijkstra首先提出了结构化程序设计的概念，他强调从程序结构和风格来研究程序设计，注重提高程序的可读性、可理解性和可靠性，并易于查错和维护。于是，产生了结构化程序设计方法。用结构化程序设计方法设计程序，在效率与结构发生冲突时，宁愿牺牲一些速度，也要保证好的结构。目前，结构化程序设计方法已成为普遍使用和比较成熟的程序设计方法。

结构化程序设计方法就是只采用3种基本的程序控制结构来编制程序，从而使程序具有好的结构。这3种基本结构就是顺序结构、选择结构和循环结构，如图4-1所示。

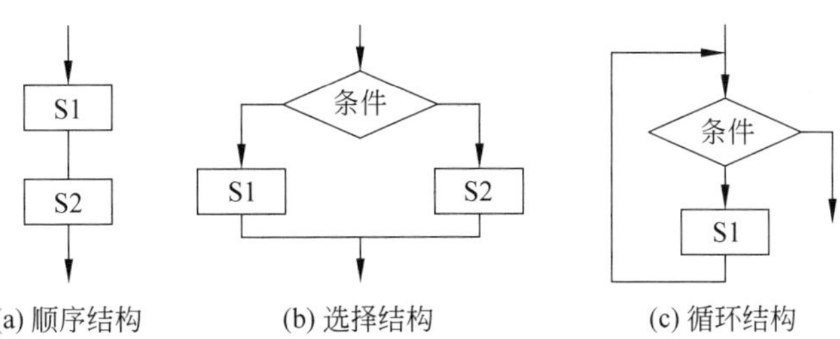

(a) 顺序结构　(b) 选择结构　(c) 循环结构

图4-1　结构化程序的3种基本控制结构

1. 顺序结构

如图 4-1(a)所示，S1 和 S2 是语句或语句序列。在顺序结构中，S1 和 S2 被依次执行，即只有当 S1 执行完成之后才执行 S2。在前面章节中编制的简单程序，采用的都是顺序结构。这些程序在执行时，总是从第一个语句开始，顺序执行各个语句，直到所有的语句都执行完，程序运行结束。

2. 选择结构

如图 4-1(b)所示，程序执行到选择结构时，首先对条件进行判断，当条件成立或不成立时分别执行 S1 或 S2，二者择其一。不管执行哪一个语句序列，执行结束后控制都转移到同一出口的地方。采用选择结构，可以编制解决某一类问题的通用程序，收到事半功倍的效果。

3. 循环结构

如图 4-1(c)所示，程序执行到循环结构时，将会判断循环的条件是否成立。如果循环条件成立，将反复执行语句序列 S1(也称循环体)，直到条件不成立时终止循环，控制转移到循环体外，继续执行后续的部分。采用循环结构，可以大大减少编程的复杂性和工作量，用较短的程序完成大量的处理工作。计算机算法的一个重要特点，就是将一个复杂的问题变成简单问题的多次重复。

上面介绍的 3 种基本结构有一个共同的特点，就是只有一个程序流程的入口和一个程序流程的出口。这种单入口和单出口结构的使用所带来的优越性是程序易读易修改。由于组成程序的各个分结构都只存在一个入口和一个出口这样简单的接口关系，那么就可以相对独立地设计各个分结构，静态地分析控制关系，并验证它们的正确性，而不必像 goto 语句那样动态地转来转去。同样，如果进行分结构的内部修改，只要接口不变，就不会影响到其他的分结构和整个程序。因此，具有这样结构的程序就是好结构程序。

4.2 选择结构

在 C 语言中，可以用 if 语句和 switch 语句构成选择结构。此外，条件表达式也能代替 if 语句构成某些选择结构。

4.2.1 if…else 语句与二分支结构

用 if…else 语句可以构成二分支选择结构。例如，初等数学的一元二次方程求根问题，要根据根的判别式来确定是用实根的计算公式还是用复根的计算公式，这就是一个二分支选择问题。在编制这类问题的程序时，就可以用 if…else 语句实现。

1. if…else 语句的语法格式

if…else 语句有两种形式：

```
形式 1: if(测试表达式)
            语句 1;
形式 2: if(测试表达式)
            语句 1;
        else
            语句 2;
```

其中,if 后面的括号不能省略;测试表达式可以是关系表达式或逻辑表达式,也可以是任何数值表达式,用来描述指定的条件。

2. if…else 语句的执行流程

第一种形式的 if 语句在执行时,如果测试表达式表示的条件成立,执行"语句 1",然后执行"出口"后面的语句;如果条件不成立,就跳过"语句 1",直接执行"出口"后面的语句,其执行流程如图 4-2(a)所示。

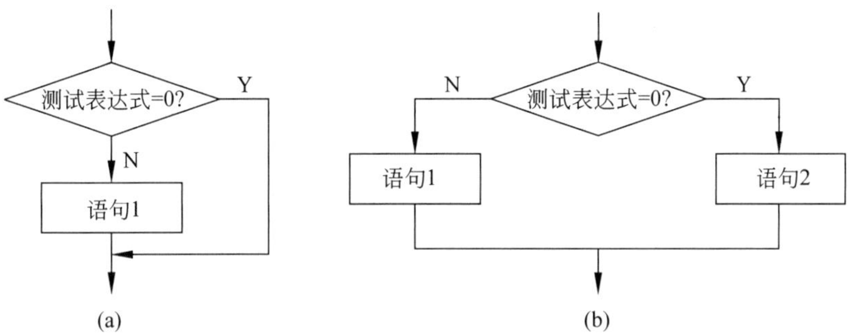

图 4-2　if…else 语句执行流程图

第二种形式的 if 语句在执行时,如果测试表达式表示的条件成立,执行"语句 1";否则,执行"语句 2"。无论是执行了"语句 1",还是执行了"语句 2",都转移到"出口"后面继续执行后续的语句,其执行流程图如图 4-2(b)所示。

在流程图中,矩形框代表处理,菱形框代表条件判断,带箭头直线代表执行流向,菱形框两边的符号:"≠0"表示条件成立;"=0"表示条件不成立。

3. 用 if 语句构成二分支选择结构

【例 4-1】 一个猜数游戏。将要猜的整数存放在变量 magic 中,程序运行时,提示游戏者通过键盘输入自己猜的数 guess,若猜对了,即 guess==magic,屏幕显示"* * Right * *",然后结束程序运行;否则不予显示,直接结束运行。程序如下:

```
#include<stdio.h>
void main()
{  int magic=123,guess;
   printf("Enter your guess:");
   scanf("%d",&guess);
   if(guess==magic)
```

```
        printf("* * Right * * \n");
    }
```

如果用 if…else 语句替换 if 语句,还可以扩充上述程序的功能:当猜对时,屏幕显示"**Right**";否则显示"**Wrong**"。上述程序修改如下:

```
#include<stdio.h>
void main()
{  int magic=123,guess;
   printf("Enter your guess:");
   scanf("%d",&guess);
   if(guess==magic)
      printf("**Right**\n");
   else
      printf("**Wrong**\n");
}
```

在使用 if 语句时,应注意以下两点:

(1) 在 if 语句中,测试表达式不限于关系表达式和逻辑表达式,也可以是任何数值表达式。当测试表达式的值为 1 或其他任何非 0 值时,表示条件成立;只有当测试表达式的值为 0 时,表示条件不成立。例如,a=2 和 a==2 都可以作为测试表达式,前者是赋值表达式,后者是关系表达式。如果将 a=2 作为测试表达式,由于该表达式的值是 2,因此表示条件恒成立;如果将 a==2 作为测试表达式,则只有当 a 等于 2 时,条件才成立。又如,在 C 程序设计中,还经常用逻辑表达式"!a"代替关系表达式"a==0",用算术表达式"a"代替关系表达式"a!=0",用"a-2"代替"a!=2"等,因为它们表示的条件是等价的。

(2) if 语句中的分支语句可以是单条语句,也可以是多条语句。多条语句一定要用"{}"括住,或者用逗号表达式语句代替,否则会引起逻辑错误。例如,任意输入两个数,希望按从小到大的顺序输出这两个数。下列两个程序段:

```
if(a>b)
{ t=a;a=b;b=t; }
printf("a=%d,b=%d",a,b);
```

和

```
if(a>b)
t=a;a=b;b=t;
printf("a=%d,b=%d",a,b);
```

中,第一个程序段执行时,如果 a>b,则通过变量交换使 b 存放大数,a 存放小数,然后输出结果;如果 a≤b,不必进行变量交换,直接输出结果即可。而第二个程序段执行时,如果 a>b,也通过变量交换实现把大数存放在 b 中,小数存放在 a 中,然后输出结果;但当 a≤b 时,就跳过语句"t=a",去执行"a=b"及其后续语句,从而输出错误的结果。如果将"{}"括住的复合语句用逗号表达式语句代替,写成

```
if(a>b)
t=a,a=b,b=t;
printf("a=%d,b=%d",a,b);
```

也能得到正确的结果。

4. if 语句的嵌套

if 语句可以嵌套使用，即外层 if 语句的 if 块或 else 块中又包含一个或多个 if 语句。

【例 4-2】 用嵌套的 if 语句扩充例 4-1 猜数游戏的功能：如果猜错了，屏幕除了显示"**Wrong**"外，还显示是猜大了或猜小了的提示信息，以帮助游戏者继续往正确处猜。显然，当程序执行到 guess≠magic 时，还要继续判断 guess 是大于 magic 还是小于 magic，分别显示不同的信息。程序改写如下：

```
#include<stdio.h>
void main()
{  int magic=123,guess;
   printf("Enter your guess:");
   scanf("%d",&guess);
   if(guess==magic)
       printf("**Right**\n");
   else
       {  printf("**Wrong**");
          if(guess>magic)
              printf("Too high**\n");
          else
              printf("Too low**\n");
       }
}
```

其中，else 块中又包含了一个 if…else 语句和一条 printf()语句，因此要用"{}"括起来。同时，为了使嵌套层次清晰明了，容易阅读和查错，在程序的书写上常常采用右缩进对齐格式，即不同层次的 if…else 出现在不同的缩排级上。

(1) 内层 if 既可以嵌套在外层的 if 块中，也可以嵌套在外层的 else 块中，其形式如下：

```
if(测试表达式 1)
  { …
    if(测试表达式 2)
      …
    else
      …
    }
else
    {…
```

```
if(测试表达式 3)
  …
  else
  …
}
```

(2) 由于C语言的 if 语句没有终端语句,所以在 if 嵌套的情况下要特别注意 else 和 if 的配对关系,避免引起逻辑上的混乱。C语言规定:else 总是与离自己最近的不带 else 的 if 配对,而与书写格式无关。例如,下面两个程序段:

```
if(a<b)                              if(a<b)
  { if(b<c)                            if(b<c)
    c=a; }                                 c=a;
else                                 else
    c=b;                                   c=b;
```

右边的程序段从书写形式上似乎 else 应与第一个 if 配对,实际上,else 离第二个 if 最近,因而应与第二个 if 配对。这两个程序段的流程分别示于图 4-3(a)和图 4-3(b)。

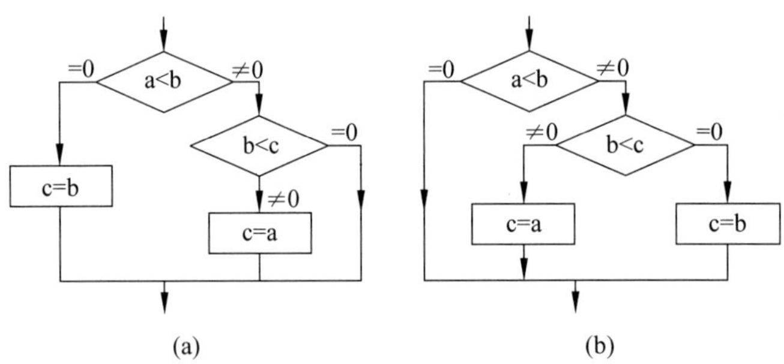

图 4-3 嵌套 if 语句中 else 与 if 的配对关系示例

【例 4-3】 在直角坐标系中有一个以原点为中心的单位圆,今任给一点(x,y),试判断该点是在单位圆内、单位圆上,还是单位圆外?若在单位圆外,那么是在 x 轴的上方,在 x 轴上,还是在 x 轴的下方?

以原点为中心的单位圆方程为 $x^2+y^2=1$,因此对任意点(x,y),若 $x^2+y^2<1$,则该点在单位圆内;若 $x^2+y^2>1$,则该点在单位圆外;若 $x^2+y^2=1$,则该点在单位圆上。这就形成了 3 个分支,而 if 语句只能解决二分支问题。为此,先将问题变成两个分支,即若 $x^2+y^2\leqslant 1$,则该点在单位圆内或单位圆上;否则,该点在单位圆外。当 $x^2+y^2\leqslant 1$ 成立时,可以用另一个 if 语句进一步判断该点是在单位圆上还是单位圆内。当该点在单位圆外时,还要考虑是在 x 轴的上方、下方还是 x 轴上,对这个三分支问题,还要仿照上面的方法将它变成二分支问题来处理。据此,可画出该问题的流程图,如图 4-4 所示。

根据流程图可写出程序如下:

```
#include<stdio.h>
void main()
  {  float x,y,z;
```

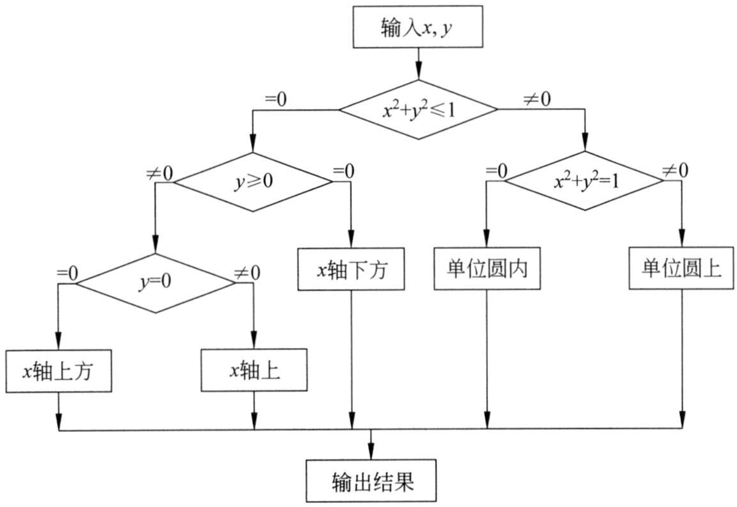

图 4-4　例 4-3 程序流程图

```
    scanf("%f%f",&x,&y);
    z=x*x+y*y;
    printf("%.2f,%.2f\t",x,y);
    if(z<=1)
        if(z==1)
            printf("在单位圆上\n");
        else
            printf("在单位圆内\n");
    else
        if(y>=0)
            if(y>0)
                printf("在单位圆外,x 轴上方\n");
            else
                printf("在单位圆外,x 轴上\n");
        else
            printf("在单位圆外,x 轴下方\n");
}
```

程序运行时,只要输入 x 和 y 的值,可以立即得到该点的位置情况。

对于比较复杂的判断问题,最好先画出流程图理顺思路,然后根据流程图写程序,可减少程序编制的失误,有了错误也容易对照检查。

4.2.2 if…else 语句与多分支结构

用 if…else if…else 语句实现多分支选择结构,要比多重 if 嵌套结构更简洁。

1. if…else if…else 语句的语法格式

if…else if…else 语句用来解决多分支选择的问题,其一般格式如下:

```
if(测试表达式 1)
   语句 1;
else if(测试表达式 2)
   语句 2;
else if(测试表达式 3)
   语句 3;
   …
else if(测试表达式 n)
   语句 n;
else
   语句 n+1;
```

2. if…else if…else 语句的执行流程

在执行 if…else if…else 语句构成的多分支选择结构时，自上而下地对测试表达式进行判断，遇到值为非 0 的测试表达式时，就执行与之相关的语句，其余部分跳过。如果所有的测试表达式均为 0，就执行最后的 else；如果没有最后一条 else，并且所有测试条件均为假，那么不执行任何操作。其执行流程如图 4-5 所示。

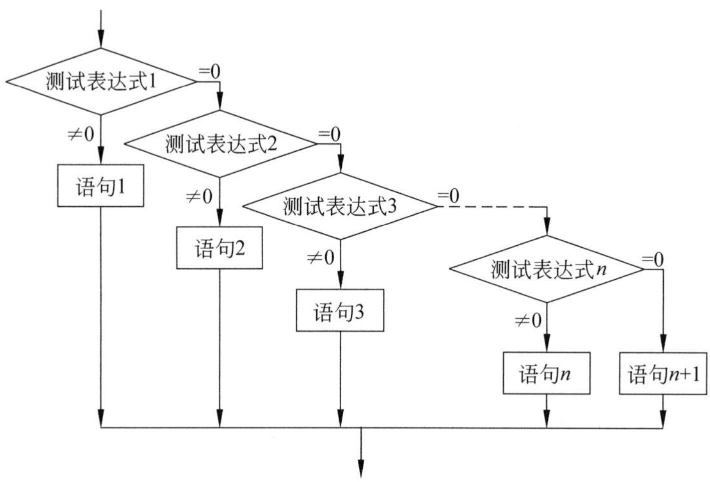

图 4-5　if…else if…else 语句执行流程图

3. 用 if…else if…else 语句组成多分支选择结构

【例 4-4】　用 if…else if…else 语句改写例 4-3 的程序。

先判断以(x,y)为坐标的点是不是在单位圆上，否则再判断它是不是在单位圆内，如果前两种可能都不成立，则该点肯定在单位圆外。在第三种情况下，先判断该点是不是在 x 轴的上方，否则再判断它是不是在 x 轴上，余下的可能就是在 x 轴的下方。程序如下：

```
#include<stdio.h>
void main()
{    float x,y,z;
```

```
    scanf("%f%f",&x,&y);
    z=x*x+y*y;
    printf("%.2f,%.2f\t",x,y);
    if(z==1)
        printf("在单位圆上\n");
    else if(z<1)
        printf("在单位圆内\n");
    else
        if(y>0)
            printf("在单位圆外,x 轴上方\n");
        else if(y==0)
            printf("在单位圆外,x 轴上\n");
        else
            printf("在单位圆外,x 轴下方\n");
}
```

4.2.3 条件表达式

1. 条件运算符

C 语言提供了唯一的一个三元运算符,即条件运算符。它由一个“?”和一个“:”组成,可以连接 3 个运算量构成条件表达式。

2. 条件表达式

(1) 条件表达式的一般格式如下:

```
表达式 1 ? 表达式 2 : 表达式 3
```

(2) 条件表达式的计算过程是:先计算表达式 1,若表达式 1 的值为非 0,就计算表达式 2,并将表达式 2 的值作为整个条件表达式的值;若表达式 1 的值为 0,则计算表达式 3,并将表达式 3 的值作为整个条件表达式的值。有如下程序段,其输出值是什么?

```
int a=8,b=10;
printf("%d",(a>b)?a:b);
```

先计算 a>b 的值得到 0,应将表达式 3(即变量 b)的值作为整个条件表达式的值,所以最后输出的结果为 10。

(3) 在 C 语言的运算符集中,条件运算符的优先级仅高于赋值运算符和逗号运算符,低于其他运算符。例如,在计算

```
x=a>b?a:b
```

时,由于条件运算符的优先级高于赋值运算符,应先计算条件表达式 a>b?a:b 的值,然后将该值赋给 x。

条件运算符的结合性为从右至左,即当几个条件运算符同时出现在条件表达式中时,

总是先将最后一个"?"与紧靠其右的"："配对，并优先计算；然后再将下一个"?"与紧靠其右的"："配对，直到最左边的"?"与最后一个"："配对。例如：

```
exp1?exp2:exp3?exp4:exp5 等价于 exp1?exp2:(exp3?exp4:exp5)
exp1?exp2?exp3:exp4:exp5 等价于 exp1?(exp2?exp3:exp4):exp5
```

(4) 在条件表达式中，表达式 2 和表达式 3 的数据类型可以不同，这时条件表达式的类型取表达式 2 和表达式 3 中较高的类型。例如，若 n 为 int 型、f 为 float 型，则不论 n 取何值，条件表达式

```
n>0?f:n
```

的类型均为 float 型。

3. 条件表达式组成的选择结构

条件表达式可代替 if 语句构成简单的选择结构，通常内嵌在允许出现表达式的地方，以根据不同的条件选择不同的表达式。例如，将条件表达式用在赋值语句中，一条语句可达到两种赋值效果，用在 printf()中，一个 printf()可实现不同的输出效果。

【例 4-5】 从键盘接收一个字符存放在变量 *c* 中。要求只把输入的小写字母转换成大写字母，其他字符不变，并显示是输入了小写字母还是其他字符。程序如下：

```
#include<stdio.h>
void main()
{  char ch,c;
   scanf("%c",&ch);
   c=ch>='a'&&ch<='z'?ch-32:ch;
   printf(ch>='a'&&ch<='z'?"小写字母":"其他字符");
}
```

程序将条件表达式用在赋值语句中，其作用如下：若 ch 是小写英文字母就转换成大写字母赋给变量 *c*；否则，直接将输入的字符赋给变量 *c*。该赋值语句相当于下面的一段程序：

```
if(ch>='a'&&ch<='z')
   c=ch-32;
else
   c=ch;
```

同样，条件表达式用在 printf()中，可以输出不同的信息。这里的函数调用语句

```
printf(ch>='a'&&ch<='z'?"小写字母":"其他字符");
```

等价于下面的程序段：

```
if(ch>='a'&&ch<='z')
   printf("小写字母");
else
```

```
printf("其他字符");
```

4.2.4 switch 语句

与 if…else if…else 相比,用 switch 语句实现多分支选择,可使程序更加简明。

1. switch 语句的格式和功能

(1) switch 语句的一般格式如下:

```
switch (表达式 e)
{  case 常量表达式 1: 语句 1;
   case 常量表达式 2: 语句 2;
        …
   case 常量表达式 n: 语句 n;
   default:          语句 n+1;
}
```

其中参数含义如下:

表达式 e 必须是整型表达式,且必须放在括号中。

常量表达式与关键字 case 之间必须用空格隔开,且以冒号结尾,形成语句标号。

default 也以":"结尾,也是一个语句标号,default 可以缺省。

整个 switch 语句段放在一对大括号中,而每个 case 或 default 中不管有多少语句,均可不加大括号。

(2) switch 语句也是一个多分支选择语句,它通过检查 switch 后面括号中表达式 e 的值是否与某个 case 中常量表达式的值相等来执行不同的分支。

2. switch 语句的执行流程

switch 语句执行时,先计算表达式 e 的值,然后将此值依次与各个 case 中的常量表达式进行匹配(即比较它们是否相等),如果遇到与该值相等的常量表达式,就执行该 case 标号中的语句,包括在它后面所有的 case 及 default 中的语句,直到整个 switch 语句结束;如果没有与该值相匹配的常量表达式,并且存在 default,就执行 default 标号中的语句;如果不含 default,又没有成功的匹配,就什么也不执行,直接退出 switch。其执行流程如图 4-6 所示。

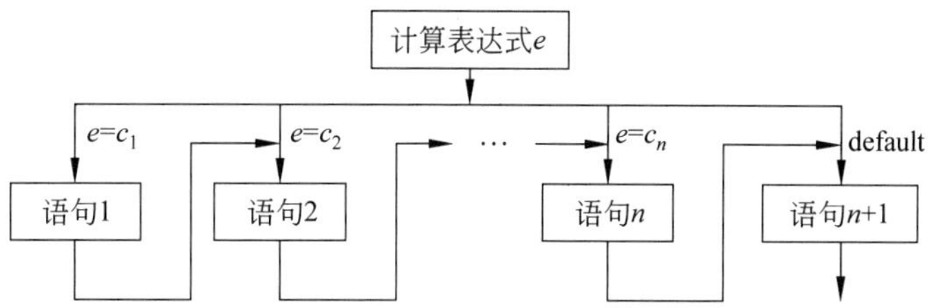

图 4-6 switch 语句的执行流程

【例 4-6】 从键盘输入不同的字母，显示不同的国家名称。程序如下：

```
#include<stdio.h>
void main()
{  char ch;
   ch=getchar();
   switch(ch)
   {  case 'a':  printf("America\n");
      case 'b':  printf("Britain\n");
      case 'c':  printf("China\n");
      case 'd':  printf("Denmark\n");
      default:  printf("Japan\n");
   }
}
```

switch 执行时，一旦遇到一个与测试表达式 e 匹配的常量表达式，就会从该 case 开始，一直执行到 switch 结束。因此，程序运行时，如果从键盘输入字母 a，屏幕将顺序显示 America、Britain、China、Denmark 和 Japan；如果输入其他字符，屏幕则仅显示 Japan。

3. 用 switch 构成多分支选择结构

(1) switch 后面括号中表达式 e 必须是整型的数值表达式，包括算术表达式、赋值表达式、关系表达式、逻辑表达式等；每个 case 后面的常量表达式也必须是整型的；如果表达式 e 及各个 case 中出现的常量表达式是 char 型的，则自动被转换成 int 型。

(2) case 与其后的常量表达式之间除必须留有空格外，各个 case 中的常量表达式的值应互不相同，否则会出现矛盾的结果。

(3) 在 switch 语句中，允许多个 case 共用一个语句序列。例如：

```
switch (score)
{  case 'A':
   case 'B':
   case 'C': printf("pass\n");
   case 'D': printf("fail\n");
   default: printf("error\n");
}
```

当 score 的值是'A'、'B'或'C'时，都从 printf("pass\n")开始执行。

(4) switch 语句中各个 case 及 default 的位置会影响程序的运行结果。例如，下面的程序段：

```
int c=2;
switch (c)
{  case 1: printf("*");
   case 2: printf("%%");
   case 3: printf("$");
```

```
    default: printf("#");
  }
```

的输出结果是：%$#。如果将上面的程序段写成如下形式：

```
  int c=2;
  switch (c)
  {  default: printf("#");
     case 1: printf("*");
     case 3: printf("$");
     case 2: printf("%%");
  }
```

运行结果将变成%。

（5）和 if…else if…else 语句相比，switch 只能进行整型量的相等性比较，即只检查 switch 后面的表达式 e 与各个 case 中的常量表达式是否相等；而 if…else if…else 不但可以进行相等性比较，还能进行大于、小于等比较，而且可以比较各种类型的数据。因此，用 switch 编写的多分支选择结构虽然比较清晰和简明，但它不能完全替代 if 语句。

（6）switch 可以嵌套使用，要求内层的 switch 必须完整地包含在外层某个 case 中，内、外层 switch 的 case 中也可以有相同的常量表达式，但不会引起误会。例如：

```
  switch(x)
  {  case 1: switch (y)
                {  case 0:
                   case 1:
                }
     case 2:
     …
  }
```

4.2.5 switch 与 break 语句

在 switch 语句中，如果执行到某个 case 中的语句后，会接着执行下一个 case。这种往下贯穿各个 case 的方法有优点也有缺点。从积极的方面讲，它使一个操作可以有多个 case，可以达到"一石多鸟"的效果。但是另一方面，case 及 default 的位置的改变将影响程序的运行结果，很容易造成混乱。因此，作为一个较好的程序结构和一种保护措施，是将 break 与 switch 联合使用，这样就能防止从一个 case 下落到另一个 case 中，使 switch 真正起到分支的作用。而且这样做的另一个好处是一旦后面还要再添加 case 时，程序流程也不会受到影响。

在用 switch 构成的多分支选择结构中，只要在每个 case 语句的末尾增加 break 语句，就能在执行完该 case 后，立即退出 switch。

【例 4-7】 修改例 4-6 的程序，使之能在输入某个字母后，只显示该字母打头的国家名称。程序如下：

```
#include<stdio.h>
void main()
{  char ch;
   ch=getchar();
   switch(ch)
      {  case 'a':  printf("America\n");break;
         case 'b':  printf("Britain\n");break;
         case 'c':  printf("China\n");break;
         case 'd':  printf("Denmark\n");break;
         default:  printf("Japan\n");
      }
}
```

程序运行时,每次输入一个字符,只显示一个国家的名称。例如,输入字母 a,只显示 America。

switch 和 break 联用构成多分支选择结构的执行流程如图 4-7 所示。

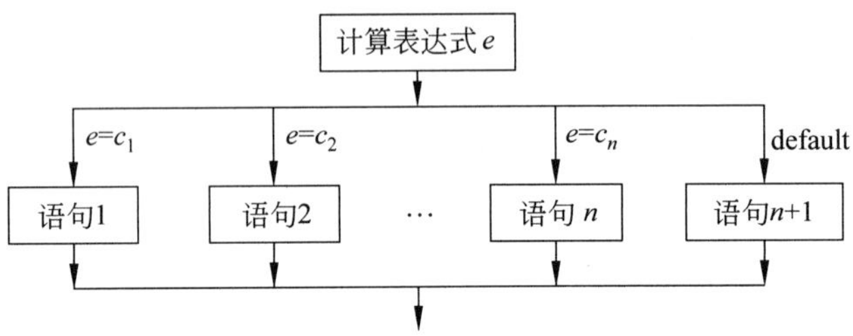

图 4-7　switch 和 break 联用的执行流程图

4.3　循环结构

循环结构用来描述具有规律性的重复,C 语言提供 3 种循环结构,即 for、while 和 do…while 循环。

4.3.1　for 循环

for 循环也称“步长型”循环。

1. for 循环的一般格式

for 循环的一般格式是

```
for(表达式 1;表达式 2; 表达式 3)   循环体语句;
```

例如:

```
for(i=1; i<=10; i++)  printf(" %d ",i);
```

可以输出

```
1 2 3 4 5 6 7 8 9 10
```

在 for 循环结构中，表达式 1 和表达式 3 一般都是赋值表达式，前者对循环变量进行初始化，后者修改循环控制变量的值；表达式 2 通常是关系或逻辑表达式，用来测试循环是否继续进行下去。这 3 个表达式相互之间用"；"隔开。由 for 控制的语句称为循环体，是重复执行的部分，语法要求是一条语句，若循环体有多条语句，则应将语句段放在"{}"中。

2. for 循环的执行流程

for 循环的执行流程是，先计算表达式 1 和表达式 2 的值。如果表达式 2 的值不为 0(为逻辑真)，就执行一次循环体，接着计算表达式 3，从而完成一次循环。然后，从计算表达式 2 开始，进入下一次循环，直到表达式 2 的值为 0(逻辑假)时结束循环。执行流程如图 4-8 所示。

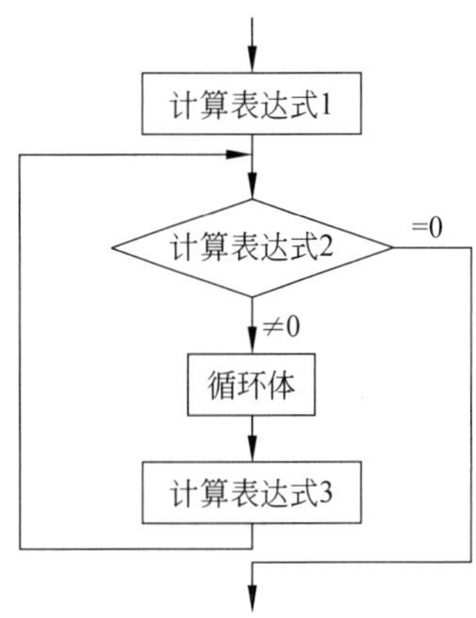

图 4-8　for 语句执行流程图

【例 4-8】　编制一个程序，输出 50 以内的正奇数。

题目要求显示的数是有规律的。假设要输出的数是 i，i 的变化规律是从 1 开始，每次递增 2(即 i=i+2)，一直到 49。因此，若以 i 为循环变量，则其初值为 1，终值为 49，步长值为 2，且每次循环要进行的操作是输出 i 的值。一旦确定了 for 循环的 3 个表达式和循环体，就可以写出以下程序：

```
#include<stdio.h>
void main()
{  int i;
   for (i=1;i<50;i+=2)
       printf(" %d  ",i);
   printf("\n");
}
```

程序中的 printf(" %d ",i)是循环体，要被执行 25 次，这个次数是由循环变量的初值、终值和步长值确定的，计算公式如下：

$$\text{floor}((\text{终值}-\text{初值}+\text{步长})/\text{步长})=\text{floor}((49-1)/2)+1=25$$

其中，floor()函数已在第 3 章介绍过，用来求不大于自变量的最大整数。

注意：程序中第二个 printf()不是循环体的一部分，退出循环时，它才被调用。这样做的目的是使循环体中输出数据后不换行，继续输出下一个数，直到循环结束时，才换行。

3. for 循环的使用

(1) for 循环执行时，总是先判断循环条件是否成立，然后再决定是否执行循环体，称

之为先判断后执行。如果进入循环时条件就不成立，那么，循环体一次也不被执行。例如：程序段

```
x=10;
for (y=10;y<x;++y)
  printf("%d",y);
```

中，进入循环时就不满足 y＜x 的条件，循环体就不被执行，因而不会输出 y 的值。

(2) for 循环的循环体可以是多条语句，这些语句须放在“{}”中。例如：

```
int x ;
double z;
for (x=100;x!=65;x-=5)
  {  z=sqrt((double)x);
     printf("%d 的平方根: %.2f\n",x,z);
  }
```

该程序段中，循环体有两条语句，执行的次数为 floor((70－100－5) /(－5))＝7，即程序将输出

```
100的平方根: 10.00
95的平方根: 9.75
90的平方根: 9.49
85的平方根: 9.22
80的平方根: 8.94
75的平方根: 8.66
70的平方根: 8.37
```

请思考，如果去掉循环体的大括号，程序的输出结果是什么？

(3) 循环体也可以是空语句。这时，循环体只是一个“;”。例如：

```
for(i=0;i<1000;++i)  ;
```

在执行时，3 个表达式的计算工作照常进行，但循环体什么也不做，当 i 从 0 增加到 1000 时，循环自动终止。该循环的功能是建立一个时间延迟。

(4) for 语句中的 3 个表达式可以是任意表达式。

① 可以用逗号表达式提供两个或多个循环变量。例如：

```
for(i=0,j=1;j<n&&i<n;i++,j++)
printf("%d  ",i+j);
```

中，初始化部分和增值部分有两个变量，它们同时控制循环。这种形式经常用在数组和字符串的操作中。

② 表达式 1 可以置于 for 语句之前。由于表达式 1 是对循环变量赋初值的，这时赋初值可在 for 语句之前完成(通常当初值的计算比较复杂时，可以将循环变量的初始化放在循环外面)。例如：

```
i=1;
for(;i<=5;i++)
```

```
printf("%d  ",i);
```

③ 表达式 3 可以置于循环体中。由于表达式 3 通常用于对循环控制变量值的修改，为使循环正常进行，可以在循环体内修改循环变量的值。例如：

```
for(i=1;i<=5;)
{  printf("%d  ",i);
       i++;
}
```

④ 表达式 2 可以置于循环体中。因为表达式 2 是测试循环是否终止的，这时就应该在循环体内用其他手段(如 if、break 等)来实现结束循环的条件。例如：

```
for(i=1;;i++)
{  if(i>5) break;
   printf("%d  ",i);
}
```

当 i 大于 5 时，由 break 语句强行退出循环。如果没有 break 就成为无休止的循环，俗称死循环。

⑤ 3 个表达式可以全部置于 for 语句之外。这时，要防止形成死循环，通常用 break 来终止循环。例如：

```
char ch;
for(; ;)
{  ch=getchar();
   if(ch=='A') break;
}
```

该循环一直运行到输入大写字母 A 为止。该程序段与下面的程序段等价：

```
char ch;
    ch=getchar();
for(;ch!='A'; ch=getchar())
    ;
```

【例 4-9】 编制一个求阶乘(n!)的程序，n 的值由键盘输入。

这是一个求连乘积的问题，是一个基本的程序设计模块。解这类问题的关键是找出通用计算公式，即找到循环体。通用计算公式为 $p=p\cdot i$，其中 p 既作为一个乘数使用，也用于存放连乘的结果，其初值为 1；i 既作为另一个乘数使用，也作为循环变量，其值从 1 变化到 n。对每个 i 值，要进行一次 $p=p\cdot i$ 的计算。例如，当 $i=1$ 时，$p=1\times1=1$；$i=2$ 时，$p=1\times2=2$；$i=3$ 时，$p=2\times3=6$……，人们称这一计算过程为递推或迭代。当计算到 $i=n$ 时，p 中存放的就是 n!。程序如下：

```
#include<stdio.h>
void main()
{  int i,n,p;
```

```
    scanf("%d",&n);
    p=1;
    for(i=1;i<=n;i++)
        p=p*i;
    printf("%d!=%d\n",n,p);
}
```

请根据这个程序的思路编制一个求 $s=1+2+\cdots+100$ 的程序。再编写一个求 $s=1!+2!+3!+4!+5!+6!$ 的程序。

4.3.2 while 循环

while 循环也称“当型”循环。

1. while 循环的一般格式

while 循环的一般格式如下：

```
while(测试表达式)  循环体语句;
```

其中，测试表达式可以是任意表达式，用来判定循环是否终止，循环体语句可以是单语句、空语句或复合语句。

2. while 循环的执行流程

while 循环的执行流程是：先计算测试表达式，如果它的值为非 0(即逻辑真)，就执行循环体；然后再计算测试表达式，直到测试表达式的值为 0(即逻辑假)时结束循环。其执行流程图如图 4-9 所示。

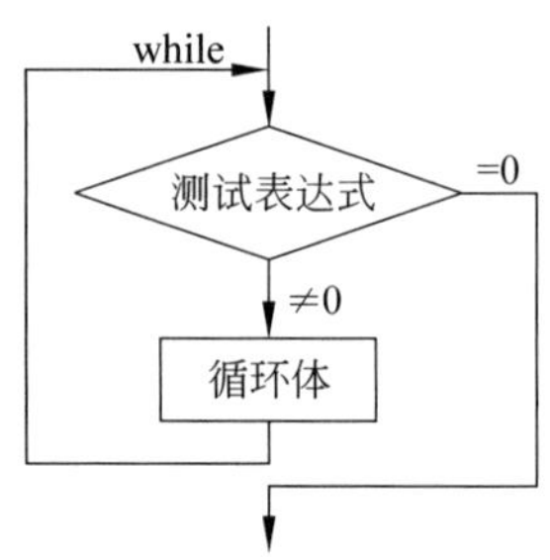

图 4-9 while 语句执行流程图

3. while 循环的使用

(1) while 循环不像 for 循环，具有对循环控制变量赋初值及修改循环变量值的功能。因此，在使用 while 循环时，一定要对测试表达式中出现的变量提前赋值，并在循环体内修改有关变量的值，以使循环能趋于终止。例如，用 while 循环将例 4-8 输出 50 以内正奇数的程序改写如下：

```
#include<stdio.h>
void main()
{   int i=1;                    /* 循环体外给循环控制变量 i 赋初值 */
    while(i<50)
    {   printf("%d  ",i);
        i+=2;                   /* 循环体内修改循环控制变量 i 的值 */
    }
    printf("\n");
}
```

(2) 和 for 语句一样,while 也是先判断后执行。比如程序段:

```
i=3;
while(i<3)
  printf("i=%d",i);
```

中的 printf()是 while 循环的循环体,但是一次也不被执行。因为进入循环时,while 测试表达式的值为 0(即逻辑假)。

(3) while 循环使用灵活,可以编写出非常简洁的程序。例如:

```
while((ch=getchar())!='A');
```

的循环体是一个空语句,似乎是一个死循环。其实,仔细观察可以发现,在测试表达中既有赋值功能,也有判断功能。如果从键盘输入字母'A',循环就会正常终止。

【例 4-10】 编制程序求 $s=1+2+3+\cdots+100$。

这是一个求累加和的问题,求解思路与例 4-9 非常类似。程序如下:

```
#include<stdio.h>
void main()
{  int i,s;
   s=0;
   i=1;
   while(i<=100)
   {  s=s+i;
      i++;
   }
   printf("s=%d\n ",s);
}
```

该程序有两点需要读者注意。其一,程序的循环体中有两条语句,s=s+i 用来求累加和,i++用来修改 i 的值,i 值的修改既能使累加的过程逐步向前推进,又能修改循环测试表达式中的变量值,使循环逐步趋向结束;其二,程序的开始处有赋值语句 s=0 和 i=1,它们分别给累加变量 s 和循环变量 i 赋初值。

读者不妨将本题程序与例 4-9 的程序对照一下,并分析两个问题:

① 为什么在累加和的程序中取 s=0 作初值,而在连乘积的程序中取 p=1 作初值?

② 是否可将赋初值语句 s=0 或 p=1 放到循环体中?如果将它们放到循环体中,得到的结果是什么?

【例 4-11】 自然常数 e 的计算公式为 $\mathrm{e}=1+\frac{1}{1!}+\frac{1}{2!}+\cdots+\frac{1}{n!}+\cdots$,编写程序计算 e 的近似值,要求被舍弃的首项 $\left|\frac{1}{n!}\right|<0.000001$。

这是一个既要求连乘积,又要求累加和的问题。用 e 表示级数前 n 项的和,用 t 表示级数的一个项,用 n 对项数计数,用 $e=e+t$ 来累加各个项,其中 t 表示 $1.0/n!$。如果 $|t|\geqslant 0.000001$,就继续累加,否则循环结束,输出累加和 e。为了简化编程,将各个级数项

分母上的连乘转化成连除。程序如下：

```
#include<stdio.h>
#include<math.h>
void main()
{   int n=1;
    float e=0.0,t=1.0;
    while(fabs(t)>=1E-6)
    {   e=e+t;
        t=t/n;              //计算 1.0/n!的值
        n++;
    }
    printf("e=%f\n",e);
}
```

程序运行时，在进入循环前，有 $e=0$（初值）、$n=1$ 和 $t=1.0$（即级数的第 1 项），由于循环条件满足，因而进入第 1 轮循环。在循环体中，先将 t 累加到 e 上，使 $e=1$，然后计算 $t=t/1=1$（即级数的第 2 项），并将 n 增加到 2；经判断循环条件仍满足，因此进入第 2 轮循环，同样先将 t 累加到 e 上，使 $e=e+t=1+1=2$，然后计算 $t=t/2=1.0/2$（即级数的第 3 项），并将 n 增加到 3；到第 3 轮循环时，$e=e+t=2+1.0/2$，级数的下一项 $t=t/n=1/2/3$，n 被增加到 4；以此类推，每进入新一轮循环时，若上一轮循环中得到的 $|t|\geqslant 0.000001$，就先将该项累加到 e 上，然后计算级数的后一项，并使 $n=n+1$；若 $|t|<0.000001$ 时，退出循环，执行输出 e 值的操作。程序运行结果如下：

```
e=2.718282
Press any key to continue
```

4.3.3 do…while 循环

do…while 循环也称“直到型”循环。

1. do…while 循环的一般格式

do…while 循环的一般格式如下：

```
do
   { 循环体语句;
   }while(测试表达式);
```

其中各语句成分与 while 循环相同。为了避免与 while 循环混淆，书写时，即使循环体只有一条语句，也用大括号括起来，写在 do 的下一行；while 则写在循环体右大括号的后面，并且其后一定加分号，这样就不会把 while(测试表达式)误认为是一个 while 循环的开始。

2. do…while 循环的执行流程

do…while 循环从 do 开始到 while 结束，其执行流程是，先执行 do 后面的循环体，然后计算测试表达式的值，并根据该值判断是否进入下一轮循环：若为非 0 值(即逻辑真)，就再转去执行循环体；否则就退出循环，继续执行 while 后续的语句。流程图如图 4-10 所示。

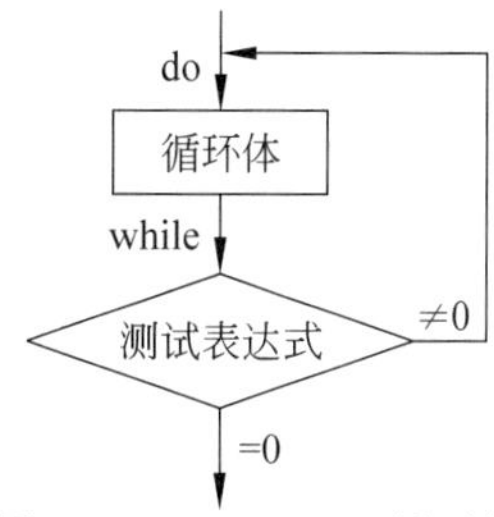

图 4-10　do…while 循环的执行流程图

例如，输出显示 50 以内正奇数的程序用 do…while 循环改写如下：

```
#include<stdio.h>
void main()
{  int i=1;
   do
     {  printf("%d  ",i);
        i+=2;
     } while(i<=50);
   printf("\n");
}
```

3. do…while 循环的使用

do…while 循环在使用上与 while 循环非常相似，只有两点重要差别。

(1) while 循环是先判断后执行，而 do…while 循环是先执行后判断，即总是先执行循环体，此后再计算测试表达式的值，如果得到非 0 值，继续执行循环体；如果得到 0 值(即逻辑假)，就退出循环。因此，循环体至少被执行一次。例如，程序段：

```
int x=-1;
while(!x)
   x=x * x;
printf("%d\n",x);
```

的输出结果是−1，而程序段：

```
int x=-1;
do
{ x=x * x; } while(!x);
printf("%d\n",x);
```

的输出结果是 1。这是因为在 while 循环中，先计算测试表达式!x，得到 0 值，因此循环体没被执行就退出了循环，从而输出 x 的值−1；而在 do…while 循环中，先执行循环体 x=x * x，得到 x 的值为 1，然后再计算测试表达!x，得到 0 值，因此退出循环，从而输出 x 的值 1。

(2) 在 while 循环中，while(测试表达式)后面是不带"；"的，若带"；"则表示循环体是空语句；而在 do…while 循环中，while(测试表达式)后面必须带"；"，它表示 do…while 循环结构的语法结束。

【例 4-12】 从键盘输入一个整数，把这个整数中的各位数字反序显示出来。例如，输入为 1234，则输出为 4321。

所谓反序显示就是先显示个位数，再显示十位数……对任意整数 x 而言，可以用 $x\%10$ 求得其个位数，例如，$1234\%10=4$。在此基础上，用 $x/10$ 将 x 缩小 10 倍，例如，$1234/10=123$。这样，x 就由原来的 4 位数变成了 3 位数。用同样的方法可以求得该 3 位数的个位数(实际上是原 4 位数的十位数)，再将 3 位数缩小为 2 位数，直至 1 位数。在 1 位数的情况下，直接输出该数，整个问题就解决了。剩下的问题是如何判断 x 已经缩小为 1 位数。方法如下：若 x 为一位数，必有 $x/10==0$。因此，解决这个问题的基本思路是将大数化小，直至为 0。每次循环要做的工作是：求出 x 的个位数，将该个位数输出，然后将 x 缩小 10 倍。如果缩小后的 $x\neq0$，就继续进入下一轮循环；否则，退出循环。程序如下：

```
#include<stdio.h>
void main()
{  int x,c;
   printf("Input an integer:");
   scanf("%d",&x);
   do
   {  c=x%10;
      printf("%d",c);
   } while((x/=10)!=0);
   printf("\n");
}
```

4.3.4 循环的嵌套

循环的嵌套是指一个循环的循环体中完整地包含了另一个循环，也称多重循环。

1. 一个二重循环的例子

【例 4-13】 输出九九乘法表。

如果用 for 循环的嵌套来实现，可以用外层循环控制被乘数 i 的变化，用内层循环控制乘数 j 的变化，内层循环的循环体要进行的操作是：计算 i 与 j 的积，输出结果。外层循环的循环体包括整个内层循环以及退出内层循环后才执行的 printf("\n")语句。程序如下：

```
#include <stdio.h>
void main()
{   int i,j;
    for (i=1;i<=9;i++)                              }
    {   for (j=1;j<=9;j++)                 }内       }外
        printf("%d*%d=%2d ",i,j,i*j);      }循       }循
        printf("\n");                      }环       }环
    }                                               }
}
```

程序的执行过程如下：

① 先对外层循环的循环变量 i 赋初值 1，由于循环条件成立，执行外层循环的循环体，即进入内层循环。

② 在内层循环中，同样先对内层循环的循环变量 j 赋初值 1，这时循环条件也成立，于是执行内层循环的循环体，即显示：

```
1*1=1
```

③ 修改循环变量 j 的值，使 j=j+1，并判断循环条件仍然成立，继续执行循环体，显示：

```
1*2=2
```

④ 重复执行③，依次得到 1 * 3＝ 3，1 * 4＝ 4，…，1 * 9＝ 9，当 j＞9 时退出内层循环，执行 printf("\n")，使输出换行(注意，printf("\n")是外层循环的循环体，而不是内层循环的循环体)，然后第二次进入外层循环(即 i＝2)，由于 i≤9，于是又进入内层循环，内层循环变量 j 重新初始化为 1，显示：

```
2*1=2,…
```

⑤ 如此反复，每一轮外层循环，都要重复执行内层循环 9 次，直到外层循环终止时，内层循环的循环体 printf("%d * %d＝%2d ",i,j,i * j)共被执行 9×9＝81 次，而 printf("\n")只是外层循环的循环体的一部分，共被执行 9 次。

程序输出结果如图 4-11 所示。

```
1*1= 1 1*2= 2 1*3= 3 1*4= 4 1*5= 5 1*6= 6 1*7= 7 1*8= 8 1*9= 9
2*1= 2 2*2= 4 2*3= 6 2*4= 8 2*5=10 2*6=12 2*7=14 2*8=16 2*9=18
3*1= 3 3*2= 6 3*3= 9 3*4=12 3*5=15 3*6=18 3*7=21 3*8=24 3*9=27
4*1= 4 4*2= 8 4*3=12 4*4=16 4*5=20 4*6=24 4*7=28 4*8=32 4*9=36
5*1= 5 5*2=10 5*3=15 5*4=20 5*5=25 5*6=30 5*7=35 5*8=40 5*9=45
6*1= 6 6*2=12 6*3=18 6*4=24 6*5=30 6*6=36 6*7=42 6*8=48 6*9=54
7*1= 7 7*2=14 7*3=21 7*4=28 7*5=35 7*6=42 7*7=49 7*8=56 7*9=63
8*1= 8 8*2=16 8*3=24 8*4=32 8*5=40 8*6=48 8*7=56 8*8=64 8*9=72
9*1= 9 9*2=18 9*3=27 9*4=36 9*5=45 9*6=54 9*7=63 9*8=72 9*9=81
```

图 4-11　九九乘法表输出

思考：如果要输出如图 4-12 所示的左下三角形九九乘法表，应如何修改程序？若要输出左上三角形、右上三角形或右下三角形九九乘法表，又应如何实现？

```
1*1= 1
2*1= 2 2*2= 4
3*1= 3 3*2= 6 3*3= 9
4*1= 4 4*2= 8 4*3=12 4*4=16
5*1= 5 5*2=10 5*3=15 5*4=20 5*5=25
6*1= 6 6*2=12 6*3=18 6*4=24 6*5=30 6*6=36
7*1= 7 7*2=14 7*3=21 7*4=28 7*5=35 7*6=42 7*7=49
8*1= 8 8*2=16 8*3=24 8*4=32 8*5=40 8*6=48 8*7=56 8*8=64
9*1= 9 9*2=18 9*3=27 9*4=36 9*5=45 9*6=54 9*7=63 9*8=72 9*9=81
```

图 4-12　左下三角形九九乘法表

2. 嵌套循环的使用

(1) for 循环、while 循环和 do…while 循环可以相互嵌套，无论如何嵌套，都必须满足内层循环完整地包含在外层循环中，不能形成循环的交叉。

(2) 嵌套循环的层数没有限制，但嵌套的层数太多，将消耗大量的内存空间，程序的可读性变差。

(3) for 循环嵌套时，内外层循环不能使用相同的循环变量。

(4) 为了使嵌套的层次关系清晰明了，易于阅读和纠错，建议采用缩进格式书写程序。

【例 4-14】 用迭代法求正数 i(2～100)的平方根 x_1。求平方根的迭代公式为

$$x_1=\frac{1}{2}\left(x_0+\frac{i}{x_0}\right)$$

要求迭代精度为 0.00001。

所谓迭代，就是从初始值 x_0 出发，用迭代公式计算 x_1，当 $|x_1-x_0|<\varepsilon$ 时(ε 称为迭代精度)，迭代收敛，x_1 就是所求的根；否则，将 x_1 赋值给 x_0，继续使用迭代公式，计算新的 x_1。程序如下：

```
#include<math.h>
#include<stdio.h>
void main()
{ float i,x0,x1;
  for(i=2; i<=100; i++)
    { x0=i/2;
      x1=(x0+i/x0)/2;
      do
        { x0=x1;
          x1=(x0+i/x0)/2;
        } while(fabs(x1-x0)>=1e-5);
      printf("%.0f    %f\n",i,x1);
      }
}
```

程序中，外层 for 循环用来依次从 2～100 中选出一个数 i，内层 do…while 循环用来求该数的平方根。在求某数 i 的平方根时，用 $i/2$ 作为迭代初值，利用迭代公式求出 x_1，这是第一次迭代过程，然后在 do…while 循环中进行反复迭代，直到两次迭代结果的绝对误差小于指定的迭代精度时，x_1 就是对应 i 的平方根。

C 函数库提供的求平方根函数 sqrt()就是采用这种方法编制的。

4.4 转移控制语句

转移控制语句的作用是控制程序流程的走向。例如，前面介绍的 break 语句就是转移控制语句。C 语言提供 4 种转移控制语句：break、continue、return 和 goto。return 语句将在函数的相关章节介绍，本节介绍 break、continue 和 goto 语句的转移控制功能。

4.4.1 break 语句

break 语句既可以用在 switch 组成的多分支选择结构中，强迫流程立即退出 switch，也可以用在循环结构中，强迫流程提前结束循环。

1. break 在循环结构中的控制作用

【例 4-15】 break 在循环结构中的控制作用示例。程序如下：

```
#include<stdio.h>
void main()
{  int i;
    for(i=0;i<100;i++)
      {  printf("%d ",i);
        if(i==10) break;
      }
}
```

如果程序中没有 break 语句，for 循环将执行 100 次。由于 break 语句的存在，当 i=10 时，break 被执行，程序流程被强迫退出循环，从而程序运行结束。程序运行结果如下：

```
1 2 3 4 5 6 7 8 9 10
```

2. break 语句的使用

(1) 当循环体中包含 switch，而 break 也位于 switch 结构中时，break 只强迫程序流程退出该 switch 而不退出 switch 所在的循环，如图 4-13 所示。

(2) 当 break 用在循环中时，要放在一个选择结构中，通常和 if 语句联用，用于终止循环。在嵌套的循环中，break 只能退出它所在的那一层循环，如图 4-14 所示。

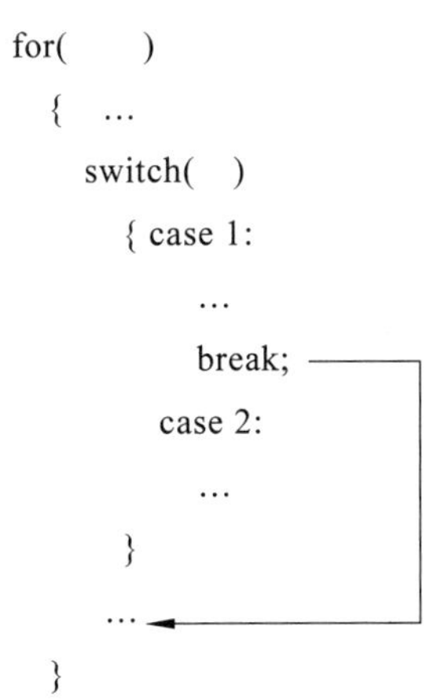

图 4-13　break 控制 switch

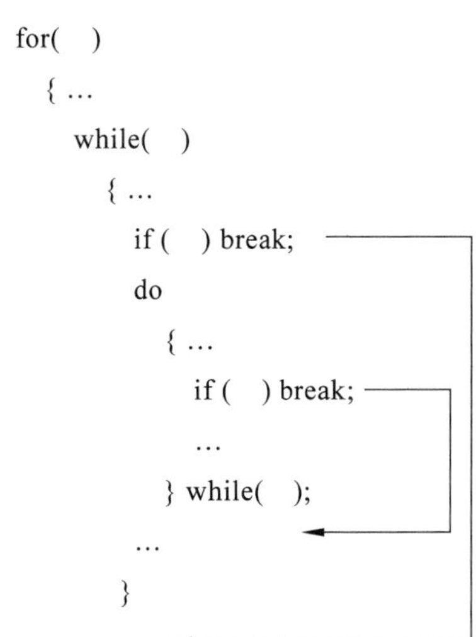

图 4-14　break 控制循环

(3) 当需要直接退出多层循环时，可通过增加标记的方法，用 break 逐层退出。也可使用下面将介绍的 goto 语句实现一次退出，但 goto 语句在现代程序设计中已杜绝使用。

4.4.2 continue 语句

continue 语句只能用在循环结构中。它的作用是跳过其后面循环体的语句，直接将流程控制转移到下一轮循环。

1. continue 在循环结构中的控制作用

【例 4-16】 continue 在循环结构中的控制作用示例。程序如下：

```
#include<stdio.h>
void main()
{  int i=0;
   while(i<100)
   {  i++;
      if(i%5!=0) continue;
      printf("%d  ",i);
   }
   printf("\n");
}
```

程序运行时，将 100 以内凡是 5 的倍数的自然数显示在屏幕上。这是由于凡不是 5 的倍数时，在 continue 语句的作用下，程序流程跳过 printf()语句，直接进入循环条件的测试。形象地说，continue 是将它后面的循环体部分“短路”。

2. continue 语句的使用

(1) 与 break 语句类似，continue 语句通常也要和 if 语句联用，它只能提前结束一轮循环，立即进入下一轮循环条件的测试，并不能使整个循环终止。

(2) 如果一个循环体中包含 switch，而且 continue 位于 switch 结构中，该 continue 也只对循环起作用。下面的程序可以说明这一点。

【例 4-17】 break 和 continue 在程序中的应用示例。程序如下：

```
#include<stdio.h>
void main()
{  int k=0;
   char ch='A';
   do
   {  switch (ch++)
      {  case 'A': k++; break;
         case 'B': k--;
         case 'C': k+=2; break;
```

```
            case 'D': k=k%2; continue;
            case 'E': k=k*10; break;
            default: k=k/3;
        }
        k++;
    } while(ch<'G');
    printf("%d\n",k);
}
```

程序中的 break 位于 switch 结构中，因此它只对 switch 起作用，而对循环不产生影响。continue 虽然也位于 switch 结构中，但它只对循环产生影响，而不影响 switch。

阅读本例程序时，以下两点需要注意。

① 每次计算 switch 中的表达式 ch++时，总是先取 ch 的当前值，然后将 ch 的值增加 1。例如，第一次执行 switch 时，ch 的当前值为'A'，ch 加 1 后的值为'B'。将 ch 的当前值与各个 case 中的常量进行匹配。

② 一旦执行到含有 continue 的 case 时，就会提前进入下一轮循环。

表 4-1 给出了本例程序在运行过程中，变量 ch 和 k 值的变化情况。

表 4-1　例 4-17 程序运行过程中变量 ch 和 k 值的变化情况

循环次数	执行 switch 时 ch 和 k 的值	计算 while(ch<'G')时 ch 和 k 的值
1	ch='A',k=1	ch='B',k=2
2	ch='B',k=1,k=3	ch='C',k=4
3	ch='C',k=6	ch='D',k=7
4	ch='D',k=1	ch='E',k=1(continue 起作用)
5	ch='E',k=10	ch='F',k=11
6	ch='F',k=3	ch='G',k=4

4.4.3 goto 语句和标号

多少年来，goto 不受欢迎，对其褒贬不一。流行的观点是尽可能少用 goto。C 语言拥有众多的控制结构，且允许使用 break 和 continue 这样的转移控制语句，因此不需要 goto。本书除这一节以外，不使用 goto，但它作为一种语句，还是应当对其有所了解。如果在多重循环中，需要从最内层循环一次退出，或者程序的执行速度至关重要时，使用 goto 的效果非常明显。

1. goto 语句的一般格式

goto 语句的一般格式如下：

```
goto lable;
```

其中，lable 是语句标号，语句标号用标识符表示，即以字母或下画线打头后跟字母、数字或下画线,并以“:”结尾。因此,不能使用像“15:”“20:”这样的标号,但标号可以与变量同名。

2. goto 语句的使用

这里仅进行 goto 语句功能的介绍,初学者应尽量不用 goto。

(1) goto 语句可以代替 break,它的特点是可以一下子退出多重嵌套的循环,如图 4-15 所示。

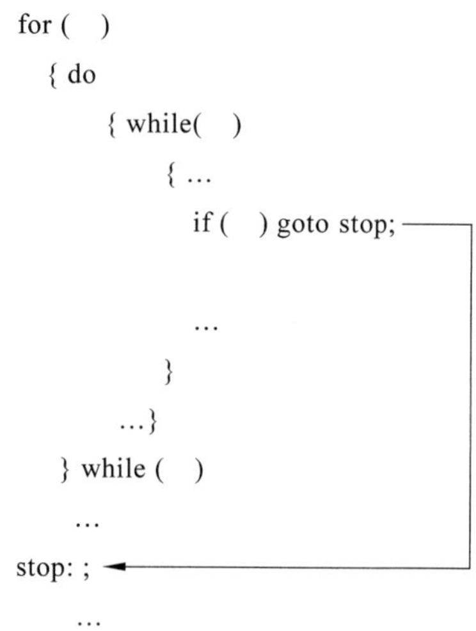

图 4-15 用 goto 退出多重循环

(2) 在某些特定的场合,goto 可以代替 continue。例如,下面的程序段从键盘接收一个字符串(按 Enter 键结束),并将该字符串中非空格字符显示出来:

```
bound:
  while((c=getchar())!=10)
  { if(c==' ')
        goto bound;   /* 此处可用 continue */
    else
        putchar(c);
  }
```

(3) goto 语句还可以和 if 语句配合组成循环结构。例如,下面的程序也用来输出 0~100 的所有奇数:

```
main()
{  int i=1;
loop1:
    printf("%d  ",i);
    i+=2;
    if(i<=100) goto loop1;
    printf("\n");
}
```

习题 4

一、选择题

1. 结构化程序设计使用的基本程序控制结构为(   )。
   A. 模块结构、选择结构和递归结构　　B. 条件结构、顺序结构和过程结构
   C. 顺序结构、选择结构和循环结构　　D. 转移结构、嵌套结构和递归结构
2. 下面的程序(   )。

```
main()
{   int x=3,y=0,z=0;
```

```
    if(x=y+z) printf("****");
    else      printf("####");
}
```

A. 输出＃＃＃＃

B. 输出****

C. 有语法错误,不能通过编译

D. 可以通过编译,但不能通过连接,因而不能运行

3. 若所有变量均已正确定义,下面的程序段所表示的数学函数关系是(　　)。

```
y=-1;
if(x!=0)
if(x>0)  y=1;
else  y=0;
```

A. $y=\begin{cases}-1, & x<0\\0, & x=0\\1, & x>0\end{cases}$

B. $y=\begin{cases}1, & x<0\\-1, & x=0\\0, & x>0\end{cases}$

C. $y=\begin{cases}0, & x<0\\-1, & x=0\\1, & x>0\end{cases}$

D. $y=\begin{cases}-1, & x<0\\1, & x=0\\0, & x>0\end{cases}$

4. 若定义 int d; char c='D';则执行下面的语句后,d 的值是(　　)。

```
switch (c)
{  case 'A' : d=0; break;
   case 'B' : case 'C': d=2; break;
   case 'D' : case 'E' : d=4; break;
   default : d=5;
}
```

A. 0　　B. 2　　C. 4　　D. 5

5. 执行以下程序时,为了使输出结果为 t=4,则给 a 和 b 输入的值应满足的条件是(　　)。

```
main()
{  int  s,t,a,b;
   scanf("%d%d",&a,&b);
   s=1; t=1;
   if(a>0)   s=s+1;
   if(a>b)   t=s+t;
   else   if(a==b)   t=5;
          else   t=2*s;
   printf("t=%d\n",t);
}
```

A. a>b　　B. a<b<0　　C. 0<a<b　　D. 0>a>b

6. 下面程序的输出结果是(　　)。

```
main()
{  int i;
   for(i=0;i<10;i++);
   printf("%d",i);
}
```

A. 0　　B. 123456789　　C. 0123456789　　D. 10

7. 下面的程序运行后，输出结果是(　　)。

```
main()
{  int j ;
   for(j=10;j>3;j--)
     {  if(j%3) j--;
        --j;  --j;
        printf("%d  ",j);
     }
}
```

A. 6　3　　B. 7　4　　C. 6　2　　D. 7　4　1

8. 下面程序段的运行结果是(　　)。

```
for(i=1;i++<4;);
printf("%d\n",i);
```

A. 3　　B. 4　　C. 5　　D. 不定

9. 先读懂以下程序的功能，然后指出该程序的输出结果是(　　)。

```
main()
{  int i;
   for(i=1;i<=50;i++)
   {  if(i%2==0)
        if(i%3==0)
          if(i%7==0)
            printf("%d",i);
   }
}
```

A. 28　　B. 27　　C. 49　　D. 42

10. 定义 int a=10，下列循环的输出结果是(　　)。

```
while(a>7)
{ a--; printf("%d ",a); }
```

A. 10 9 8　　B. 9 8 7　　C. 10 9 8 7　　D. 9 8 7 6

11. 以下程序运行后,输出结果是(　　)。

```
main()
{  int x=23;
   do
   {  printf("%d",x--);}
      while(!x);
}
```

A. 321　　B. 23

C. 不输出任何内容　　D. 陷入死循环

12. 下列程序的输出结果是(　　)。

```
main()
{  int i,j,m=0,n=0;
   for(i=0;i<2;i++)
     for(j=0;j<2;j++)
       if(j>=i) m=1; n++;
   printf("%d\n",n);
}
```

A. 4　　B. 2　　C. 1　　D. 0

13. 下列程序段中,不是死循环的是(　　)。

A.

```
int i=100;
while (1)
{   i=i%100+1;
    if(i>=100) break;
}
```

B.

```
int k=0;
do
{   ++k;
} while(k>=0);
```

C.

```
for(;;);
```

D.

```
int i=9;
while(i++%2+i%2)
    i++;
```

14. 以下程序的输出结果是(　　)。

```
main()
{  int a,b;
   for(a=1,b=1;a<=100;a++)
     {  if(b>=10) break;
        if(b%3==1)
          {  b+=3;  continue; }
   }
   printf("%d\n",a);
}
```

A. 101　　　B. 6　　　C. 5　　　D. 4

15. 下面的程序运行后，输出结果是(　　)。

```
main()
{    int x=3,y=6,a=0;
     while(x++!=(y-=1))
       { a+=1;
         if(y<x) break;
       }
     printf("x=%d,y=%d,a=%d\n",x,y,a);
}
```

A. x=4,y=4,a=1　　　B. x=5,y=5,a=1

C. x=5,y=4,a=3　　　D. x=5,y=4,a=1

二、填空题

1. 以下两条 if 语句可合并成一条 if 语句为________。

```
if(a<=b) x=1;
else  y=2;
if(a>b) printf("****y=%d\n",y);
else  printf("####x=%d\n",x);
```

2. 下面的程序执行后，输出的 k 值为________。

```
main()
{   int i,j,k;
for(i=0,j=10;i<=j;i++,j--)
    k=i+j;
    printf("%d\n",k);
}
```

3. 要使以下程序段输出 10 个整数，请填入一个整数。

```
for(i=0; i<=________; printf("%d\n",i+=2));
```

4. 下面程序的功能是：计算 1 到 10 之间的奇数之和及偶数之和，请填空。

```
#include<stdio.h>
main()
{ int a,b,c,i;
  a=c=0;
  for(i=0;i<=10;i+=2)
    { a+=i;
      ________
      c+=b;
    }
```

```
  printf("偶数之和=%d\n",a);
  printf("奇数之和=%d\n",c-11);
}
```

5. 以下程序运行后，如果从键盘上输入 1298，则输出结果为________。

```
main()
{ int n1,n2;
  scanf("%d",&n2);
  while(n2!=0)
    { n1=n2%10;
      n2=n2/10;
      printf("%d",n1);
    }
}
```

6. 下列程序的输出结果是________。

```
main()
{ int i=5,j=0;
  do
    { j+=i;  i--;
    } while(i>2);
  printf("%d\n",j);
}
```

三、编程题

1. 编写程序从键盘输入 100 个整数，从中找出最大数和最小数。
2. 编写程序计算 4 个已知数 a、b、c、d 的最小公倍数。
3. 编写程序计算 1!＋2!＋…＋6!。
4. 编写程序输出 100 以内的所有素数。
5. 编写程序，用辗转相除法求整数 a 和 b 的最大公约数。算法为：将较大的数放在变量 a 中，较小的数放在 b 中。然后求 a 除以 b 的余数 r。如果 r 为 0，则除数 b 即为最大公约数；否则，将 b 存入 a，将 r 存入 b，反复求 a 和 b 的余数，直到余数为 0。

第5章

数组和字符串

在程序设计中,数组是一种非常有用的数据结构。使用数组可以有效地组织循环,从而使算法和编程大为简化;甚至有的问题,不用数组就难以解决。本章介绍有关数组及字符串的操作及应用。

5.1 数组的概念

1. 什么是数组

数组是变量的延伸,是同类型变量的集合。第 2 章已经介绍过,不同的变量可以用不同的标识符表示,而数组则用一个标识符来表示一批同类型的变量。例如,定义一个整型数组 $a[10]$,标识符 a 称为数组名,它包含 10 个变量,每个变量称为一个数组元素,第一个数组元素记为 $a[0]$,第二个数组元素记为 $a[1]$,……,第 10 个数组元素记为 $a[9]$。也就是说,数组中的各个元素都共用一个数组名,用“[]”中的数字表示该元素在数组中的位置,称为下标。正由于数组元素不仅可以像简单变量那样存放一个值,还包含其在数组中位置的信息,因此人们也称数组元素为下标变量或矢量。

2. 数组的维数

这里的维类似于几何空间中的概念,就像表示一维空间中的点要用一个坐标,表示二维空间的点要用两个坐标一样,一维数组的元素有一个下标,二维数组的元素有两个下标,三维数组有 3 个下标,以此类推,C 语言对数组的维数没有限制,但用得最多的是一维和二维数组。

一维数组用来描述一批有序的变量,例如,定义一个一维数组 $a[10]$,它描述顺序放置的 10 个变量,如图 5-1 所示。

$a[0]$	$a[1]$	$a[2]$	$a[3]$	$a[4]$	$a[5]$	$a[6]$	$a[7]$	$a[8]$	$a[9]$

图 5-1 一维数组中顺序放置的 10 个变量

二维数组用来描述一个二维表。例如，定义一个二维数组 $b[3][4]$，它描述一个 3 行 4 列的二维表(或称矩阵)，如图 5-2 所示。

	第0列	第1列	第2列	第3列
第0行	$a[0][0]$	$a[0][1]$	$a[0][2]$	$a[0][3]$
第1行	$a[1][0]$	$a[1][1]$	$a[1][2]$	$a[1][3]$
第2行	$a[2][0]$	$a[2][1]$	$a[2][2]$	$a[2][3]$

图 5-2　二维数组中放置的二维表

其中，数组元素的第一个下标称为行下标，第二个下标称为列下标。

3. 数组的数据类型

数组的数据类型可以是各种基本数据类型，如 int、float、double、char、long 等，它表示该数组中各个元素的类型。C 语言规定，同一数组中的所有元素必须是相同类型的。

5.2 数组的定义和初始化

5.2.1 数组的定义

同简单变量一样，数组也要先定义后使用。

定义数组的一般形式如下：

[存储类型]　数据类型　name[$\exp_n$][$\exp_{n-1}$]…[$\exp_1$]

其中，存储类型是可选的，可以是 auto、static 或 extern；数据类型是必须有的；name[$\exp_n$][$\exp_{n-1}$]…[$\exp_1$]称为数组说明符。其中，name 为数组名，$\exp_i$ 为第 i 维的维界表达式，规定该维可容纳的元素个数。一个数组中元素的总和称为该数组的体积。

(1) 定义一维数组时，数组说明符中只用一个维界表达式，并放在中“[]”中。例如：

```
double data[10];
```

定义了一个 double 型的含有 10 个元素的一维数组。

(2) 定义二维数组时，数组说明符中要用两个维界表达式，并分别放在“[]”中。例如：

```
float a[3][4];
```

定义了一个 float 型的 3 行 4 列共 12 个元素的二维数组。

(3) 定义 n 维数组时，数组说明符中要用 n 个维界表达式，并分别放在 n 个中括号中。例如：

```
int c[3][4][5];
```

定义了一个 int 型的含 60 个元素的三维数组。

(4) C 语言对多维数组采用递归定义的方式，即用一维数组定义二维数组，用二维数组定义三维数组等。例如，二维数组 a[3][4]是一个含 3 个元素的一维数组，该数组的每个元素 a[0]、a[1] 和 a[2]又各是一个含 4 个元素的一维数组；三维数组 c[3][4][5]是一个含 3 个元素的一维数组，该数组的每个元素 c[0]、c[1]和 c[2]又各是一个 4 行 5 列的二维数组。根据递归定义，可以把三维数组 c[3][4][5]理解成 3 页，且每页都是一个 4 行 5 列的表格。

(5) 由于 C 语言没有字符串变量，字符串的存储和处理是借助于字符型数组进行的。因此，当需要对字符串进行处理时，就要定义字符型数组。通常用一维字符型数组存放一个字符串，用二维字符型数组存放若干个字符串。例如，定义

```
char str1[10];
char str2[2][11];
```

后，一维数组 str1 可存放一个字符串，该字符串最多不超过 9 个字符；二维数组 str2 可存放 2 个字符串，每个字符串的长度都不超过 10。为了给字符串末尾的“\0”字符留出存储位置，在定义字符型数组时，数组的维界至少要比字符串的长度(即字符串中包含的字符个数)大 1。

(6) 定义数组应注意的几个问题。

① 定义数组时，数组说明符中的维界表达式只能是由常数或符号常数组成的整型表达式，且“[]”不能缺少。

② C 语言规定，数组的第一个元素总是从 0 下标开始。

③ 一个语句可以定义多个相同类型的数组或变量，相互之间用逗号隔开。例如：

```
int ch[20],v[4][12],a,x,y;
```

5.2.2 数组的存储

(1) 数组定义后，C 编译系统将为它分配一片连续的存储单元，依次存放它的各个元素。例如，定义

```
short int data[8];
float array[3][4];
```

后，一维数组 data 按数组元素的顺序依次存放，如图 5-3(a)所示；二维数组 array 存放时，先存放第 0 行的各个元素，再存放第 1 行的各个元素，……这种存放方式叫作“按行存放”，即二维数组按行方式线性存放，如图 5-3(b)所示。

2字节	2字节	2字节	2字节	2字节	2字节	2字节	2字节
data[0]	data[1]	data[2]	data[3]	data[4]	data[5]	data[6]	data[7]

(a) 一维数组data[8]

4字节	4字节	4字节	4字节	4字节	4字节	4字节	4字节	4字节	4字节	4字节	4字节
a[0][0]	a[0][1]	a[0][2]	a[0][3]	a[1][0]	a[1][1]	a[1][2]	a[1][3]	a[2][0]	a[2][1]	a[2][2]	a[2][3]

(b) 二维数组array[3][4]

图 5-3 数组的存储

(2) 数组在内存中所占用的连续存储空间的首字节地址称为数组的首地址。该地址是C编译系统在编译时确定的，数组名就代表这个首地址，是一个常数。

5.2.3 数组的初始化

和变量一样，数组也可以在定义的同时，给各个数组元素赋予初值。

1. 一维数组的初始化

一维数组的初始化，要把全部初值顺序放在"="右边的一对大括号中，各初值之间用","隔开。"{}"连同其中的初值作为一个整体，称为初值表。例如：

```
int data[8]={50,60,70,80,90,100,110,120};
```

编译时，编译系统会自动地从第一个元素开始，将"{}"中的常数顺序存放在各个数组元素的存储单元中。本例中，data[0]初值为50，…，data[7]初值为120。

2. 二维数组的初始化

二维数组的初始化，要把全部初值放在"="右边的一对"{}"中，各行的初值又分别放在一对内嵌的"{}"中。例如，经下面的定义

```
float array[3][4]={{1.0,2.0,3.0,4.0},{5.0,6.0,7.0,8.0},{9.0,10.0,11.0,12.0}};
```

后，初始化的结果为：array [0][0]=1.0，array [0][1]=2.0，…；array [1][0]=5.0，array [1][1]=6.0，…，array [2][3]=12.0。

如果初值的顺序与数组元素的顺序一致，则代表每一行的内嵌"{}"也可以省略，上面的定义可写成

```
floatarray[3][4]={1.0,2.0,3.0,4.0,5.0,6.0,7.0,8.0,9.0,10.0,11.0,12.0};
```

3. 字符型数组的初始化

字符型数组既可以用字符常数，也可以用字符串常数对字符型数组初始化。

(1) 用字符常数初始化。当用字符常数初始化时，应将字符常数依次排列，相互之间用","隔开，并用"{}"括住，特别要注意各个字符串末尾的"\0"字符不能缺少。例如：

```
char str[12]={'T','h','e',' ','s','t','r','i','n','g','.','\0'};
char Language[5][8]={{'B','A','S','I','C','\0'},
                     {'F','O','R','T','R','A','N','\0'},
                     {'P','A','S','C','A','L','\0'},
                     {'C','\0'},
                     {'C', 'O','B','O','L','\0'}};
```

(2) 用字符串常量初始化。比较简便的方法还是直接用字符串常数进行初始化。这时，应直接将字符串常量放在"="右边的"{}"中("{}"也可以省略)，而且不必添加字符串末尾的"\0"字符。例如：

```
char str[12]={"The string."};或 char str[12]="The string.";
char Language[5][8]={"BASIC","FORTRAN","PASCAL","C","COBOL"};
```

4. 有关数组初始化的几点说明

(1) C 语言规定：允许对全局数组、static 型局部数组及 main()中的 auto 型数组进行初始化，而 extern 型和其他非 main()函数中的 auto 型数组不能进行初始化。

(2) 用于初始化的数据只能是常数表达式(含常数和符号常数)。

(3) 允许只对数组前面若干个连续的元素赋初值，这时后面的元素将自动赋 0 值。例如：

```
int x[6]={1,2,3,4};
```

由于数组 x 有 6 个元素，所给初值只有 4 个，分别赋给数组的前 4 个元素，其余的元素将取 0 值，即 x[0]=1，x[1]=2，x[2]=3，x[3]=4，x[4]=0，x[5]=0。又如：

```
int a[3][4]={{1,2},{4,5}};
```

由于用内嵌"{}"限制了各行的初值，各行的元素将被顺序赋值，余下的元素赋 0 值，它等价于

```
int array[3][4]={{1,2,0,0},{4,5,0,0},{0,0,0,0}};
```

(4) 若所给初值的个数多于定义的数组元素个数时，编译系统将报错。例如，若在 main()中定义：

```
int b[4]={1,2,3,4,5};
```

则编译时将显示

```
error C2078: 初始值设定项太多
```

的错误信息。

(5) 字符型数组初始化时，若初值字符个数多于定义的数组长度时，虽然 Visual C++ 2010 系统编译时不报错，但给出警告(warning C4045：数组界限溢出)，也不能显示正确的值；如果初值字符个数少于数组长度时，在数组末尾自动填充"\0"字符。例如，定义

```
char str1[10]="morning";
```

后，存储内容如图 5-4 所示。

m	o	r	n	i	n	g	\0	\0	\0

图 5-4　str1[10]定义后的存储内容

又如，定义

```
char str2[2][12]={"afternoon","he waked up"};
```

后，存储内容如图 5-5 所示。

a	f	t	e	r	n	o	o	n	\0	\0	\0	h	e		w	a	k	e	d		u	p	\0

图 5-5 str1[1][12]定义后的存储内容

5.2.4 初始化定义数组

所谓隐含尺寸数组，指的是在定义数组时并没有指定数组的大小，而是用初始化中初值的个数来隐含规定数组的大小。

1. 一维隐含尺寸数组的定义

(1) 定义一维隐含尺寸数组时，数组说明符中的维界表达式被省略，只保留数组名及其后的"[]"，数组的维界则由初值表中初值的个数隐含规定。例如：

```
int a[]={0,1,2,3,4,5,6,0};
```

中，初值的个数为 8，C 编译系统就自动为数组 a 安排能存放 8 个整型数据的连续存储空间，因此，它与

```
int a[8]={0,1,2,3,4,5,6,0};
```

具有相同的效果。

(2) 需要强调的是，C 语言规定任何数组必须有确定的大小，编译系统才能为它安排足够大小的连续存储空间。隐含尺寸数组并不是定义了一个大小不确定的数组，而是通过初值的个数来隐含地规定了数组的大小。一维数组如此，二维数组及多维数组也是如此。

2. 二维隐含尺寸数组的定义

(1) 定义二维隐含尺寸数组时，省略数组说明符中第一个维界表达式，只指明第二个维界表达式，而将各行的初值分别放在内嵌的"{}"中。例如：

```
int a[][4]={{1,2,3},{4,5},{6,7}};
```

中，只规定了第二维的维界为 4，而第一维的维界则由初值表中内嵌的"{}"的对数来确定。它等价于

```
int a[3][4]={{1,2,3},{4,5},{6,7}};
```

或

```
int a[3][4]={1,2,3,0,4,5,0,0,6,7,0,0};
```

(2) 如果在定义二维隐含尺寸数组时，初值表中未使用内嵌的"{}"，例如：

```
int b[][4]={1,2,3,4,5,6,7};
```

这时，编译系统就根据给定的初值个数和第二维的维界来确定第一维的维界：若初值的

个数能被第二维的维界整除，则所除得的商就是第一维的维界；否则，所除得的商加上1就是第一维的维界。根据这一规则，上面定义中第一维的维界为7/4+1=2，因此它与

```
nt b[2][4]={1,2,3,4,5,6,7};
```

等价。

(3) 和二维隐含尺寸数组一样，在定义任何多维的隐含尺寸数组时，都只能省略第一维的维界，其他各维的维界一律不能省略。

3. 字符型隐含尺寸数组的定义

定义隐含尺寸的字符型数组，可以免除乏味的统计字符个数的工作。例如：

```
char str[]="The string.";
```

或

```
char str[]={'T','h','e',' ','s','t','r','i','n','g','.','\0'};
```

编译系统会根据初值给出的字符个数自动为该数组分配12B的存储空间。又如，

```
char language[][8]={"BASIC","FORTRAN","PASCAL","C","COBOL"};
```

中的字符串常数的个数就是第一维的维界。

关于字符型隐含尺寸数组，应注意两点。

(1) 在用字符常量定义隐含尺寸的字符型数组时，初值表中字符的个数直接影响数组的维界，如果遗漏了末尾的"\0"字符，就会使数组减少1B的存储空间；而用字符串常量定义隐含尺寸的字符型数组时，编译系统会自动为数组增加1B的存储空间。例如：

```
char a[]={'V','i','s','u','a','l',' ','C','+',+'},b[]="Visual C++";
```

虽然这两个字符串的长度都是10，但数组a占用的内存空间是10B，而数组b占用的内存空间是11B。

(2) 在数组维界显式确定的情况下，数组所占存储空间的大小是由数组定义的大小决定的，而不是由初始化字符串的长度决定的。例如：

```
char st[20]="Visual C++";
```

数组st所占的存储单元的个数是20，而不是11。

5.3 数组的基本操作

数组的基本操作包括数组元素的引用、数组的赋值、数组的输入输出等。

1. 数组元素的引用

(1) 用"数组名[下标表达式]"的形式来引用一维数组元素，其中，下标表达式必须放在"[]"内，且只能取整型值。下标的下限是0，而上限不能超过该数组定义时的维界值

减 1。由于编译系统不检查下标是否越界，因此使用了越界的下标后，可能破坏其他数据甚至程序代码。

(2) 用“数组名[下标表达式 1][下标表达式 2]”的形式来引用二维数组元素，其中“下标表达式 1”表示行下标，“下标表达式 2”表示列下标，二者必须分别放在两个“[]”内。关于下标表达式类型的限制及下标越界的处理与一维数组相同。

(3) 可以用与上面类似的形式来引用一维或二维字符型数组的元素，即字符串中的一个字符。

2. 数组的赋值

(1) 数组的赋值只能对数组元素逐个赋值，不能直接对数组名赋值。例如，赋值语句：

```
int i,a[5];
a[0]=100,a[1]=120,a[2]=200,a[3]=250,a[4]=500;
```

不能写成

```
a={100,120,200,250,500};     //这是错误的数组赋值方式
```

(2) 如果所赋的值有某种规律，可以借助循环结构来简化程序的编制。例如：

```
int b[3][4],i,j;
for(i=0;i<3;i++)
    for(j=0;j<4;j++)
        b[i][j]=i+j;
```

注意：本例 for 语句的循环条件测试表达式不能写成 i<=3 及 j<=4，这样会造成下标越界。

(3) 对字符型数组的赋值，只能对每个元素用字符常量赋值。例如要把字符串"C++"赋给字符型数组 st，可用如下程序段完成：

```
char st[4];
st[0]='C';st[1]='+';st[2]='+',st[3]='\0';
```

不能将上面的赋值语句写成下列任何一种形式：

```
st[]="C++";
st[4]="C++";
st="C++";
```

注意：对数组赋值与数组初始化是两种不同的操作。用上面的方法将一个很长的字符串赋给一个字符型数组确实是太烦琐了。在实际使用中，经常用下面将要介绍的字符串拷贝函数 strcpy()来把字符串常量复制到字符型数组中，达到赋值的效果。

3. 数组的输入和输出

(1) 对一维数组，一般用单循环实现对数组各个元素逐个输入或逐个输出。例如：

```
float x[10];
int i;
for(i=0;i<10;i++)
  scanf("%f",&x[i]);
for(i=0;i<10;i++)
  printf("%f   ",x[i]);
```

其中,作为 scanf()函数的输入项,x[i]前面一定要加上取地址运算符"&",表示元素 x[i]的地址。程序运行时,从键盘顺序输入各个元素的值,每两个输入数据之间可以用空格键、Enter 键或制表符来分隔,最后以 Enter 键结束。

(2) 对二维数组,通常用二重循环实现对数组各个元素逐个输入或输出。输入时,既可以按行优先的顺序,也可以按列优先的顺序进行。

① 按行优先顺序输入,例如:

```
int a[3][4],i,j;
    for(i=0;i<3;i++)
        for(j=0;j<4;j++)
            scanf("%d",&a[i][j]);
```

外层循环控制行数的变化,内层循环控制列数的变化。行数每变化一次,列数要变化 4 次。因此,程序运行时,从键盘先输入第一行各元素的值,然后输入第二行各元素的值,以此类推,直到最后一行的数据输入完毕。每两个输入数据之间可以用空格键、Enter 键或制表符来分隔,最后以 Enter 键结束。

② 按列优先顺序输入,例如:

```
int a[3][4],i,j;
for(j=0;j<4;j++)
  for(i=0;i<3;i++)
    scanf("%d",&a[i][j]);
```

外层循环控制列数的变化,内层循环控制行数的变化。列数每变化一次,行数要变化 3 次。因此,程序运行时,从键盘先输入第一列各元素的值,然后输入第二列各元素的值,以此类推,直到最后一列的数据输入完毕。每两个输入数据之间可以用空格键、Enter 键或制表符来分隔,最后以 Enter 键结束。

(3) 输出二维数组时,一般要按行的顺序使输出的结果能呈现二维表格的形式,即位于数组同一行的各元素在屏幕也显示在同一行上。例如:

```
#include "stdio.h"
main()
{ int i,j;
  double b[3][4]={1.2,2.2,3.4,4.4,5.6,6.6,7.6,8.6,9.8,10.8,11.8,12.8};
  for(i=0;i<3;i++)
    { for(j=0;j<4;j++)
        printf("%6.2f",b[i][j]);           //内循环语句
```

```
        printf("\n");                          //外循环语句
      }
  }
```

程序中的第一个 printf()位于内层循环体内，而第二个 printf()位于外层循环体内，当内层循环变量 j 从 0 变化到 3 时，所有的 b[i][j]都显示在同一行上。当退出内层循环时，首先执行 printf("\n")，实现换行输出，然后进入外层循环的下一轮循环，输出下一行的各个元素值。程序运行结果如下：

```
1.20   2.20   3.40   4.40
5.60   6.60   7.60   8.60
9.80  10.80  11.80  12.80
```

【例 5-1】 将 10 个元素的整型数组 a 分两行输出。程序如下：

```
#include "stdio.h"
main()
{  int i,a[10]={1,2,3,4,5,6,7,8,9,10};
   for(i=0;i<10;i++)
       { printf("%3d",a[i]);
         if(i%5==4||i==9)
            printf("\n");
       }
}
```

为了将 a 数组的 10 个元素值分两行输出，即每行输出 5 个，所以在 for 循环的循环体中增加了一个 if 语句，它的作用是：当循环变量 i 为 0～3 时，i%5 均不等于 4，printf("\n")不被执行，即在同一行输出；当 i=4 时，显示完 a[4]后，有 i%5 等于 4，于是 printf("\n")被执行，从而执行换行操作。当 i 为 5～8 时，i%5 均不等于 4，printf("\n")不被执行，也就不执行换行操作；当显示完 a[9]后，有 i%5 等于 4，printf("\n")又被执行，再换行输出。也就是说，由于 if 语句的存在，实现了每 5 个数显示在同一行上。程序运行结果为：

```
  1  2  3  4  5
  6  7  8  9 10
```

顺便指出，若用条件表达式代替 if 语句，则可使上述程序更简洁：

```
main()
{  int i,a[10]={1,2,3,4,5,6,7,8,9,10};
    for(i=0;i<10;i++)
        printf("%3d%c",a[i],(i%5==4||i==9)?'\n':' ');
}
```

其中，用“%c”控制条件表达式的输出，若满足 i%5==4||i==9 的条件，就输出换行符；否则，输出一个空格。

(4) 字符数组的输入和输出。

① 用“%s”控制 scanf()和 printf()输入和输出字符串。“%s”无论用在 scanf()中，

还是 printf()中，都要求字符串的地址作为输入和输出项，而字符数组名恰好就是存放字符串的首地址，因此在用"%s"控制 scanf()和 printf()输入和输出字符串时，总是直接将字符数组名作为输入和输出项。例如：

```
char ch[16];
scanf("%s",ch);
printf("%s\n",ch);
```

在键盘输入时，直接输入字符串中的各个字符(不需输入引号)，最后按 Enter 键。scanf()会自动把用户输入的换行符转换成"\0"加在字符串的末尾，用 printf()时，遇到"\0"就结束输出。

特别要注意，"%s"用在 scanf()中控制字符串的输入时存在一个弊端，就是输入的字符串中不能含有空格或制表符。当"%s"遇到空格或制表符时就认为输入结束，因此空格和制表符都不能被读入。例如，执行

```
scanf("%s",str);
```

当从键盘输入

```
good morning
```

时，str 的值为"good"而不是"good morning"。为克服这一弊端，可以使用另一对专门用于字符串的输入输出函数：gets()和 puts()。

② 用 gets()和 puts()函数输入和输出字符串。用 gets()接收字符串的显著特点是遇到 Enter 键才认为输入结束，因此它不受输入字符串中包含的空格或制表符的限制。gets()的一般格式如下：

```
gets(字符数组名);
```

用 puts()输出字符串与 printf()的作用相似，但它自动把字符串末尾的"\0"字符转换成换行符(而"%s"控制的 printf()则没有将字符串末尾的"\0"转换成换行符的功能，必须增加"\n"来实现换行)。它的一般格式如下：

```
puts(字符数组名);
```

使用这两个函数时，只要直接把字符数组名作为参数即可，不能在数组名前加"&"。同时，在使用它们前，要用

```
#include<stdio.h>
```

把标题文件 stdio.h 包含进来。

【例 5-2】 用 gets()从键盘接收一个英文句子，然后用 puts()输出该英文句子。

可以用一维字符数组来存放输入的英文句子，程序如下：

```
#include<stdio.h>
main()
{   char word[80];
```

```
    printf("请输入: ");
    gets(word);
    puts(word);
}
```

程序运行情况如下:

```
请输入: I learn Visual C++.↓
I learn Visual C++.
```

【例 5-3】 利用二维字符数组输入和输出若干个国家的名称。

可以用二维字符型数组来存放若干个国家的英文名称。前面已经提到,二维数组可以看成是一维数组的叠加,因此二维字符型数组可以看作由若干个一维字符型数组构成,而每个一维数组都可存放一个字符串。例如,定义:

```
char country[3][8];
```

其中,country[0]~country[2]分别代表一个字符串的首地址。因此,可以把 country[i]直接作为 gets()和 puts()的参数来输入输出字符串。程序如下:

```
#include<stdio.h>
main()
{   int i;
    char country[3][8];
    printf("请输入国家名称:");
    for(i=0;i<3;i++)
        gets(country[i]);
    for(i=0;i<3;i++)
        puts(country[i]);
}
```

运行程序,输入及输出情况如下:

```
请输入国家名称:China
America
Japan
China
America
Japan
```

其中,前 3 行是输入的数据,其后 3 行是输出的结果。

5.4 数组的应用

5.4.1 数值数组的应用

1. 数据统计

【例 5-4】 编制程序分档统计某班 30 名学生某门课程的考试成绩,即分别统计 0~9

分，10～19 分，…，90～99 分，100 分的人数。

用一个 int 型数组 $a[11]$来分别存放 11 个分数档的人数，即 $a[0]$存放 0～9 分的人数，$a[1]$ 存放 10～19 分的人数，…，$a[10]$存放 100 分的人数。稍加分析就可以发现，设某人的考试成绩为 x，则 $x/10$ 正好就对应数组 a 的下标。因此，每输入一个成绩 x，只要进行 $a[x/10]+=1$ 的计数操作，就能正确统计出各分数档的人数。程序如下：

```
#include<stdio.h>
main()
{ int a[11]={0},i;
  float x;
  for(i=1;i<=30;i++)
   { scanf("%f",&x);
     a[(int)x/10]+=1;
     }
printf("0-9 10-19 20-29 30-39 40-49 50-59 60-69 70-79 80-89 90-99  100\n");
for(i=0;i<11;i++)
    printf(" %5d", a[i]);
printf("\n");
}
```

上面的程序假定了各人的成绩都是实数，由于数组的下标必须为整数，因此使用了强制类型转换。运行程序，输入数据及输出结果如下：

```
89   67   78   56   58   90   95   86   73   85
53   75   45   87   54   100  77   80   74   82
23   45   53   76   83   68   79   68   88   99
  0- 9 10-19 20-29 30-39 40-49 50-59 60-69 70-79 80-89 90-99  100
    0     0     1     0     2     5     3     7     8     3     1
Press any key to continue
```

【例 5-5】 试编程找出二维数组 $a[4][5]$中最大和最小的元素，并指出它们所在的行号和列号。

求最大值和最小值是通过不断比较实现的。以求最大值为例，通常将数组的第一个元素存放在基准变量中，用基准变量与第二个元素比较：如果第二个元素大，则将它的值存入基准变量；否则基准变量保持不变。再用基准变量与第三个元素比较，以此类推。这样，总是将最大数存放在基准变量中，始终用基准变量和后续的元素逐一比较，当所有的元素已经比较过，基准变量的值就是最大值。下面的程序中用 max 和 min 代表最大值和最小值基准变量，max_row，max_col，min_row 和 min_col 分别代表最大值和最小值所在的行号和列号。

```
#include<stdio.h>
main()
{  int a[4][5],i,j, max,max_row,max_col;
   int min, min_row,min_col;
   printf(" 输入二维数组如下: \n");
```

```
    for(i=0;i<4;i++)
      for(j=0;j<5;j++)
        scanf("%d",&a[i][j]);
    max=a[0][0];max_row=0; max_col=0;
    min=a[0][0];min_row=0;min_col=0;
    for(i=0;i<4;i++)
      for(j=0;j<5;j++)
        { if(max<a[i][j])
              max=a[i][j],max_row=i,max_col=j;
          if(min>a[i][j])
            { min=a[i][j],min_row=i,min_col=j; }
        }
    printf(" 输出结果如下：\n");
    printf("max=%d,  row=%d,  column=%d\n",max,max_row,max_col);
    printf("min=%d,  row=%d,  column=%d\n",min,min_row,min_col);
}
```

运行程序，从键盘上输入及程序输出的结果如下：

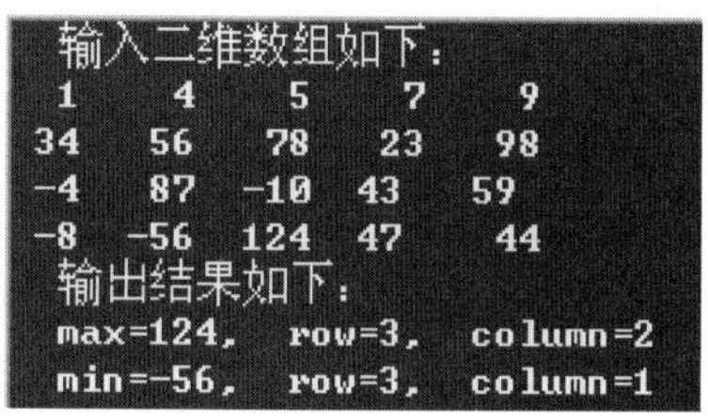
```
 输入二维数组如下：
 1    4    5    7    9
34   56   78   23   98
-4   87  -10   43   59
-8  -56  124   47   44
 输出结果如下：
 max=124,  row=3,  column=2
 min=-56,  row=3,  column=1
```

【例 5-6】 数据统计中经常用到标准差的概念。假设有 n 个数 $d_i(i=1,2,\cdots,n)$，其标准差(s)的计算公式如下：

$$s=\sqrt{\frac{1}{n-1}\sum_{i=1}^{n}(d_i-d_d)^2}$$

其中，d_d 是 d_i 的平均值：

$$d_d=\frac{1}{n}\sum_{i=1}^{n}d_i$$

建立一个数组 $d[N]$来存放各个 d_i，先求所有 d_i 的平均值 d_d，然后求$(d_i-d_d)^2$ 之和，最后用标准差计算公式来求得标准差。程序如下：

```
#include<stdio.h>
#include<math.h>
#define N 1000
main()
{  int i,n=0;
   float d[N],dd,s;
   printf(" 输入数据：\n");
   do                                      /*循环输入 d 数组各元素*/
```

```
    { scanf("%f",&d[n]);
      n++;                              /* 数据计数 */
    } while(d[n-1]!=-1);                /* 输入-1 时结束 */
  n--;                                  /* 减去多计入的 1 个数据 */
  dd=0.0;                               /* 进入平均值计算 */
  for(i=0;i<n;i++)
  dd+=d[i];
  dd/=n;                                /* 求得平均值 dd */
  s=0.0;                                /* 进入计算标准差 */
  for(i=0;i<n;i++)
    s+=(d[i]-dd)*(d[i]-dd);             /* 用 s 暂存差的平方和 */
  s=sqrt(s/(n-1));                      /* 求得标准差 s */
  printf("输入数据数: n=%d\n",n);
  printf("平 均 值:  dd=%f\n",dd);
  printf("标 准 差:    s=%f\n",s);
}
```

运行程序,从键盘上输入及程序输出的结果如下:

```
 输入数据:
 68.0  76.0  55.0  84.0  95.0  82.0  78.0  69.0  89.0  74.0
 56.0  80.0  83.0  75.0  92.0  76.0  79.0  84.0  64.0  77.0
 -1
输入数据数: n= 20
平 均 值:  dd= 76.800003
标 准 差:   s= 10.561100
```

2. 排序

排序是将一批无序的数据按从小到大或从大到小的顺序整齐排列。排序的主要操作是比较和交换。目前已有许多排序算法。本节介绍两种常用的排序算法,选择排序和冒泡排序。

【例 5-7】 选择排序。假设有 10 个数,要求将它们按从小到大的顺序排列。

离开数组,任何排序算法都难以实现。因此,需先将 10 个数存放在数组 a 中,然后进行选择排序。以 10 个元素从小到大排序为例,选择排序的基本思想如下:

第一轮从所有 10 个数中选出最小的数,即 $k=0$,先将 $a[k]$与其后的各个数 $a[j]$进行比较,凡出现比 $a[k]$小的数就记下它的位置 $k=j$,经过一轮(共比较 9 次)比较后,最小的数 $a[k]$就选择出来了,将它与 $a[0]$交换位置。这样,经过第一轮比较,最小数被存放在 $a[0]$中。

第二轮从余下的 9 个数中选出最小的数存放在 $a[1]$中,即 $k=1$,将 $a[k]$与其后的各个数 $a[j]$进行比较,凡出现比 $a[k]$小的数就记下它的位置 $k=j$,经过这一轮(共比较 8 次)比较后,次小的数就选择出来了,把它交换到 $a[1]$中。

以此类推,到第 9 轮时,要从最后余下的两个数中选出最小数存放在 $a[8]$中,最大的数则落在 $a[9]$中。至此,整个数组已经有序。程序实现时,要用两重循环,外层循环控制比较的轮数 i(共 9 轮),内层循环控制该轮比较的次数 j(j 从 $i+1$ 变化到 9)。

要对 n 个数进行选择排序，总共要进行 $(n-1)+(n-2)+\cdots+1=n(n-1)/2$ 次比较和最多 $n-1$ 次交换，是一种比较简单但效率较低的排序方法。程序如下：

```
#include<stdio.h>
#define N 10
main()
{  int i,j,k,m;
   int a[N],t;
   for(i=0;i<N;i++)                    /* 该循环用于输入数组元素的值 */
     scanf("%d",&a[i]);
   printf("    原始数据序列: ");
   for(i=0;i<N;i++)                    /* 该循环用于输出数组的初始序列 */
     printf("%4d",a[i]);
   for(i=0;i<N-1;i++)                  /* 外循环,用于控制比较的轮数 */
     { k=i;
       for(j=i+1;j<N;j++)              /* 内循环,用于控制每轮比较的次数 */
         if(a[j]<a[k])
            k=j;                       /* 存储比 a[i]小的元素的位置 */
         if(i!=k)                      /* 必要时进行交换 */
           { t=a[i]; a[i]=a[k]; a[k]=t; }
      printf("\n 第 %d 轮数据序列: ",i+1);
     for(m=0;m<N;m++)                  /* 该循环用于输出每轮的排序结果 */
         printf("%4d",a[m]);
   }
   printf("\n    最终有序数列: ");
   for(i=0;i<N;i++)                    /* 该循环用于输出最终排序结果 */
       printf("%4d",a[i]);
printf("\n");
}
```

运行程序，从键盘上输入

```
23  12  9  56  87  65  54  45  98  43↙
```

程序运行输出的结果如图 5-6 所示。

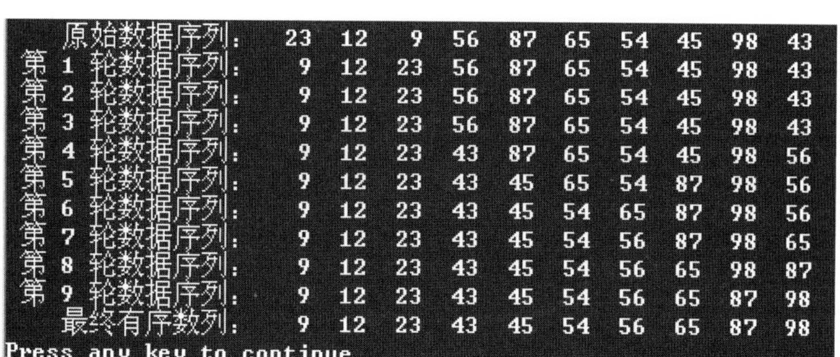

图 5-6　选择排序输出结果

如果要求从大到小排序，只要将内层循环中的 if (a[j]<a[k])改为 if (a[j]>a[k])即可。

【例 5-8】 用冒泡排序算法对 10 个数按从小到大进行排序。

冒泡排序算法是另一种常用的排序算法。以 10 个元素从小到大排序为例，它的基本过程如下：

第一轮在所有的 10 个数中依次进行相邻两个数的比较，即先将 $a[0]$与 $a[1]$比较，若逆序，即 $a[0]>a[1]$，则将二者交换，否则不变；然后再将 $a[1]$与 $a[2]$比较，若 $a[1]>a[2]$，则将二者交换，否则再进行下面两个相邻元素的比较。经过这一轮(9 次)比较后，最大数已沉到数组的底部，即 $a[9]$存放的是最大值。

第二轮在去除最大数后余下的 9 个数中，同样进行两个相邻数的比较和交换，即 $a[0]$与 $a[1]$、$a[1]$与 $a[2]$比较，经 8 次比较和交换后，次大数沉底，存放在 $a[8]$中。

以此类推，到第 9 轮时，将数组最顶部的两个数进行比较和交换，使最小数上浮到数组的顶部，存放在 $a[0]$中。至此，排序过程结束。在整个排序过程中，每轮比较都使当前数据集合中的最大数沉底，而最小数则像气泡一样不断上浮，直到气泡上浮到数组的最顶部，排序过程即告结束，因此称之为冒泡排序。

冒泡排序的比较次数和选择排序相同，但交换次数比选择排序大。程序如下：

```
#include<stdio.h>
#define N 10
void main()
{ int i,j,a[N],t;
  printf("输入数据: ");
  for(i=0;i<N;i++)                              //输入原始数组序列
    scanf("%d",&a[i]);
  for(i=0;i<N-1;i++)                            //外循环,用于控制比较的轮数
    for(j=0;j<N-i-1;j++)                        //内循环,控制相邻元素的比较
      if(a[j]>a[j+1])                           //若逆序,则交换
         t=a[j],a[j]=a[j+1],a[j+1]=t;           //逗号表达式,实现数据的交换
  printf("输出结果: ");
  for(i=0;i<N;i++)
    printf("%-4d",a[i]);
}
```

程序运行结果如下：

```
输入数据: 23  34  12  67  43  87  54  98  63  48
输出结果: 12  23  34  43  48  54  63  67  87  98
```

3. 数据检索

在处理大量数据时，经常要按某种方法找出所需的数据，这个过程称为检索或查找。常用的检索方法有顺序检索、二分检索、菲波那契检索、跳步检索等。当要检索的数据已经大小有序时，采用二分检索的搜索次数最多为 $\log_2 n$ 次(其中 n 是数据总个数)，是一种

比较快的检索方法。

【例 5-9】 已知整型数组 $V[10]$，从键盘输入一整数 x，查找 x 是否在数组 V 中。若在，屏幕输出“查找成功”并显示其下标；若不在，显示查找失败。

顺序检索：也称顺序查找，它不要求数据有序。依次审查数组中的数据是否要查找的数据，若是，结束审查；否则，继续审查，直至结尾。顺序查找的平均查找次数为$(n+1)/2$。程序如下：

```
#include<stdio.h>
#include<stdlib.h>
main()
{ int i,x,k,tag=0;
  int V[10]={10,20,30,40,50,60,70,80,90,100};
  scanf("%d",&x);                         //输入查找数据
  for(i=0;i<10;i++)
   if(V[i]==x)
    { tag=1;                              //查找成功的标识
      k=i;                                //变量 k 存放查找成功位置
      break;}
  if(tag)
      printf("查找成功  位置: %d\n",k);
  else
      printf("查找失败!\n");
  system("pause");
}
```

【例 5-10】 假设有 n 个从小到大排好序的数，存放在数组 v 中，请编制程序实现二分检索（又称对分检索或折半查找）算法。

二分检索算法通过每次将搜索区间缩小一半的方法，很快将搜索区间缩小为一个元素，从而确定是否查找到待查的数据。先将待查找的数据存放在一维数组 v 中，并设立 3 个标记：low 指向搜索区间顶部，high 指向搜索区间底部，mid=(low+high)/2 则指向搜索区间中部。开始时，令 low=0，high=n−1，即将整个数组作为搜索区间。当要查找某个 x 是否在数组 v 中时，按下列步骤进行。

① 求 mid=(low+high)/2，判断 v[mid]是否等于 x，若 v[mid]$=x$，则已搜索到，查找结束；若 v[mid]$<x$，说明 x 在区间后半部分，可令 low=mid+1，high 保持不变，即将该区间后半部分作为新的搜索区间；若 v[mid]$>x$，说明 x 在区间的前半部分，可令 high=mid−1，low 保持不变，即将该区间上半部分作为新的搜索区间。总之，经过这次处理，搜索区间已缩小为原来的一半。

② 在新的搜索区间上求 mid=(low+high)/2，重复与① 中相同的操作，可继续将搜索区间进一步缩小。

③ 经过有限次(最多 $\log_2 n$ 次)搜索后，最终结果是：或者 x 已找到，或者已出现 low=high，即区间缩小为只有一个元素。如果是后一种情况，就可以肯定地得到 x 是否在数组

中的结论。

二分查找的初始状态图：

v[0]	v[1]	v[2]	v[3]	v[4]	v[5]	v[6]	v[7]	v[8]	v[9]	v[10]	v[11]	v[12]	v[13]	v[14]	v[15]	v[16]	v[17]	v[18]	v[19]
↑ low=0									↑ mid=[low+high]/2										↑ high=19

若 v[mid]<x，缩小查找区间状态图：

v[0]	v[1]	v[2]	v[3]	v[4]	v[5]	v[6]	v[7]	v[8]	v[9]	v[10]	v[11]	v[12]	v[13]	v[14]	v[15]	v[16]	v[17]	v[18]	v[19]
										↑ low=mid+1				↑ mid=[low+high]/2					↑ high=19

若 v[mid]>x，缩小查找区间状态图：

v[0]	v[1]	v[2]	v[3]	v[4]	v[5]	v[6]	v[7]	v[8]	v[9]	v[10]	v[11]	v[12]	v[13]	v[14]	v[15]	v[16]	v[17]	v[18]	v[19]
↑ low=0				↑ mid=[low+high]/2				↑ high=mid−1											

程序如下：

```
#include<stdio.h>
#define N 20
main()
  { int v[N],x,low,high,mid,i;
    printf(" Enter data being sorted :\n");
    for(i=0;i<N;i++)                    /* 输入原始有序数据存入数组 v 中 */
      scanf("%d",&v[i]);
    printf(" Enter number to be searched :\n");
    scanf("%d",&x);                    /* 输入待查找的数据,存入 x 中 */
    low=0;
    high=N-1;
    mid=(low+high)/2;
    while(low<high&&x!=v[mid])     /* 该循环用于缩小查找区间 */
      {  if(x<v[mid])
           high=mid-1;
         else
           low=mid+1;
         mid=(low+high)/2;
      }
    if(x==v[mid])                   /* 判断查找成功与否 */
      printf(" %d is at position %d.of array.\n  ",x,mid);
    else
      printf(" %d is not in array. \n  ",x);
  }
```

程序运行时，先读入 N 个有序数，然后读入要查找的 x，继而使用二分检索算法来进行查找。程序运行情况如下：

```
Enter data being sorted :
   2    5    7    9   12   23   28   34   38   42
  46   56   59   62   68   78   79   82   88   98
Enter number to be searched :
  38
38 is at position 8.of array.
```

5.4.2 字符串处理函数

1. 字符串处理函数

C 语言本身不提供字符串处理的能力，但是 C 编译系统提供了大量的字符串处理库函数，它们定义在标题文件 string.h 中，使用时只要包含这个标题文件，就可以使用其中的字符串处理函数。

(1) 求字符串长度函数 strlen()。该函数用来计算字符串的长度，即所给字符串中包含的字符个数(不计字符串末尾的“\0”字符)，其调用格式如下：

```
strlen(字符串);
```

其中，函数的参数可以是字符型数组名或字符串常数，函数的返回值是字符串长度。

【例 5-11】 用 strlen()函数测试给定字符串的长度。程序如下：

```
#include<string.h>
main()
{   char s[]="ab\n\012\\\"";
    printf("%d  ",strlen(s));
    s[3]=0;
    printf("%d\n",strlen(s));
}
```

① 字符串"ab\n\012\\\""中除含有两个普通字符'a'和'b'外，还含有 4 个转义字符，分别是'\n'、'\012'、'\\'和'\"'，由于每个转义字符只计作一个字符，且字符串末尾的'\0 '不计入字符串长度之内，因此该字符串的长度是 6。

② 在 C 语言中，'\0'、0 和 NULL 是等价的，都表示'\0'字符。经过 s[3]=0 赋值后，数组 s 中存放的是"ab\n\0\\\""，而在计算字符串长度时，遇到'\0'字符就认为字符串结束，因此该字符串的长度计为 3。注意，字符'\0'和'0'的区别。

程序运行后，输出结果如下：

```
6  3
```

(2) 字符串拷贝函数 strcpy()。该函数用来将源字符串拷贝到目标字符串中，它的调用格式如下：

```
strcpy(str1,str2);
```

其中,str1(目标)必须是字符型数组名,str2(源)可以是字符型数组名或字符串常数;函数返回值是目标字符串。例如:

```
char str1[20],str2[20];
strcpy(str1,"Visual C++");
```

表示将字符串常数"Visual C++"拷贝到 str1 中,犹如把字符串"Visual C++"“赋值”给了字符数组 str1。

① 为保证能合法拷贝,要求 str1 的大小应足够容纳 str2 中的全部字符。

② 字符串拷贝,仅仅是将源字符串的各个字符逐个覆盖目标字符串中对应位置上的字符,而不是字符串的整体替换。例如,

```
char str1[10]="TJCU C++",str2[10]="QHDX";
strcpy(str1,string2);
```

复制前 str1 中的存储内容:

T	J	C	U		C	+	+	\0	\0

复制后 str1 中的存储内容为

Q	H	D	X	\0	C	+	+	\0	\0

【例 5-12】 字符串复制函数的使用示例。程序如下:

```
#include<string.h>
main()
{   char str[2][4];
    strcpy(str[0],"you"); strcpy(str[1],"me");
    printf("%s  %s\n",str[0],str[1]);
    str[0][3]='&';
    printf("%s  %s\n",str[0],str[1]);
}
```

程序中 strcpy(str[0],"you")的作用是将字符串"you"复制到 str[0]中;同样,strcpy(str[1],"me")的作用是将字符串"me"复制到 str[1]中。这时,数组 str 的存储情况如下:

y	o	u	\0	m	e	\0	\0

因此,第一个 printf()输出的结果为“you me”。

执行赋值语句 str[0][3]='&'后,str[0]末尾的'\0'字符被替换成了字符'&',数组 str 的存储情况变成:

y	o	u	&	m	e	\0	\0

第二个 printf()函数在输出完 str[0]后，由于没有遇到'\0'字符，将继续输出 str[1]中的字符，直到遇到'\0'字符为止。因此，第二个 printf()的输出为“you&me me”。

(3) 字符串比较函数 strcmp()。该函数用来对两个字符串进行比较，确定其大小，它的调用格式如下：

```
strcmp(str1,str2);
```

其中，str1 和 str2 可以是字符型数组名或字符串常数。

字符串比较的方法是：依次对 str1 和 str2 对应位置上的字符逐对进行比较，当出现第一对不相同的字符时，就以这一对字符 ASCII 代码值的大小决定这两个字符串的大小。比较的结果作为函数值返回：若 str1＝str2，则返回 0 值；若 str1＞str2，则返回 1；若 str1＜str2，则返回－1。例如，

```
strcmp("China","France");
```

返回－1。

【例 5-13】 编制程序，从给定的 5 个字符串中找出最小的字符串。

可将 5 个字符串存放在一个二维字符型数组 str 中，并设置一个一维字符型数组 st 用来存放最小的字符串。先将 str 中第一个字符串拷贝到 st 中，并以 st 为基准，逐个与 str 中余下的 4 个字符串比较，每次比较，总是将较小的字符串拷贝到 st 中。比较结束时，st 中存放的就是最小的字符串。程序如下：

```
#include<string.h>
main()
{  char str[][10]={"Book","Basic","Boolen","Babble","Bascket"},st[10];
   int i;
   strcpy(st,str[0]);
   for(i=1;i<5;i++)
     if(strcmp(st,str[i])>0)
       strcpy(st,str[i]);
   printf("Minimum string is: %s\n",st);
}
```

程序运行结果如下：

```
Minimum string is: Babble
```

(4) 字符串连接函数 strcat()。该函数用来将第 2 个字符串连接到第 1 个字符串的末尾，它的调用格式如下：

```
strcat(str1,str2);
```

其中，str1 必须是字符型数组名。函数返回值为第 1 个字符串。经过连接后，第 1 个字符串末尾的'\0'字符将被第 2 个字符串的第 1 个字符取代，第 2 个字符串不变。

【例 5-14】 字符串连接函数的使用示例。程序如下：

```
#include<string.h>
main()
{  char s1[20]="Visual ",s2[]="C++",str[50]="MicroSoft ";
   strcat(str,strcat(s1,s2));
   printf("%s\n",str);
}
```

程序中使用了 strcat()函数的嵌套调用,内层调用为 strcat(s1,s2),它将 s2 中的字符串连接到 s1 的末尾,使 s1 中存放的字符串变为"Visual C++",该字符串也是 strcat(s1,s2)的返回值。外层调用为 strcat(str,strcat(s1,s2)),相当于 strcat(str,"Visual C++"),因此str 中存放的字符串为"MicroSoft Visual C++"。

2. 字符型数组的应用

字符型数组在文字处理方面有着广泛的应用。

【例 5-15】 若一个字符串正读和反读都一样,如 level,madam 等,我们称之为回文。请编一个程序验证输入的字符串是不是回文。

要验证一个字符串是不是回文,只要分别将它的第一个字符和最后一个字符、第二个字符和倒数第二个字符,直至最中间的两个字符进行比较,如果对应相等,说明它是回文,否则就不是。程序如下:

```
#include<string.h>
#include<stdio.h>
main()
{  char str[80];
   int i,k,Tag=1;
   gets(str);
   k=strlen(str);
   for(i=0;i<k/2;i++)
     if(str[i]!=str[k-i-1]) { Tag=0;break;}
   if(Tag)  printf("%s is yes.\n",str);
   else  printf("%s is no.\n",str);
}
```

程序中使用了变量 Tag 作为标志(Tag =1,假设其为回文),其作用是标识循环是正常结束还是非正常退出。当逐对比较的字符都对应相同时,表示该字符串是回文,循环将正常结束,Tag 的值不发生改变;当逐对比较的字符中有一对不相同时,就说明该字符串不是回文,后续的比较就不再进行,先令 Tag =0,而后通过 break 控制循环提前结束。因此,在循环出口处,根据 Tag 的值就可确定字符串是不是回文。

【例 5-16】 编制程序,其功能是从键盘输入一个字符串,然后将该字符串中的字符'a'全部替换成字符'b'。

通过循环从字符串的第一个字符起逐个向后搜索,凡遇到字符'a',就用赋值语句将它替换成字符'b'。当已达到字符串末尾的'\0'字符时,整个替换工作结束。程序如下:

```
#include<string.h>
#include<stdio.h>
main()
{  char str[80];
   int i=0;
   gets(str);
   printf("before replacing: %s\n",str);
   while(str[i])
     { if(str[i]=='a')
         str[i]='b';
            i++; }
   printf("after replacing: %s\n",str);
}
```

【**例 5-17**】 编制程序,其功能是从键盘输入一个字符串,然后将该字符串中指定的字符删除。

由于字符串占用一片连续的存储空间,删除某个字符只要将该字符后续的字符顺序向前移动一个位置。例如,要删除字符串"abcd"中的'b',只要将字符'c'和'd'顺序向前移动一个位置。程序如下:

```
#include<string.h>
#include<stdio.h>
main()
{  char str[80],ch;
   int i=0,j;
   printf("Enter a string:");
   gets(str);
   printf("Enter a character to be deleted:");
   scanf("%c",&ch);
   while(str[i])
     { if(str[i]==ch)
          for(j=i;str[j];j++)
            str[j]=str[j+1];
        else
          i++;
     }
   str[i]='\0';
   printf("after deleting: %s\n",str);
}
```

程序中用改变 i 的值来逐个审视 str 中的各个字符是不是要删除。如果要删除的字符连续出现,为使这些字符都被删除,每当移动完该字符后续的字符后,暂不修改 i 的值,继续判断移动到 i 位置上的字符是不是还要删除。

还可以换一个思路,就是把不需要删除的字符统统保留下来。方法是用两个下标 i

和 j，若 str[i]不是要删除的字符时，就把该字符保留在 str[j]中。例如，要删除字符串"abcd"中的'b'，只要顺序字符'a'、'c'和'd'保留在 str[0]、str[1]、str[2]中，最后增加一个末尾的'\0'字符。程序如下：

```
#include<string.h>
#include<stdio.h>
main()
{ char str[80],ch;
   int i=0,j;
   printf("  Enter a string:");
   gets(str);
   printf("  Enter a character to be deleted:");
   scanf("%c",&ch);
   for(i=j=0;str[i];i++)
     if(str[i]!=ch)
        str[j++]=str[i];
     str[j]='\0';
   printf("  After deletion: %s\n",str);
}
```

上述两个程序的效果相同，运行时，若输入的字符串为"Thiss iss a sdesk."，要删除的字符为's'，则程序运行结果如下：

```
Enter a string:Thiss iss a sdesks.
Enter a character to be deleted:s
After deletion: Thi i a dek.
```

注意：字符移动完成删除操作后，要在字符串的末尾加上'\0'，否则不能满足指定要求。

【例 5-18】 编制程序，其功能是从键盘输入一个字符串，然后在指定的字符前插入一个字符。

与上例相仿，插入字符，实际上是将该字符及其后续字符均向后移动一个位置，在空出的位置上放置要插入的字符。例如，要在字符串"abcd"中的字符'b'前插入一个字符'e'，只要将字符'b'、'c'、'd'顺序后移一个位置，在腾出的空位上放入字符'e'即可。程序如下：

```
#include<string.h>
#include<stdio.h>
void main()
{ char str[80],ch1,ch2;
   int i=0,j,k;
   printf("输入字符串: ");
   gets(str);
   printf("输入欲插入字符位置: ");
   scanf("%c%*c",&ch1);
   printf("输入欲插入的字符: ");
```

```
    scanf("%c",&ch2);
    while(str[i])
      { k=strlen(str);
        if(str[i]==ch1)
          { for(j=k;j>i;j--)
               str[j]=str[j-1];
             str[i]=ch2;
             str[k+1]='\0';
             i++;
          }
        i++;
      }
    printf("插入后的字符串: %s\n",str);
}
```

对程序说明几点。

① 在执行 scanf("%c",&ch1) 时,从键盘输入一个字符并以 Enter 键结束,输入的字符被变量 ch1 接收,但换行符将被下一个 scanf()中的 ch2 接收,为此,增加了一个抑制输入控制符"% * c",其作用是使换行符被跳过。

② 为了插入一个字符,需要移动指定位置及其后续的各个字符,这种移动要从字符串末尾开始顺序移动。因此,字符串中最后一个字符的位置要由字符串的长度确定,而随着字符的插入,字符串的长度是在变化的。

③ 由于字符的移动,造成字符串末尾的'\0'字符被最后一个字符替换掉,因此在插入字符后,应在字符串末尾增加一个'\0'字符。

④ 当在某字符前插入一个字符后,该字符已被移动到下一个位置,为了防止无休止地插入,一旦某字符前已插入字符,就应跳过该字符。例如,当字符串"abcd"中的字符'b'前插入一个字符'X'后,字符'b'已经移动到第 3 号位置上,这时就应跳过'b'字符,继续审视再下一个字符。

程序运行时,如果从键盘输入的字符串为"abcdbbefg",要在其前面插入字符的字符为'b',插入的字符为'X',则程序运行结果如图 5-7 所示。

图 5-7　程序运行结果

【例 5-19】 编制程序,其功能是从键盘输入 5 个字符串,然后将这 5 个字符串进行升序排列。

对字符串进行有序排列,与前面章节讲的数值型数据排序类似,可以采用选择排序算法,也可以采用冒泡排序算法进行。所不同的是字符串不能直接进行大小的比较,需要应用 strcmp()函数,而字符串的相互赋值需要应用 strcpy()函数。下面的程序采用选择排序对字符串进行排序，欲排序的字符串存放在二维数组 str[5][12]中，数组 array[12]用于存放字符串间相互复制的过渡字符串。

```
#include<stdio.h>
#include<string.h>
#define N 5
#define M 12
main()
{   int i,j,k;
    char str[N][M],array[M];
    for(i=0;i<N;i++)                /* 该循环用于输入初始字符串 */
        scanf("%s",str[i]);
    printf("\n  原始字符串序列: ");
    for(i=0;i<N;i++)                /* 该循环用于输出初始字符串 */
        printf("\n      %s",str[i]);
    for(i=0;i<N-1;i++)              /* 外循环,用于控制比较的轮数 */
      { k=i;
        for(j=i+1;j<N;j++)          /* 内循环,用于控制每轮比较的次数 */
          if(strcmp(str[j],str[k])<0)      /* 采用 strcmp()函数比较字符串的大小 */
            k=j;
          if(i!=k)                  /* 必要时采用 strcpy()函数进行字符串的交换 */
            { strcpy(array,str[i]); strcpy(str[i],str[k]); strcpy(str[k],
              array); }
      }
    printf("\n  最终有序字符串序列: ");
    for(i=0;i<N;i++)                /* 该循环用于输出最终排序结果 */
        printf("\n      %s",str[i]);
    printf("\n");
}
```

程序运行时，如果从键盘输入的字符串：China、France、America、Japan、English，则程序运行结果如图 5-8 所示。

图 5-8　字符串排序程序运行结果

习题 5

一、选择题

1. 假设 short int 型变量占 2B 空间的存储单元，若有定义：

```
short int x[10]={0,2,4};
```

则数组 x 在内存中所占空间为(　　)。

A. 3B　　B. 6B　　C. 10B　　D. 20B

2. 下列一维数组的定义中，错误的是(　　)。

A. int a[4]={1};　　B. int a[4]={1,2,3};

C. int a[4];　　D. int a[4]={1,2,3,4,5};

3. 在 C 语言中，引用数组元素时，下标的数据类型允许是(　　)。

A. 只能是整型常数　　B. 实型常数或表达式

C. 整型常数或表达式　　D. 任何类型的表达式

4. 以下程序的输出结果是(　　)。

```
main()
{   int a[4][4]={{1,3,5},{2,4,6},{3,5,7}};
    printf("%d%d%d%d\n",a[0][3],a[1][2],a[2][1],a[3][0]);
}
```

A. 0650　　B. 1470　　C. 5430　　D. 输出值不确定

5. 下面的程序运行后，输出结果是(　　)。

```
main()
{  int a[3][3]={{1,2},{3,4},{5,6}},i,j,s=0;
   for(i=1;i<3;i++)
     for(j=0;j<=i;j++)
       s+=a[i][j];
   printf("%d\n",s);
}
```

A. 18　　B. 19　　C. 20　　D. 21

6. 若定义：int a[][4]={1,2,3,4,5,6,7,8,9}；则数组 a 的第一维的大小是(　　)。

A. 2　　B. 3　　C. 4　　D. 不确定

7. 设有数组定义：char array[]="China";，则数组 array 所占的空间为(　　)。

A. 4B　　B. 5B　　C. 6B　　D. 7B

8. 设已定义 char s[]="\"abcd\\England\"\n";，则字符串 s 所占空间为(　　)。

A. 19B　　B. 18B　　C. 15B　　D. 14B

9. 若有定义和语句：

```
char s[10]; s="abcd"; printf("%s\n",s);
```

则运行结果是(以下□代表空格)(　　)。

A. abcd　　　　B. a

C. abcd□□□□□　　　　D. 编译不通过

10. 函数调用：strcat(strcpy(str1,str2),str3) 的功能是(　　)。

A. 将串 str1 复制到串 str2 中后再连接到串 str3 之后

B. 将串 str1 连接到串 str2 之后再复制到串 str3 之后

C. 将串 str2 连接到串 str1 之后再将串 str1 复制到串 str3 中

D. 将串 str2 复制到串 str1 中后再将串 str3 连接到串 str1 之后

二、填空题

1. 若定义 int a[2][3]={{2},{3}}；则值为 3 的数组元素是________。

2. 若定义 char a[15]="windows-9x"；则执行语句 printf("%s",&a[8])；后的输出结果是________。

3. 下列程序的输出结果是________。

```
main()
{ char b[]="Hello,you";
  b[5]=0;
  printf("%s\n",b);
}
```

4. 若有定义语句：char s[100],d[100]；int j=0,i=0;，且 s 中已赋字符串，请填空以实现字符串拷贝。(注意：不得使用逗号表达式。)

```
while(s[i])
  {  d[j]=________;
     j++;
  }
d[j]=0;
```

三、编程题

1. 编程计算矩阵 $a[5][5]$主对角线元素之和 $s1$、次对角线元素之和 $s2$ 和周边元素之和 $s3$。

2. 编制程序将两个有序(假设升序)数组 a 和 b 归并成一个有序数组 c。例如：
$a=\{1,3,5\}$，$b=\{2,4,6\}$，则归并后的 $c=\{1,2,3,4,5,6\}$。
归并排序算法如下。

(1) 先取数组 a、b 的第一个元素进行比较，将其中较小的元素放入数组 c。

(2) 取较小元素所在数组的下一个元素与上次比较中的较大元素进行比较，将较小

元素放入数组 c；重复上述比较过程，直到一个数组的所有元素都已进入数组 c。

(3) 将另一个数组的剩余元素依次放入数组 c。

3. 编制程序统计一个字符串中各种小写字母的个数。

4. 编制程序测试字符串 str2 是否整体包含在字符串 str1 中，若包含，则指明 str2 在 str1 中的起始位置。例如：str1＝"abcde"，str2＝"cd"，则 str2 包含在 str1 中，起始位置为 3。

第6章

指针

除了可以用变量和数组元素访问内存之外，C 语言还允许用指针访问内存。指针是表示内存地址的一种低级数据类型，它和变量、数组、函数以及函数间的数据传递有密切的关系。在 C 语言中，指针的应用十分广泛，用指针可以写出更紧凑、更高效的程序代码，有时用指针可以很方便地处理没有名字的数据，指针不但支持内存的动态分配，而且还能有效地处理诸如链表、树、图等复杂的数据结构。指南既是 C 语言最强的特性，也是 C 语言最危险的特性，使用不当，很容易指到意想不到的地方，产生的错误也很难发现。正由于指针的功能强大且不可忽视，所以必须牢固掌握指针的概念和操作，才能保证能够正确使用。本章主要介绍指针的概念以及用指针访问变量、数组及处理字符串的方法。

6.1 地址、指针和指针变量

6.1.1 地址和地址的运算

1. 地址的概念

在计算机中，内存是一个连续编号或编址的空间。也就是说，每一个存储单元(在微型计算机中通常是 1B)都有一个固定的编号，就像门牌号码一样，这个编号称为地址。

程序中使用的变量代表的是内存中的一个存储位置，不同类型的变量占用的存储单元字节数也可能不同。因此，把变量所占用的存储单元首字节的地址作为变量的地址。

数组占用连续的存储空间，数组名是该连续空间的首地址，是一个常数；数组元素的地址是该数组元素所占存储单元首字节地址。

例如，在程序中进行了如下的定义：

```
int d[2];
float b;
```

编译系统为这些变量和数组分配的内存空间如图 6-1 所示。图中每个方格代表 1B 的存储单元，方格的上方是变量名，下方是该存储单元的地址(十六进制表示)。各个变量的地址是它所占存储空间首个字节的地址，例如，数组 d 的首地址为 FF78，数组元素 d[0]和 d[1]的地址分别为 FF78 和 FF7C，变量 b 的地址为 FF74。注意，一是不同的编译系统对变量地址的分配方式可能不同；二是内存分配情况随计算机不同及当前内存状况和程序规模不同而不同，因此图 6-1 中的地址值仅是一个参考值（为简化说明，图中只给出了 16 位地址中的后四位）。

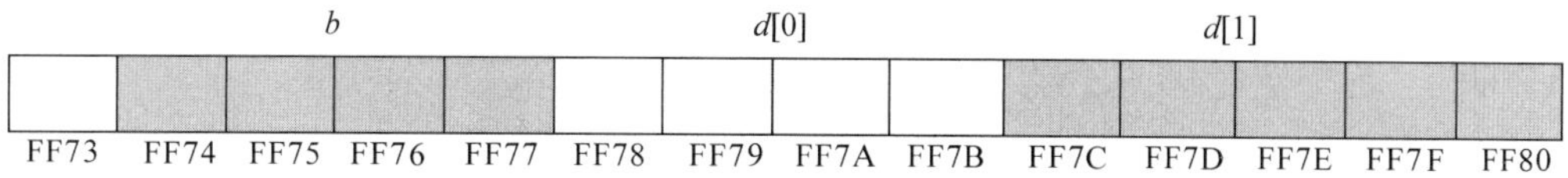

图 6-1　变量及其地址

2. 地址的运算

变量在编译过程中被映射成内存地址，这个地址是由编译系统安排的，编程者无从得知。为了使编程者获得变量的地址，C 语言提供了取地址运算符；为了使编程者能用获得的地址访问内存中的数据，C 语言提供了访问地址运算符。

（1）取地址运算符。取地址运算符是“&”，它的使用格式如下：

```
&v
```

其中，& 是一个一元运算符（结合性为从右到左），v 是变量或数组元素。

&v 可用来获得变量或数组元素的地址，这种形式在 scanf()函数中已使用过，这里只对 & 运算符作简要说明。

① & 只能施加在变量或数组元素上，从而得到该变量或数组元素的地址。& 不能施加在常数或表达式上。例如，不能对数组名施加 & 运算，也不能对诸如 25 或 $a+b$ 这样的常数或表达式施加 & 运算。

② & 在形式上虽然与位操作中的“按位与”运算符完全相同，但“按位与”运算符是一个二元运算符，二者在使用上不会发生混淆。

【例 6-1】 用 & 运算符获得变量和数组元素的地址。程序如下：

```
#include<stdio.h>
void main()
{   int a=1;
    float b=2.0;
    double c=3.0;
    int d[6];
    printf("address of a is %p\n",&a);
    printf("address of b is %p\n",&b);
    printf("address of c is %p\n",&c);
    printf("address of array d is %p\n",d);
    printf("address of d[0] is %p\n",&d[0]);
    printf("address of d[1] is %p\n",&d[1]);
}
```

在 printf()函数中，地址量的输出要用%p 或%x 作为格式控制字符，二者的差别在于：%p 输出的地址固定为 8 位(十六进制数)，不足 8 位的补以前导 0，而%x 则不加前导 0。程序运行结果如图 6-2 所示(不同的机器配置和 C 编译系统，输出的地址值也不同，仅作参考)。

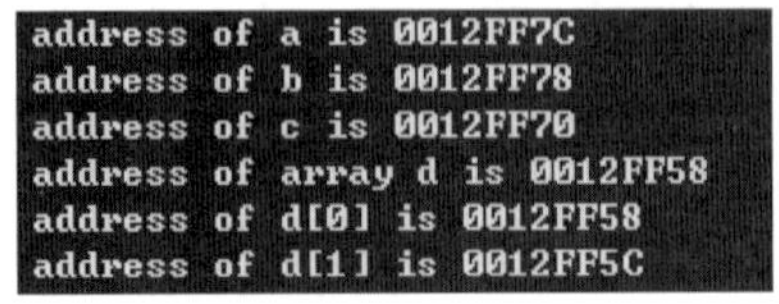

图 6-2　取地址运算程序输出结果

(2) 访问地址运算符。访问地址的运算符有“*”和“[]”两个，它们的使用形式不同，功能等价，都用来访问指定地址中的数据。

① “[]”运算符。“[]”是一个二元运算符，其使用格式如下：

```
add[exp]
```

其中，add 和 exp 是“[]”的两个运算量。add 是一个地址量，exp 是整型表达式，表示从 add 开始的偏移量。也就是说，add[exp]的功能是从地址 add 开始，向高地址方向偏移 exp 个数据单元后，取该地址中的值。例如，上一章将数组元素 $a[j]$理解为将下标 j 放在[]中表示其在数组中的位置 j，实际上，由于“[]”是运算符，$a[j]$表示从地址 a(数组名是该数组的首地址)开始向地址增大的方向移动 j 个数据单元后，取该地址中的值。这里所说的数据单元与数据类型有关，如果 a 是整型数组，那么，$a[j]$就是从地址 a 开始，向高地址方向移动 j×sizeof(int)字节后，取该地址中的值。

根据这种理解，“[]”不仅可以施加在数组名上，也可以施加在简单变量上。例如，x 是一个简单变量，&x 是它的地址，(&x)[0]就表示取 x 的值。因此，不要误解只有数组才会使用“[]”。

“[]”处于所有运算符最高优先级上，结合性为从左到右。

② *运算符。*是一个一元运算符，其使用格式如下：

```
*exp
```

其中，exp 是地址表达式。*exp 用来访问 exp 地址中的数据。例如，一维数组 a 第三个元素的地址为 &a[2]或 a+2，对它们施加*运算得到*(&a[2])或*(a+2)，都表示访问 a[2]的值。

*运算符和 & 同处于 C 运算符集中的第二优先级上，比“[]”低一个级别，结合性为从右至左。虽然*运算符在形式上与乘法运算符相同，但乘法运算符是二元运算符，二者在使用上不会产生混淆。

需要强调的是，*和[]这两种运算符在功能上是完全等价的，二者可以互换使用。表 6-1～表 6-3 分别列出了*运算符和[]运算符在取变量、一维数组元素和二维数组元素地址，以及访问变量、一维数组元素和二维数组元素值的各种等价使用形式。

表 6-1　变量的取址与取值

变量名	取变量地址	访问变量值
a	&a	*&a　(&a)[0]

表 6-2　一维数组元素的取址与取值

一维数组元素名	取数组元素 $a[i]$ 地址	访问数组元素 $a[i]$ 值
$a[i]$	$a+i$	$a[i]$　$*(a+i)$
	$\&a[i]$	$*\&a[i]$

表 6-3　二维数组元素的取址与取值

二维数组元素名	取数组元素 $a[i][j]$ 地址	访问数组元素 $a[i][j]$ 值
$a[i][j]$	$*(a+i)+j$ $a[i]+j$ $\&a[i][j]$	$*(*(a+i)+j)$ $(*(a+i))[j]$ $*(a[i]+j)$　$a[i][j]$ $*\&a[i][j]$

6.1.2　指针和指针变量

1. 指针和指针变量的概念

指针是地址的代名词，变量的指针就是该变量的地址。例如，b 是变量，$\&b$ 就是 b 的指针。

指针变量是一种专门用来存放地址的特殊变量。它不像普通变量那样存放通常意义下的数据，而是存放一种特殊的数据——地址。

指针和指针变量之间的关系如下：指针变量用来存放指针，指针是指针变量的值。

指针和指针变量的区别如下：指针是常量，变量或数组的地址是在编译过程中确定的，在程序运行过程中，其值保持不变；而指针变量可以被赋值，可以指向新的对象，因此它是变量。虽然指针和指针变量具有不同的概念，但人们有时并不去区分指针和指针变量，而把指针和指针变量都称为指针，可以从上下文区别它们。本书此后将指针变量简称为指针，而把地址意义上的指针仍称为地址。

2. 指针的定义

定义指针的一般形式如下：

```
[存储类型]　数据类型　*指针 1,*指针 2,…
```

其中，带有"*"的变量就是指针，它只是一个说明符，它既不是乘法符号，也不是访问地址符号。例如：

```
char *pc;
int *pi;
float *pf;
```

定义了 3 个不同数据类型的指针 pc、pi 和 pf。

3. 用指针访问变量的方法

如果将变量的地址存放在指针中，称该指针指向了变量。这时，既可以通过变量名来访问其中的数据，也可以通过指针来访问。

(1) 使指针指向变量的方法。为使指针指向某一变量，就要把变量的地址存放在指针中，常采用如下两种方法。

① 初始化。在定义指针的同时，用所指变量的地址给其赋值。例如：

```
char ch='A', * pc=&ch;
float a=3.0, * pa=&a;
```

指针变量 pc、pa 分别被初始化为指向变量 ch 和 a。

注意：这里有 4 个变量，它们占用内存的情况如图 6-3 所示，不同的 C 编译系统或存在差异。

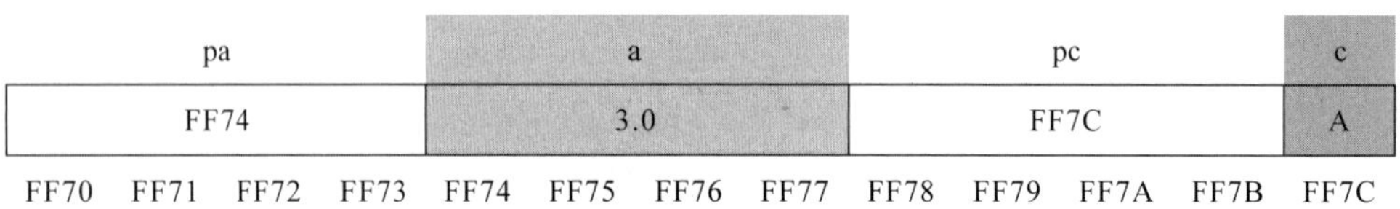

图 6-3　指针变量指向变量示意图

从图 6-3 中可看到，变量 ch 所在存储单元的首地址为 FF7C，指针 pc 占用的存储单元首地址为 FF78，变量 a 占用的存储单元首地址为 FF74，指针 pa 占用的存储单元首地址为 FF70。经初始化后，变量 ch 和 a 的地址分别存放在指针 pc 和 pa 中，即指针 pc 中的值为 FF7C，pa 中的值为 FF74。

② 赋值方法。先定义指针，然后用赋值语句将所指变量的地址赋给它。例如：

```
char ch, * pc;
int a, * pa;
pc=&ch; pa=&a;
```

一旦将指针指向了某个变量，就可以用指针来访问变量。通常将用变量名访问的方法称为直接访问，用指针访问的方法称为间接访问。这就好像为了访问张三，一种方法是直接根据其家庭住址找到他，另一种方法是从派出所找到他的家庭住址，再由这个住址找到他。前者是直接访问，后者是间接访问。派出所存放了张三的家庭住址，是指针。

(2) 用指针访问变量的方法。由于指针中存放了所指变量的地址，因此可以通过访问地址运算符来访问变量的值。

【例 6-2】 用指针访问变量示例。程序如下：

```
#include<stdio.h>
void main()
{  int a, * pa=&a;              //指针 p 指向变量 a
   scanf("%d",pa);              //等价于 scanf("%d",&a);
   (* pa)++;                    //等价于 a++;
```

```
    printf("%d\n",pa[0]);     //等价于 printf("%d\n",a);
}
```

程序运行时，若从键盘输入 10，则输出结果为 11。

注意：程序中的 * pa 与 a 等价，(* pa)++与 a++等价。由于“ * ”和“++”优先级相同，结合性均为从右到左，因此，(* pa)++中的括号是必须的。若写成 * pa++就表示先取 a 的值，然后将 pa 指向下一个数据单元，而下一个数据单元中的值是不确定的，从而带来不安全性。

(3) 说明。

① 被指针所指向的变量一定要在相应的指针之前定义。例如：

```
char * pc=&ch;
char ch;
```

是错误的。因为在对指针 pc 初始化时要取变量 ch 的地址，此时变量 ch 尚未定义。所以要先定义变量，然后才能定义指向变量的指针。

② 指针必须存放变量的地址。例如：

```
int a, * pa;
pa=a;
```

是错误的，因为 a 的值不是地址。

③ 从技术上讲，任何类型的指针都可以指向内存中的任何位置，为什么还要规定指针的数据类型呢？因为指针的所有运算都与它所指向的对象的类型密切相关，所以 C 语言规定一种类型的指针只能指向同类型的对象。例如：

```
int * pi; char ch;
pi=&ch;
```

其中，将 int 型的指针指向 char 型数据对象是错误的。同样，不同类型指针之间不能相互赋值。

④ 指针的数据类型决定了该指针可以指向何种类型的数据对象，指针本身也有自己的数据类型，否则编译系统就无从得知该为指针安排多少字节的存储空间。指针本身都是整型的，每个指针要占用 4B 存储单元。

⑤ 如果只定义了指针，而没有通过初始化或赋值的方式使之指向某个对象，这种指针的值是不确定的且不能引用，否则就会导致不可知的错误，甚至危及程序的正常运行。为避免这类错误和危险的发生，通常给未指向对象的指针赋 NULL(NULL 是 C 编译系统定义的宏，它与 0 或'\0'等价)，称之为空指针，这样做的目的是为了安全。例如：

```
int * pi=NULL;          //NULL 可以替换为 0 或'\0'
```

其中，pi 被定义为空指针，当在程序中不慎对它进行了移动、比较等操作时，系统就会报错而不会危及其他。

⑥ void 型指针是没有指向具体的数据对象，仅指向内存的某个地址，而该地址所存

储的数据对象的类型也尚未确定，因此 void 型指针也叫无指定类型指针。例如：

```
void * p;
```

void 指针是一种具有独特性质的指针，它不能直接用来访问数据，但可以通过强制类型转换将它转换成某种数据类型的指针，然后用它来访问同类型的对象。本章后续章节中使用的动态内存分配函数的返回值就被定义成 void 型的指针。

6.2 指针的运算

指针的运算就是地址的运算。由于这一特点，指针运算不同于普通变量，它只允许有限的几种运算。除了可对指针赋值外，指针的运算还包括指针加减一个整数、指针自加和自减、两个指针相减、指针与指针或指针与地址之间进行比较等。

1. 指针加减整数

指针 p 加减一个整数 n，即 p+n(或 p−n)，表示 p 向地址增大或减小的方向移动 n×sizeof(type)字节，从而得到一个新的地址。其中，type 代表指针的数据类型。例如，若指针 p 为 int 型，p 中的地址值为 10，则 p+1 表示地址 14(整型数据占用 4B)。

【例 6-3】 指针加减一个整数示例。程序如下：

```
#include<stdio.h>
void main()
{  int v[10]={10,20,30,40,50,60,70,80,90,100},n;
   int * pb=v;
   printf("%x,%x \n",pb,pb+5);
   pb=pb+5;
   printf("%d,%d,%d,%d\n", * (pb+3), * pb, * (pb-1), * (pb-3));
}
```

程序运行结果如下：

```
24fe00,24fe14
90,60,50,30
```

需要指出，当指针 pb 进行了 pb+n 或 pb−n 运算后，pb 的值没有发生改变，即它的指向没有发生变化，pb±n 只代表一个新的地址值。

2. 指针自加和自减

指针自加和自减运算将对指针赋值，使指针的值发生改变，从而指向新的地址。例如，对指针进行了++p 运算后，指针将指向下一个数据单元。

【例 6-4】 指针自加示例。程序如下：

```
#include<stdio.h>
#include<stdlib.h>
void main()
```

```
{  int v[10]={10,20,30,40,50,60,70,80,90,100},n;
   int * pb=&v[5];
   printf("%x,  %d \n",pb, * pb);
   pb++;
   printf("%x,  %d \n",pb, * pb);
   printf("%x,  %d \n",++pb, * pb);
   printf("%x,  %d \n",--pb, * pb);
   system("pause");
}
```

程序运行结果如下：

```
18fb1c,  60
18fb20,  70
18fb24,  80
18fb20,  70
```

3. 两个同类型指针相减

两个同类型的指针相减，为了保证这两个指针之间存放的是同类型的数据，通常用于数组的情况，相减的结果是这两个指针之间所包含的数据个数。显然，两个指针相加是无意义的。

【例 6-5】 两个同类型指针相减示例。程序如下：

```
#include<stdio.h>
void main()
{  float x[10];
   float * p, * q;
   p=&x[0];
   q=&x[5];
   printf("q-p=%d\n",q-p);
}
```

指针 p 指向数组元素 x[0]，指针 q 指向数组元素 x[5]，其间相差 5 个元素，因此程序的运行结果如下：

```
q-p=5
```

4. 指针的比较

两个同类型的指针，或者一个指针和一个地址量可以进行比较（包括＞、＜、＞=、＜=、==和!=），比较的结果可以反映出两个指针所指向的目标的存储位置之间的前后关系，或者反映出一个指针所指向的目标的存储位置与另一个地址之间的前后关系。

① 如果指针 p 和 q 都指向同一数组的成员，或指向存储相同类型数据的连续存储区，当关系表达式

```
p<q
```

成立时，表示 p 所指向的数据位于 q 所指向的数据之前。

② 指针与零之间进行相等性比较，即

```
p==0   或   p!=0(0 也可以写成'\0'或 NULL)
```

常用来判断指针 p 是否为一空指针。

6.3 指针与一维数组

1. 使指针指向一维数组

要用指针访问一维数组，首先要定义指向一维数组的指针。例如，定义

```
int a[5], *p=a;                    //或 *p=&a[0];
```

后，指针 p 就与数组 a 建立了“指向”的关系。

2. 用指针访问一维数组

由于数组占用的是一片连续的存储单元，一旦定义了指向数组的指针，就可以通过移动指针来访问数组的各个元素，即若指针 p 指向数组 a 的首地址，那么 $p+1$ 就是数组元素 $a[1]$的地址，$p+i$ 就是数组元素 $a[i]$的地址，通过对这些地址施加 * 或[]运算就可以访问任何一个数组元素中的数据。

访问一维数组的方法。

若已定义：

```
int a[10], *p=a;
```

则访问数组元素 $a[0]$和 $a[i]$的地址及数据的各种等价形式如表 6-4 所示。

表 6-4　访问一维数组元素地址及数据的各种等价形式

对象	数组元素 $a[0]$		数组元素 $a[i]$	
访问方式	数组名	指针	数组名	指针
地址访问形式	a $\&a[0]$	p $\&p[0]$ $\&*p$	$a+i$ $\&a[i]$	$p+i$ $\&p[i]$ $\&*(p+i)$
数据访问形式	$a[0]$ $*a$	$p[0]$ $*p$	$a[i]$ $*(a+i)$	$p[i]$ $*(p+i)$

从表中可以看出，对一维数组的各个元素，既可以用数组名访问，也可以用指向该数组的指针访问。同时，由于运算符 * 和[]的等价性，从而演变出多种等价的访问形式。这充分体现了 C 语言的灵活性。从表 6-4 中还可以总结出一条规律，即各种等价访问形式中，凡是出现数组名 a 的位置上都可以用指针 p 替换。采用指针对数组的访问，有助于更好地理解 C 语言数组的下标为什么从 0 开始了。

【例 6-6】 用指针实现一维数组的输入和输出。程序如下：

```
#include<stdio.h>
void main()
{  int a[10], * p=a;
   printf("  Input Data:");
   for(;p<a+10;p++)
       scanf("%d",p);
   printf("  Output Data:");
   for(p=a;p<a+10;p++)
       printf("%3d ", * p);
   printf("\n");
}
```

在该程序中，当定义了指向数组 a 的指针 p 后，在 scanf()执行时，虽然每次循环时 scanf()的输入项都是 p，但由于 p 的值随着 p++在不断改变，即 p 的指向在不断向数组的底部移动，因此能把输入的数据依次保存到各数组元素中。循环结束后，指针 p 已指到数组 a 最后一个元素的后面，因此在输出时要将 p 重新移回数组 a 的首地址(即 $p=a;$)。程序执行时，从键盘输入及输出结果显示如下：

```
Input Data: 1 2 3 4 5 6 7 8 9 10
Output Data:  1  2  3  4  5  6  7  8  9  10
```

【例 6-7】 用数组和指针模拟堆栈。

堆栈是一种先进后出或后进先出的数据结构，它的特点是最先进栈的数据要到最后才能出栈。例如，若干列火车通过一条铁轨入库，最后入库的火车要最先出库，其他的火车才能依次出库。为了模拟堆栈，可以设置一个指向数组的指针，通过指针的移动可以很方便地模拟入栈和出栈。假设堆栈长度为 N 个整数，程序如下：

```
#include<stdio.h>
#define N 10
void main()
{  int a[N];
   int * p=a;
   printf("  PUSH Data:");
   while(p<a+N)                //PUSH(入栈)
       scanf("%d",p++);
   printf("  POP  Data:");
   while(p>a)                  //POP(出栈)
       printf(" %d  ", * --p);
   printf("\n");
}
```

程序的第一个 while 循环模拟入栈操作，通过将指针逐步向数组的底部移动来顺序输入各个元素值；第二个 while 循环模拟出栈操作，通过将指针逐步向数组的顶部移动来反序输出各个元素值。程序执行时，从键盘输入及输出结果显示如下：

```
PUSH Data: 1 2 3 4 5 6 7 8 9 10
POP  Data: 10  9  8  7  6  5  4  3  2  1
```

6.4 指针与二维数组

如果定义了指向二维数组的指针，也就可以用指针来访问二维数组的各个元素。与一维数组不同的是：一维数组的逻辑结构和存储结构是一致的，都表现为线性空间，而二维数组的逻辑结构和存储结构是不同的，其逻辑结构是二维空间，存储结构则是线性空间。为了方便用户用逻辑结构思考问题的习惯，也兼顾二维数组存储结构的效率，C 语言为二维数组提供了 3 种指针形式。

1. 按二维数组的存储结构定义指针

二维数组存储时是按行的顺序将各个元素依次存放在一片连续的存储单元中，相当于把二维数组按一行一行拉直，然后存放到一维线性空间中。如果能计算出二维数组各个元素在一维空间中的位置，就可以将二维数组作为一维数组来处理。

如果定义了二维数组 $a[M][N]$，则根据“按行存放”的规律，如果已知下标 i、j，可以计算出数组元素 $a[i][j]$ 的存储地址如下：

```
&a[0][0]+i*N+j
```

如果定义一个指针，并使它指向二维数组 a 的第一个元素 $a[0][0]$，例如：

```
int a[3][4], *p=&a[0][0];
```

那么，$p+i*N+j$ 就是 $a[i][j]$ 的地址，用 *(p+i*N+j) 就可以访问 $a[i][j]$ 的值。反过来，如果已知当前地址为 $p+k$，则通过：

```
i=k/N
j=k%N
```

可以计算出数组元素的下标 i 和 j。按二维数组的存储结构定义指针之后，访问该数组各个元素的主要等价形式如表 6-5 所示。

表 6-5 按存储结构访问二维数组元素地址及数据的各种等价形式

对象	数组元素 a[0][0]		数组元素 a[i][j]	
访问方式	数组名	指针	数组名	指针
地址访问形式	$a[0]$ $\&a[0][0]$	p $\&p[0]$	$\&a[0][0]+i*N+j$ $a[0]+i*N+j$	$p+i*N+j$ $\&p[i*N+j]$
数据访问形式	$a[0][0]$ $(*a)[0]$	$p[0]$ $*p$	$*(\&a[0][0]+i*N+j)$ $*(a[0]+i*N+j)$	$*(p+i*N+j)$ $p[i*N+j]$

由于按二维数组的存储结构定义的指针需要计算各元素在存储空间中的位置，因而

使用较少。

【例 6-8】 定义一个 int 型二维数组 $a[M][N]$，按存储结构定义数组指针 p，利用指针按行的顺序输入数据，并按矩阵形式输出数组 a 的值。

将二维数组 $a[M][N]$ 按存储结构转化为一维数组来处理，则该数组的第一个元素地址为 $a[0]$，最后一个元素的地址为 $a[0]+M*N-1$，通过顺序移动指针就可以按行序输入和输出 $M*N$ 个元素。程序如下：

```
#include<stdio.h>
#define M 5
#define N 4
void main()
{  int a[M][N], * p=a[0],i,j;
   printf(" 向二维数组赋值:\n");
   for(;p<a[0]+M * N;p++)            //用指针向二维数组赋值
     scanf("%d",p);
   p=a[0];                           //指针返回数组首地址
   printf("\n 输出二维数组值:\n");
   for(i=0;i<M;i++)                  //用双重循环输出二维数组值
    { for(j=0;j<N;j++)
        printf(" %5d",p[i * N+j]);
      printf("\n");
    }
}
```

程序运行情况如下：

```
向二维数组赋值:
1  2  3  4  5
6  7  8  9 10
11 12 13 14 15
16 17 18 19 20

输出二维数组值:
    1    2    3    4
    5    6    7    8
    9   10   11   12
   13   14   15   16
   17   18   19   20
```

2. 行指针

按二维数组的存储结构定义指针，即增加了额外的计算量，也缺乏直观性。因此，C 语言提供了两种按二维数组逻辑结构定义指针的方法：行指针和指针数组。下面先介绍行指针。

行指针依据的是二维数组的递归定义：二维数组 $a[M][N]$ 可以看成含 M 个元素的一维数组 $a[M]$，而 $a[M]$ 的每个元素 $a[i]$ 又都是含 N 个元素的一维数组。数组 $a[M]$ 的每个元素代表二维数组的一行，故称之为行向量。定义一个指向行向量的指针，称之为行指针。

(1) 行指针的定义。行指针的定义格式如下:

```
[存储类型]  数据类型  (* 指针)[N]
```

其中,指针名连同其前面的“*”一定要用括号括起来,“[]”中的 N 是一个整数,表示二维数组的列数。例如,一个指向含有 5 列元素的二维数组的行指针可定义如下:

```
int a[4][5],(*p)[5]=a;
```

定义中,同时出现了 * 和[],由于[]的优先级高于 *,用括号将 *p 括起来,让 p 先与 * 结合,说明 p 是一个指针,然后再与[5]结合,表示 p 指向每行含有 5 个元素的二维数组的行。

(2) 将行指针指向二维数组。行指针 p 形式上像一个数组,实际上是一个指向二维数组某一行的指针,与普通的指针变量一样只需要 4B 的存储空间。不同的是,行指针所指向的一维数组的每一个元素都是含 N 个元素的一维数组,因此行指针是以行为单位移动的,也就是说行指针加 1 将移动到下一行。

正由于行指针 p 是指向一维数组 $a[M]$ 的,为了使行指针 p 指向 $a[M]$ 的首地址,应该用 a 或 &$a[0]$ 来对行指针初始化或赋值。

(3) 用行指针访问二维数组。用行指针 p 来访问二维数组 a 时,先要将行指针移到指定行上,然后再访问指定列。其中,$p+i$ 表示指针指向 a 的第 i 行,而 $p[i]+j$ 则表示指针访问第 i 行的第 j 列,如图 6-4 所示。

	↓ $p[i]+0$	↓ $p[i]+1$	↓ $p[i]+2$	↓ $p[i]+3$
$p+0$ →	$a[0][0]$	$a[0][1]$	$a[0][2]$	$a[0][3]$
$p+1$ →	$a[1][0]$	$a[1][1]$	$a[1][2]$	$a[1][3]$
$p+2$ →	$a[2][0]$	$a[2][1]$	$a[2][2]$	$a[2][3]$

图 6-4　行指针移动示意图

在定义了行指针以后,访问二维数组各元素的主要等价形式如表 6-6 所示。

表 6-6　用行指针访问二维数组元素地址及数据的各种等价形式

对象	数组元素 $a[0][0]$		数组元素 $a[i][j]$	
访问方式	数组名	指针	数组名	指针
地址访问形式	a &$a[0][0]$ $a[0]$ &$a[0]$	p &$p[0][0]$ $p[0]$ &$p[0]$	&$a[i][j]$ $a[i]+j$ $*(a+i)+j$	&$p[i][j]$ $p[i]+j$ $*(p+i)+j$
数据访问形式	$a[0][0]$ $*(a[0])$ $**a$ $(*a)[0]$	$p[0][0]$ $*(p[0])$ $**p$ $(*p)[0]$	$a[i][j]$ $*(a[i]+j)$ $*(*(a+i)+j)$ $(*(a+i))[j]$	$p[i][j]$ $*(p[i]+j)$ $*(*(p+i)+j)$ $(*(p+i))[j]$

【**例 6-9**】 用行指针求二维数组 $a[M][N]$各行的平均值，并将各行平均值依次存放在数组 $b[M]$中。二维数组各元素的值为 0～100 的随机整数。

程序如下：

```
#include<stdio.h>
#include<stdlib.h>
#include<time.h>
#define M 5
#define N 4
void main()
{ int a[M][N],(*pa)[N]=&a[0],i,j;          //pa 是行指针变量
  float b[M],*pb=b,s;                      //pb 是指针变量
  srand((unsigned)time(NULL));             //产生时间序列的随机数种子
  printf("二维数组原始值:\n");
  for(i=0;i<M;i++)
  { for(j=0;j<N;j++)
    { pa[i][j]=rand()*100/32767;           //生成 0～100 的随机整数
        printf("%3d ",pa[i][j]);
        }
       printf("\n");
      }
    for(i=0;i<M;i++)                       //计算各行平均值
      { s=(float)pa[i][0];
       for(j=1;j<N;j++)
         s+=pa[i][j];
         pb[i]=s/N;
      }
    printf("二维数组各行平均值:\n");
    for(i=0;i<M;i++)                       //输出各行平均值
      printf("a[%d]=%.2f  ",i,pb[i]);
     printf("\n");
}
```

程序运行结果如下：

```
二维数组原始值:
 14   8  42  70
 12  12  68  77
 52  79   6  42
 18  93  44  40
 33  96  79  66
二维数组各行平均值:
a[0]=33.50  a[1]=42.25  a[2]=44.75  a[3]=48.75  a[4]=68.50
```

(4) 行指针的特点。假设定义了二维数组 $a[M][N]$及行指针 $(*p)[N]$，行指针具有如下特点。

① 行指针依据的是二维数组的递归定义，二维数组是由行向量 $a[M]$组成的，而 $a[M]$的首地址是 a 或 $\&a[0]$，为了使行指针指向二维数组，应该使用 $a[M]$的首地址来对行指针初始化或赋值，而 $*a$ 或 $a[0]$是 $a[M]$的第一个元素，不能用作行指针的初始化。

② 行指针每加 1,相当于跳过一个行向量,即指向二维数组的下一行。

③ 行指针 $p[i]$或 $*(p+i)$指向二维数组 a 的第 i 行,因此 $p[i]+j$ 和 $*(p+i)+j$ 分别与 $a[i]+j$ 和 $*(a+i)+j$ 等价,都表示第 i 行第 j 列的地址。也就是说,指向某一行的行指针再加 1,就将行指针移向本行的下一列。

④ 行指针存放的是一维数组 $a[M]$的首地址,而 $a[M]$的每个元素 $a[i]$又是第 i 个行向量的首地址,因此,行指针本质上是一个二级指针(二级指针的概念见 6.6 节)。因此用行指针访问二维数组的元素,必须经过两次访问地址运算,第一次访问地址运算得到行向量的首地址,第二次访问地址运算才能得到二维数组元素的值。

3. 指针数组

由于行指针只能通过移动来指向二维数组的某一行,可以设想使用若干个指针组成一个数组,每个指针分别指向二维数组的某一行,这就避免了指针的移动。如果一个数组的每个元素都是指针,这样的数组称为指针数组。

(1) 指针数组的定义。

指针数组的定义格式如下:

```
[存储类型] 数据类型  *指针[M]
```

从定义形式上,指针数组和行指针有两点不同:①指针名连同其前面的 * 不能用括号括住,这时,根据运算符[]优先于 *,指针先与[M]结合,表示它是数组,然后再与 * 结合,表示它是指针数组;②“[]”中的整数 M 表示二维数组的行数。例如:

```
int a[4][5], *p[4]={a[0],a[1],a[2],a[3]};
```

和行指针不同,指针数组要占用一片连续的存储单元,其每一个元素都需要 4B 存储空间,数组名就是这片存储单元的首地址,也是一个常量。

(2) 使指针数组指向二维数组。指针数组依据的是二维数组的逻辑结构,其每个元素分别指向二维数组的一行,因此要使指针数组 p 指向二维数组 a,要用数组各行的首地址,如{$a[0]$,$a[1]$,$a[2]$,…}、{ $*a$, $*(a+1)$, $*(a+2)$,…}或{ $\&a[0][0]$,$\&a[1][0]$,$\&a[2][0]$,…}来对指针数组各元素初始化或赋值。

(3) 用指针数组访问二维数组。指针数组的每个元素 $p[i]$存放的是二维数组第 i 行的首地址 $a[i]$,因此,$p[i]+j$ 与 $a[i]+j$ 代表的都是 $a[i][j]$的地址,二者是等价的。于是,如果要访问数组元素 $a[i][j]$,只要将 $p[i]$在本行中移动到 j 列就可以了。与用行指针访问二维数组的表示形式比较后可以发现,虽然指针数组和行指针存在诸多不同,但是在定义了指针数组以后,访问二维数组各个元素的等价形式与行指针情况完全相同,如表 6-6 所示。

【例 6-10】 用指针数组求二维数组 $a[M][N]$各行的最大值,并将各行最大值依次存放在数组 $b[M]$中。二维数组各元素的值为 50～100 的随机整数。程序如下:

```
#include<stdio.h>
#include<stdlib.h>
```

```
#include<time.h>
#define M 5
#define N 4
void main()
{   int a[M][N], * pa[M]={a[0],a[1],a[2],a[3],a[4]},i,j;
    int b[M], * pb=b,s;
    srand((unsigned)time(NULL));          //产生时间序列的随机数种子
    printf(" 二维数组原始值: \n");
    for(i=0;i<M;i++)
{   for(j=0;j<N;j++)
      { pa[i][j]=rand() * 50/32767+50;     //生成 50～100 的随机整数
        printf("%3d ",pa[i][j]);
      }
    printf("\n");
}
    for(i=0;i<M;i++)                       //寻找各行最大值
{ s=pa[i][0];
  for(j=0;j<N;j++)
        if(s<pa[i][j]) s=pa[i][j];
        pb[i]=s;
      }
     printf("\n 二维数组各行最大值: \n");
    for(i=0;i<M;i++)                       //输出各行最大值
      printf("a[%d]:%3d  ",i,pb[i]);
    printf("\n");
}
```

程序运行情况如下：

```
二维数组原始值:
64  52  91  52
96  82  61  70
58  55  76  68
74  55  55  78
70  58  84  60

二维数组各行最大值:
a[0]: 91   a[1]: 96   a[2]: 76   a[3]: 78   a[4]: 84
Press any key to continue
```

(4) 指针数组的特点。

① 指针数组 $*p[M]$依据的是二维数组 $a[M][N]$的逻辑结构，其各个元素 $p[i]$分别指向二维数组的对应行。为了使指针数组指向二维数组，应该使用 a 数组第 i 行的首地址 $a[i]$或 $*(a+i)$或 $\&a[i][0]$来对指针数组元素 $p[i]$初始化或赋值。

② 指针数组的每一个元素 $p[i]$存放的是二维数组各行的首地址 $a[i]$，而 $a[i]$又是 a 数组第 i 行的首地址，因此指针数组本质上也是一个二级指针。

③ 虽然指针数组和行指针在定义依据、定义格式、初始化方式、存储方式都不一样，

但访问数组元素的地址和数据的形式则是完全相同的，掌握其中一个，就可以套用到另一个。例如，无论 p 是行指针还是指针数组，$p+i$、$p[i]$或 $*(p+i)$都表示指向数组的第 i 行。$p[i][j]$、$*(*(p+i)+j)$、$*(p[i]+j)$均可以访问数组元素 $a[i][j]$。

在程序设计实践中，行指针更多地用于二维数值型数组，指针数组则更多地用于二维字符型数组(字符串)操作。下一节还要继续介绍用指针数组处理多个字符串的方法。

6.5 指针与字符串

C 语言有两种字符串：一种是存放在字符型数组中的字符串，另一种是字符串常数。

存放在字符型数组中的字符串，它的首地址是数组名，程序可以通过数组名来访问或处理它。因此，数组名也就是该字符串的名字，这种字符串也称为有名字符串。

字符串常数被保存在内存的常数存储区中，因为它是常数，不能用“&”运算来获得它的地址。因此，它没有名字，不能通过名字来引用它，故称为无名字符串。

1. 有名字符串的处理

对有名字符串，既可以用数组名，也可以用指向该数组的指针来访问或处理它。

【例 6-11】 编写程序，将字符串 scr 复制到字符串 des 中(不使用 strcpy()函数)。

为了实现该功能，需要定义两个字符型数组 scr[]和 des[]，scr 作为源字符串，des 作为目的字符串。将数组 scr 中的各个字符依次读出，并顺次存入数组 des 中，直到数组 scr 中“\0”字符为止。

为了体现对比效果，我们分别通过数组名引用和指针引用两种方式来编写该程序。

① 用数组名引用时，只要不断改变数组 scr 和 des 的下标，顺序地从数组 scr 中读出各个字符，每读出一个字符 scr[i]，就通过 des[i]=scr[i]把它存放到 des 数组的对应元素中，当遇到 scr 数组中的“\0”字符时，scr 中的所有字符已被复制到 des 中。程序如下：

```
#include<stdio.h>
void main()
{   char des[80],scr[]="The campus is very beautiful.";
    int i=0;
    while(des[i]=scr[i])
      i++;
    printf("    %s\n",des);
    printf("    %s\n",scr);
}
```

程序中用赋值表达式“des[i]=scr[i]”作为 while 循环的条件，当尚未遇到 scr 字符串末尾的“\0”字符时，执行复制功能，当复制到 scr 字符串末尾的“\0”字符时，控制复制过程结束。

② 用字符型指针引用时，定义两个指针 ps 和 pd 使之分别指向数组 scr 和 des，然后通过对指针的加 1 运算，即用 *pd++=*ps++同时完成移动指针、赋值和循环测试三

重功能。程序如下：

```
#include<stdio.h>
void main()
{  char des[80],scr[]="The campus is very beautiful.", * pd=des, * ps=scr;
   while( * pd++= * ps++)
   ;                      /* 注意此处的空语句不可省略 */
   printf("    %s\n",des);
   printf("    %s\n",scr);
}
```

两个程序的运行结果相同：

```
The campus is very beautiful.
The campus is very beautiful.
```

【例 6-12】 编写程序，计算从键盘输入的一个字符串的长度，并使用 strlen()函数检验。

将输入的字符串存放在数组 str 中，通过移动指针进行计数，就可以得到字符串的长度，将求得的长度与调用 strlen()的结果比较，看是否相等。程序如下：

```
#include<stdio.h>
void main()
{  int n,k;
   char str[80], * ps=str;
   gets(str);
   for(n=0; * ps++;n++)          //移动指针和计数
       ;
   k=strlen(str);
   if(n==k)
       printf("字符串长度是: %d,检验正确\n",n);
   else
       printf("字符串长度检验不正确\n",n);
   }
```

当指针 ps 指向 str[0]中的字符时，计数器 $n=0$；当 ps 指到 str 中的“\0”字符时，n 的值就是字符串的长度。程序运行结果如下：

```
The campus is very beautiful.
字符串长度是: 29, 检验正确
```

2. 无名字符串的处理

对无名字符串，只能用指向它的字符型指针来访问它。同时，由于无名字符串是字符型常数，具有只读属性，因此即使用指针也不能修改它。

【例 6-13】 从给定的字符串“The campus is beautiful.”中，取出子串“beautiful”。

通过赋值，使字符型指针 ps 指向字符串常数“The campus is beautiful.”，然后将指针移动到第 14 个字符的位置上，如果用“%c”控制输出，则输出 ps 所指的字符；如果用“%.9s”控制输出，则输出从第 14 个字符开始，输出紧随其后的 9 个字符的子串。程序如下：

```
#include<stdio.h>
void main()
{  char *ps;
   ps="The campus is beautiful";
   ps=ps+14;
   printf("%c  ",*ps);
   printf("%.9s\n",ps);
}
```

程序运行结果如下：

```
b  beautiful
```

用指针处理无名字符串应注意以下几个问题。

① 指向无名字符串的指针存放的只是该字符串的首地址，而不是字符串本身。例如：

```
char s[]="Visual C++", *ps="Visual C++";
printf("%d %d\n",sizeof(s),sizeof(ps));
```

的输出结果是 11 和 4。因为数组 s 存放的是符串“Visual C++”，需要 11B 内存空间(字符串末尾的“\0”需要占用的 1B)，而指针 ps 存放的是字符串的首地址，只需要 4B 的内存空间。

② 用赋值的方式使指针指向无名字符串时，由于每个无名字符串都占用各自的存储区，即使两个字符串完全相同，它们的地址也不一样。因此，当一个指针被多次赋值后，该指针将指向最新赋值的字符串，而原先存放的字符串就不能继续访问。例如：

```
char *ps;
ps="Visual C++";
ps="Microsoft";
```

指针 ps 起先指向“Visual C++”字符串，其后又指向“Microsoft”字符串，“Visual C++”并没有被“Microsoft”替换，而是“Visual C++”和“Microsoft”各自占用自己的存储单元，具有不同的起始地址。指针 ps 指向了“Microsoft”，就不再指向“Visual C++”，这时，若没有其他指针指向“Visual C++”，而“Visual C++”将不可访问。

③ 由于无名字符串的只读属性，不能企图用指针来修改或替换它所指向的无名字符串。例如，定义

```
char *ps="Visual C++";      //使 ps 指向无名字符串
```

后，若用

```
gets(ps);                   //将键盘输入的字符串保存到 ps 所指向的地址中
```

或

```
strcpy(ps,"Hello!");          //将字符串常数复制到ps所指向的地址中
```

或

```
ps[2]='X';                    //修改ps所指向的无名字符串中的字符
```

等方式来替换或修改原有的无名字符串"Visual C++",虽然能正常通过编译和连接,但到了运行时就会发现不能正常运行,其错误具有相当的隐蔽性。

3. 用字符型指针数组处理多个字符串

字符型指针数组既可以和二维字符型数组联合使用来处理多个有名字符串,也可以单独使用来处理多个无名字符串。

例如,定义

```
char s[5][80], *ps[5]={s[0],s[1],s[2],s[3],s[4]};
```

或

```
char *ps[]={"China","America","France","Japan","England"};
```

都可以用来处理5个字符串。前一种情况可以处理存放在数组s中的有名字符串,后一种情况用来处理无名字符串。

注意:若用字符型指针数组处理有名字符串,这些字符串占用的是连续的存储空间,无论指针的指向如何改变,总可以通过修改指针的指向重新访问任何一个字符串。但是,当用字符型指针数组处理无名字符串时,各个无名字符串所占存储单元之间可能并不连续,各字符串之间的联系只能依赖于指针,一旦某个指针中的地址被重新赋值,则它所指向的字符串就不能访问,除非该字符串还有其他指针指向它。

【例6-14】 用选择排序算法对给定的5个字符串按从小到大的顺序排序。

定义一个能存放5个字符串的二维字符型数组cty[5][80],再定义一个指向cty的字符型指针数组ps[5],使其每个元素指向一个字符串,并从键盘输入这些字符串存入字符型数组。在选择排序中,通过指针将每个字符串作为一个整体进行比较,在需要交换时,只交换指针数组元素的指向,并不交换数组中的字符。排序完成后,按指针数组元素的顺序输出各个字符串。程序如下:

```
#include<stdio.h>
#include<string.h>
void main()
{ char cty[5][80], *ps[5], *temp;
   int i,j,k;
   for(i=0;i<5;i++)                          //使指针数组各元素指向各个字符串
     ps[i]=cty[i];
   for(i=0;i<5;i++)                          //输入字符串
     gets(cty[i]);
```

```
    for(i=0;i<4;i++)                        //选择法排序
      { k=i;
        for(j=i+1;j<5;j++)
          if(strcmp(ps[k],ps[j])>0)
             k=j;
        temp=ps[k]; ps[k]=ps[i]; ps[i]=temp;  //指针交换,字符串交换物理位置不变
      }
    printf("升序排序结果: \n");
    for(i=0;i<5;i++)
      printf("%s\n",ps[i]);
}
```

程序运行情况如下：

```
China
America
France
Japan
England
升序排序结果:
America
China
England
France
Japan
```

6.6 二级指针和多级指针

1. 一级指针、二级指针和多级指针的概念

前面介绍的指针是一级指针。一级指针是直接指向数据对象的指针，即其中存放的是数据对象如变量或数组元素的地址。二级指针是指向指针的指针，它并不直接指向数据对象而是指向一级指针，也就是说，二级指针中存放的是一级指针的地址。类似地，三级指针是指向指针的指针的指针，即三级指针存放的是二级指针的地址，以此类推。举个例子，如果已经知道张三的家庭住址，就可以直接找到张三，这是变量名(因为变量名被映射成内存地址)访问；如果不知道张三的家庭住址，可以通过派出所找到张三的家庭住址，再根据家庭住址找到张三。由于派出所存放了张三的家庭住址，是一个指针，通过这个指针也可以找到张三；如果既不知道张三的家庭住址，也不知道派出所的地址，那么可以通过公安局找到派出所的地址，再由派出所找到张三的家庭住址，最后找到张三。这里，派出所是一级指针，它存放了张三的家庭住址，公安局是二级指针，它存放了派出所的地址。如图 6-5 所示。

2. 二级指针和三级指针的定义和使用

(1) 二级指针和三级指针的定义。

二级指针和三级指针的定义格式如下：

(a) 一级指针

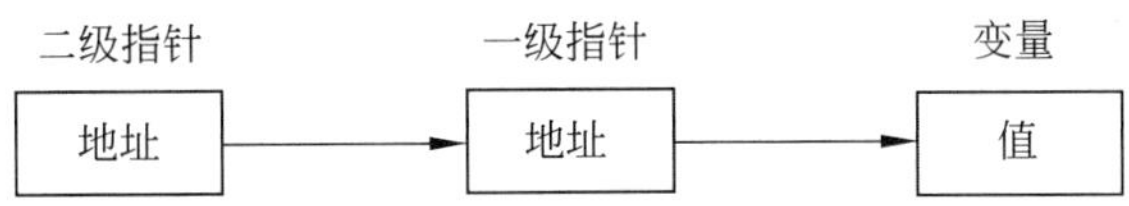

(b) 二级指针

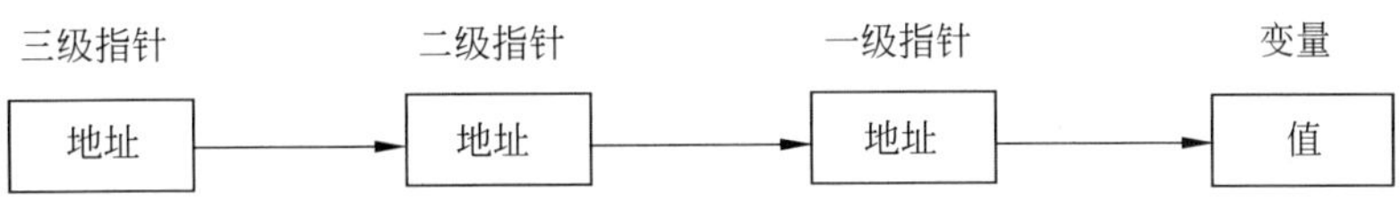

(c) 三级指针

图 6-5　一级指针、二级指针和三级指针示意图

```
[存储类型]　数据类型　**指针名,*** 指针名
```

其中,指针名前面有两个 * ,表示是一个二级指针,指针名前有三个 * ,表示是一个三级指针。例如,有以下定义:

```
int a, * p1,**p2,** * p3;
p1=&a; p2=&p1; p3=&p2;
```

指针 p1 存放变量 a 的地址,即指向了变量 a;指针 p2 存放一级指针 p1 的地址,即指向了 p1;指针 p3 存放二级指针 p2 的地址,即指向了 p2。因此,p1 是一级指针,p2 是二级指针,p3 是三级指针。

(2) 二级指针和三级指针的使用。当一级指针 p1 指向变量 a,二级指针 p2 指向一级指针 p1,三级指针 p3 指向二级指针 p2,那么访问变量 a 的值就有 4 种方法:变量名访问、一级指针访问、二级指针访问和三级指针访问。程序如下:

```
#include<stdio.h>
void main()
{  int a=100, * p1,**p2,** * p3;
   p1=&a; p2=&p1; p3=&p2;
   printf("%d %d %d %d\n",a, * p1,**p2,** * p3);
}
```

一般情况下,二级指针必须与一级指针联合使用才有意义,不能将二级指针直接指向数据对象。类似地,三级指针也必须与一级和二级指针联用才有意义。

平常在处理简单问题的时候,没有必要使用二级或三级指针。但是在实际应用中,要求在函数之间传递指针数据时经常会遇到这类问题。用得比较多的情况是二级指针与指针数组联用以解决多个字符串的处理及其在函数间的传递问题。

【例 6-15】 利用二级指针编写程序,将键盘输入的 5 个字符串中第一个字母改为大写。

将此字符串保存在字符型二维数组 s 中，并定义指向该数组的指针数组 p[5]和二级指针 pp，则 pp[i][0]代表第 i 个字符串的第一个字符，若该字符是小写字母，则将其修改为大写；若为其他字符，则不作改变。程序如下：

```
#include<stdio.h>
#include<math.h>
void main()
{ char s[5][80], * p[5],**pp=p;
  int i;
   for(i=0;i<5;i++)
   { printf("输入字符串: ");
     p[i]=s[i];                                    //使指针数组指向字符串
       gets(p[i]);
     }
   for(i=0;i<5;i++)
     if(pp[i][0]>='a'&&
         pp[i][0]<='z') pp[i][0]-=32;              //首字母若小写则改为大写
   printf("处理后的字符串: \n");
   for(i=0;i<5;i++)                                //使用二级指针输出字符串
     printf("%s\n",pp[i]);
}
```

运行程序，输入及输出结果如下：

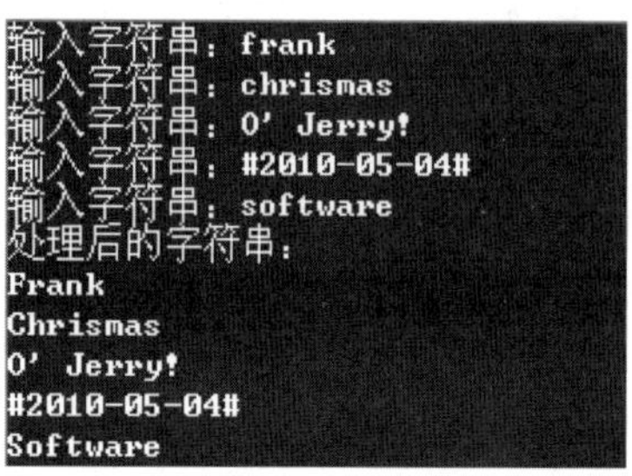

习题 6

一、选择题

1. 设有以下语句，则(　　)不是对 a 数组元素的正确引用，其中 0≤i<10。

```
int a[10]={0,1,2,3,4,5,6,7,8,9}, * p=a;
```

A. a[p−a]　　B. *(&a[i])　　C. p[i]　　D. *(*(a+i))

2. 有如下程序段，执行后，a 的值是(　　)。

```
int * p,a,b=1;
```

```
p=&a; *p=10; a=*p+b;
```

A. 12　　B. 11　　C. 10　　D. 编译出错

3. 若有说明：int i,j=2,*p=&i;,则能完成 i=j 赋值功能的语句是(　　)。

A. i=*p;　　B. *p=*&j;　　C. i=&j;　　D. i=**p;

4. 以下定义和语句,值为 3 的表达式是(　　)。

```
int a[]={1,2,3,4,5,6,7,8,9,10}, *p=a;
```

A. p+=2, *(p++);　　B. p+=2, *++p;

C. p+=3, *p++;　　D. p+=2, ++*p;

5. 下列程序输出数组中的最大值,由 s 指针指向该元素,则 if 语句中的判断表达式应该是(　　)。

```
#include<stdio.h>
void main()
{  int a[10]={6,7,2,9,1,10,5,8,4,3}, *p, *s;
   for(p=a,s=a;p-a<10;p++)
   if(__________) s=p;
   printf("The max:%d", *s);
}
```

A. p>s　　B. *p>*s　　C. a[p]>a[s]　　D. p-a>p-s

6. 执行以下程序段后,m 的值为(　　)。

```
int a[2][3]={{1,2,3},{4,5,6}};
int m, *p;
p=&a[0][0];
m=(*p)*(*(p+2))*(*(p+4));
```

A. 15　　B. 8　　C. 10　　D. 12

7. 设有以下定义,则下列能够正确表示数组元素 a[1][2]的表达式是(　　)。

```
int a[4][3]={1,2,3,4,5,6,7,8,9,10,11,12};
int (*prt)[3]=a, *p=a[0];
```

A. *((*prt+1)[2])　　B. *(*(p+5))

C. (*prt+1)+2　　D. *(*(a+1)+2)

8. 以下定义和语句,对 w 数组元素的非法引用是(　　)。

```
int w[2][3],(*pw)[3]; pw=w;
```

A. *(pw[0]+2)　　B. *(pw+1)[2]　　C. pw[0][0]　　D. *(pw[1]+2)

9. 以下选项中,错误的赋值是(　　)。

A. char s1[10]; s1="Ctest";　　B. char s2[]={'C','t','e','s','t'};

C. char s3[20]= "Ctest";　　D. char *s[4]={"Ctest\n"};

10. 以下定义和语句的输出结果是(　　)。

```
int **pp, * p,a=10,b=20;
pp=&p; p=&a; p=&b;printf("%d,%d\n", * p,**pp);
```

A. 10,20　　B. 10,10　　C. 20,10　　D. 20,20

二、阅读程序题

1. 下面程序的运行结果是________。

```
#include<stdio.h>
void main()
{  int a,b,k=4,m=6, * p1=&k, * p2=&m;
   a=p1==&m;
   b=( * p1)/( * p2)+7;
   printf("a=%d,",a);
   printf("b=%d\n",b);
}
```

2. 以下程序的输出结果是________。

```
#include<stdio.h>
void main()
{  int a[]={30,25,20,15,10,5}, * p=a;
   p++;
   printf("%d\n", * (p+3));
}
```

3. 以下程序的输出结果是________。

```
#include<stdio.h>
void main()
{  int a[10]={19,23,44,17,37,28,49,36}, * p;
   p=a;
   printf("%d\n",(p+=3)[3]);
}
```

4. 下面程序的输出结果是________。

```
#include<stdio.h>
void main()
{  int a[]={2,4,6}, * p=&a[0],x=8,i,b;
   for(i=0;i<3;i++)
       b=( * (p+i)<x)? * (p+i):x;
   printf("%d\n",b);
}
```

5. 下列程序的运行结果是________。

```
#include<stdio.h>
```

```
void main()
{  int aa[3][3]={10,15,20,30,40,50,60,70,80};
   int i, * p=&aa[0][0];
   for(i=0;i<2;i++)
      if(i==0)
         aa[i][i+1]= * p+1;
      else
        ++p;
   printf("%d\n", * p);
}
```

6. 下列程序的运行结果是________。

```
#include<stdio.h>
void main()
{  int a[3][4]={1,3,5,7,9,11,13,15,17,19,21,23};
   int (* p)[4]=a,i,j,k=0;
   for(i=0;i<3;i++)
     for(j=0;j<2;j++)
       k=k+ * (* (p+i)+j);
   printf("%d\n",k);
}
```

7. 下面程序的输出结果是________。

```
#include<stdio.h>
void main()
{  char * s="121";
   int k=0,a=0,b=0;
   do
     { k++;
       if(k%2==0) { a=a+s[k]-'0'; continue; }
       b=b+s[k]-'0'; a=a+s[k]-'0';
     } while(s[k+1]);
   printf("k=%d a=%d b=%d\n",k,a,b);
}
```

8. 以下程序运行后的输出结果是________。

```
#include<stdio.h>
void main()
{  char s[]="TJCU", * p;
   for(p=s;p<s+2;p++)
     printf("%s\n",p);
}
```

9. 下列程序中字符串中各单词之间有一个空格，则程序的输出结果是________。

```
#include<string.h>
#include<stdio.h>
void main()
{  char str1[]="How do you do", * p1=str1;
   strcpy(str1+strlen(str1)/2,"es she");
   printf("%s\n",p1);
}
```

10. 下列程序的输出结果是________。

```
#include<stdio.h>
void main()
{  int a[5]={2,4,6,8,10}, * p,**k;
   p=a;
   k=&p;
   printf("%d ", * (p++));
   printf("%d\n",**k);
}
```

三、编程题

1. 编写程序,用指针操作将一个一维数组中的 n 个整数作如下处理:顺序将前面各数后移 m 个位置,使最后面的 m 个数变成最前面的 m 个数。例如,有 5 个数:1,3,5,7,9,顺序后移两个位置后变成 7,9,1,3,5。

2. 编写程序,用指针操作将一个矩阵转置,即二维数组 a 的转置矩阵 b 满足下列条件:b 的行就是 a 的列。

3. 编写程序,用指针操作将从键盘输入的一段英文句子(不超过 80 个字符)中的所有空格删除。

4. 编写程序,用指针操作将一个字符串反序存放。

第7章 函数

一个 C 程序可以由若干 C 函数构成，C 函数是组成 C 程序的基本单位。从用户的角度看，C 函数可分为标准库函数和用户定义函数两类。标准库函数是编译系统定义的，分别存放在不同的标题文件中，用户只要用＃include 包含其所在的标题文件后，即可直接调用它们；用户定义函数则是用户为解决自己的特定问题自行编制的。C 语言程序的优劣集中体现在函数上。如果函数使用恰当，可以使程序更有条理。对于规模较大的程序（例如 100 行以上），应该借助函数来降低编程难度和提高程序的可读性。本章从模块化程序设计的角度介绍如何编制所需要的 C 函数，包括函数的定义、调用以及函数之间的数据传递、变量的存储类型对函数调用的影响，最后介绍 main()函数的参数。

7.1 模块化程序设计

模块化程序设计的思想是采用自顶向下（或自底向上）、逐步求精的方法，将一个复杂的问题分解成若干相对独立的子问题，每个子问题对应一个功能独立的程序模块，将这些模块有机地连接在一起，构成一个完整的程序。

1. 模块化程序设计的特点

模块化程序设计方法有很多特点，大体上归纳为如下几点。

(1) 由于模块相对独立并且功能单一，因此每个模块可以独立编写和调试。模块化的特点是，一方面使复杂的程序设计工作得以简化，有效地控制了程序设计的复杂度；另一方面可使一个模块中的错误不易扩散到其他模块中，提高了整个软件的可靠性。

(2) 采用模块化结构的大型软件，可以根据需要划分为多个模块，由更多的人员共同开发，从而大幅度地缩短开发周期，加快软件的开发速度。

(3) 软件的模块化，可以使开发人员如同搭积木一样，把每个功能模块进行相应的组合，实现一个完整的应用软件。这样做就意味着，一个人做出的程序模块，可以被其他人使用；一次开发出的程序模块，可以在不同的应用程序中多次使用，提高模块的重用性，从而避免了程序开发过程中的重复劳动，提高了软件开发的效率。

（4）由于对模块化软件的测试、修正或更新，都以模块为基本单位，因此在对一个模块进行修正或更新时不会影响其他模块。在软件中扩充新模块时，也不会涉及整个应用软件的大范围修改，即模块化软件具有良好的可维护性和可用性。

可维护性、可靠性、可理解性、可重用性和开发效率是衡量一个软件质量的主要评价指标。因此，模块化结构为保证和提高应用软件的质量提供了一种重要途径和方法。

2. C 语言程序的模块结构

在 C 语言中，一个程序模块可以通过一个或几个 C 函数来描述，因此使用 C 函数可以实现模块化程序设计。

（1）一个复杂的程序往往包含一个主模块和若干子功能模块。在 C 语言中，通常用 main()函数作为主模块来描述程序的总体框架，其他函数作为子模块来完成特定的子功能。

（2）C 函数是一种独立性很强的程序模块，所有的函数都处于平等地位，不存在从属关系，即在程序运行时，任何函数既可以调用其他函数，又可以被其他函数调用，甚至还可以自我调用。

（3）一个 C 程序的各个函数可以集中存放在一个程序文件中，也可以分散存放在几个程序文件中。

（4）函数之间的逻辑联系是通过函数调用实现的。一个 C 程序执行时，总是起始于 main()函数，由 main()函数调用其他函数，而其他函数又可以相互调用，最后终止于 main()函数。例如，如图 7-1 所示，main()函数调用 fun1()和 fun2()，fun1()调用 fun11()，fun2()调用 fun21()和 fun22()，当 main()函数执行结束时，整个程序运行终止。

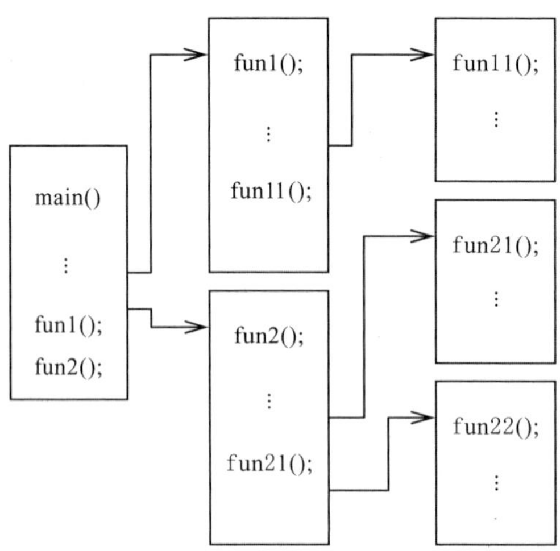

图 7-1　函数调用示意图

7.2 C函数的定义和调用

1. C函数的定义

C函数的定义格式如下：

```
[存储类型][数据类型] 函数名(形式参数表)
{
函数体;
}
```

例如：

```
float func(int x,float y)
{
…
}
```

定义函数应注意以下几点。

(1) 函数名。函数名是编译系统识别函数的依据，除了 main()函数有固定名称外，其他函数由用户按标识符的规则自行命名。函数名与其后的"("之间不能留空格，C编译系统依据一个标识符后有没有"("来判定它是不是函数。和数组名一样，函数名也是一个常数，代表该段程序代码在内存中的首地址，即函数入口地址。

(2) 形式参数。函数的形式参数简称形参，用来建立函数之间的数据联系，它们被放在函数名后面的"()"中。当一个函数被调用时，形参接收来自调用函数的实参(也称实在参数)值，实现函数与函数之间的数据通信，称为参数传递。采用参数传递的好处是当多人合作编程时，每个人可不受约束地为自己所编程序中的变量命名。当某些变量需要与调用函数发生数据传递时，就把它们作为形式参数使用。形式参数可以是变量、数组、指针，也可以是函数、结构体等。当形式参数有多个时，相互之间用逗号隔开。例如：

```
int func(int x, int y)
```

也有的函数在被调用时不需要与调用函数进行数据交换，也就不需要形式参数。这时，函数名后面的"()"中可以是空白或 void，这种函数称为无参函数。例如：

```
float sub(void)
```

或

```
float sub()
```

注意：*即使是无参函数，函数名后面的"()"也不能省略。*

(3) 函数的返回值。有的函数在运行结束时，需要将运算结果返回调用函数。这个返回调用函数的运算结果称为函数的返回值，也是函数间进行数据传递的一种方式。函数返回值由 return 语句完成。例如，下面的函数用来计算 x^n，并将计算结果返回调用程序：

```
#include<stdio.h>
float power(float x, int n)
{   int i;
    float s=1.0;
    for(i=0;i<n;i++)
    s=s * x;
    return s;                    //返回值
}
```

函数 power()被调用后，由 return 语句将变量 s 的值传递给调用函数，s 称为 power()函数的返回值。

返回值通常是一个表达式，放在 return 后面，可以加“()”，也可以不加“()”。例如，return 1、return (1)、return(x)、return(x>y?x: y)等。return 语句是函数的逻辑结尾，不一定是函数的最后一条语句，一个函数中也允许出现多个 return 语句，但每次只有一个 return 语句被执行。如果 return 中的表达式类型与函数类型不一致，则被自动转换成函数的类型后返回。

如果函数没有返回值，可以用不带表达式的 return 作为函数的逻辑结尾。这时，return 的作用是将控制权交给调用函数而不是返回一个值。也可以不用 return，因为 C 语言规定，当被调用函数执行到最后一个“}”时也能将控制权交给调用函数。

(4) 函数的数据类型。函数的数据类型指的是该函数的返回值应具有的类型，可以是基本数据类型和指针类型。例如，上面定义的 float power()函数中，计算结果 s 是 int 型的，但函数是 float 型的，则该函数的返回值 s 将被自动转换成 float 型后传递给调用函数。如果省略函数的数据类型，则默认为 int 型。

有些函数没有返回值，它仅完成某些操作(如输入、输出)而不向调用函数传递数据，这类函数称为无返回值函数，应将它们定义为无值类型，即在函数名前显式地加上关键字 void。例如：

```
void print(foat x,foat y)          //有参无返回值函数
void input(void)                   //无参无返回值函数
```

(5) 函数体。函数体是函数实现预定处理功能的语句集合，其形式与 main()函数完全相同。C 语言不允许在一个函数体内再定义另一个函数。

(6) 函数的存储类型。函数的存储类型用来表征该函数能否被其他程序文件中的函数调用。当一个程序文件中的函数允许被另一个程序文件中的函数调用时，可以将它定义成 extern 型，否则就要定义成 static 型。如果在函数定义时缺省存储类型，则默认为 extern。7.4 节将对函数的存储类型对函数调用的影响作进一步讨论。

2. 函数的调用

(1) 函数调用的形式。一个函数调用另一个函数时，可以用函数名调用，也可以用函数指针调用。无论是哪种调用形式，都是表达式调用，即被调用函数的函数名或函数指针

直接出现在调用函数的表达式中。下面以函数名调用为例，介绍函数调用的形式，函数指针调用将在下一节中讨论。

① 有返回值的函数可以通过表达式或表达式语句的形式被调用。

【例 7-1】 有返回值函数的表达式调用。程序如下：

```
#include<stdio.h>
int mul(int x, int y)
{ return x * y; }
void main()
{   int a,b,c;
    printf("Input 2 data:");
    scanf("%d%d",&a,&b);
    c=mul(a,b)+a * b;            //表达式调用
    printf("c=%d\n",c);
}
```

mul()函数是一个有返回值的函数，main()函数通过赋值语句 c=mul(a,b) +a * b 调用 mul()函数，函数名 mul 作为一个运算量出现在调用函数的赋值表达式中。程序运行时，采用两种方式传递数据，一种是 main()函数将实参 a 和 b 的值分别传递给 mul()函数的形参 x 和 y，使 x 得到 a 的值，y 得到 b 的值。mul()函数执行结束时，将 x * y 的值作为返回值回传到 main()中，成为变量 c 值的一部分。程序运行结果如下：

```
Input 2 data:3  5
c=30
```

② 无返回值的函数不能参加表达式的计算，只能以独立的表达式语句的方式被调用。

【例 7-2】 无返回值函数的独立表达式语句调用。程序如下：

```
#include<stdio.h>
void print()                    //用户定义函数
{ printf("2010\n");
  return;
}
void main()                     //主函数
{ printf("Visual C++");
  print();                      //表达式语句调用
}
```

函数 print()是无返回值函数，不能作为表达式的运算量出现在调用函数中。因此，main()函数直接将表达式 print()作为一条语句。程序运行时，语句“print();”被执行，显示“2010”。附带指出，print()也是一个无参函数，所以 main()不向 print()传递数据，但在调用时，函数名 print 后面的“()”是不能缺少的。程序运行结果如下：

```
Visual C++ 2010
```

（2）函数调用的过程。下面以组合计算公式为例，说明函数调用的过程。

$$C_m^n=\frac{m\,!}{n\,!(m-n)\,!}$$

【例 7-3】 按下列公式计算组合数。

对给定的 m 和 n，需要求出 3 个阶乘，才能求得组合数。因此，可以编写一个通用的阶乘函数 factor()，通过使用不同的参数，实现一个函数被多次重用的目的。程序如下：

```
#include<stdio.h>
void main()
{ int m,n,cmn,factor(int);                    //factor(int)为函数声明
  printf("Input m and n:");
  scanf("%d%d",&m,&n);
  if(m<n)
    cmn=m,m=n,n=cmn;                          //逗号表达式,若 m<n,交换 m 和 n
  cmn=factor(m);                              //调用 factor()函数,计算 m!
  cmn=cmn/factor(n);                          //调用 factor()函数,计算 m!/n!
  cmn=cmn/factor(m-n);                        //调用 factor()函数,计算 m!/n!/(m-n)!
  printf("The combinations:%ld\n",cmn);       //输出组合值
}
int factor(int x)                             //阶乘函数定义
{ int y;
  for(y=1;x>0;x--)
    y=y * x;
  return (y);
}
```

factor()函数的形参 x 用于接收不同的实参值，再由该值可计算出不同的阶乘值。当 main()第一次调用 factor()时，将 m 的值传给 factor()函数中的形参 x，然后执行 factor()的函数体，计算结果（m!值）由 return 返回 main()函数，存入 main()中定义的变量 cmn 中；第二次调用 factor()时，将 n 的值传给 factor()函数中的形参 x，factor()运行结束时，获得的计算结果是 $n\,!$，由 return 返回 main()并参加表达式 cmn/factor(n)的计算，结果为 m!/n!仍存放在变量 cmn 中；第三次调用时，将 m－n 的值传给 factor()函数中的形参 x，factor()的计算结果（m－n）!被返回 main()，并参加表达式 cmn/factor(m－n)的计算，结果为 m!/n!/(m－n)!保存在 cmn 中，最后将 cmn 输出。

由此可以看出，当一个函数调用另一个函数时，总是先暂停执行自己的后续指令，并进行现场保留（保存后续指令的地址、程序的中间结果等）、参数传递（如果有的话）等中断处理，然后才转去执行被调用函数；当被调用函数执行完成后，再由调用函数接收程序控制权，并传递返回值（如果有的话）、恢复保留的现场、回收被调用函数中使用的 auto 型变量所占用的存储空间等恢复中断的处理，然后继续执行先前被中断的后续指令。程序运行结果如下：

```
Input m and n:6 10
The combinations:210
```

(3) 函数的作用域和函数的声明。

① 函数的作用域。函数的作用域指的是该函数能被哪些位置上的函数调用，函数定义的位置决定函数的作用域。C语言规定的语法规则，函数的作用域是从定义的位置起，直到源文件的末尾。这就意味着定义位置在后的函数可以直接调用在它前面定义的函数，而定义位置靠前的函数不能直接调用其后定义的函数，必须对被调用函数进行函数声明后才能调用。例如，在例7-1和例7-2中，mul()和print()都定义在main()之前，main()可以直接调用它们；在例7-3中，factor()定义在main()之后，所以main()不能直接调用它，需要在main()中对factor()进行函数声明后才能调用。也就是说，函数声明可以扩展其作用域。

② 函数声明的形式。

函数声明的一般形式如下：

```
数据类型 函数名(形式参数表);
```

例如，下面的两种声明形式都可以使用：

```
int factor(int x);          //带完整的形参说明
int factor(int);            //只带形参的类型
```

其中，第一种形式int factor(int x)的参数名x完全是占位用的，它们可以任意指定名称，不一定要和实际定义的factor()中的形参名相同，也可以和程序中已经定义的任意标识符同名；第二种形式int factor(int)只给出了参数的类型而省略了参数名，既能提供编译系统进行参数类型检查的信息，又没有冗余，因而得到更多编程者的青睐。

③ 函数声明的位置。函数声明的位置决定了该函数的作用域被扩大到什么程度。

若在调用函数的函数体内声明，则该函数的作用域仅限于本调用函数体内声明位置之后的范围。例7-3中，在main()函数体内对factor()进行了声明，就只能在main()函数体内声明位置之后的地方进行函数调用，不能在声明位置之前调用，也不能由main()函数之前定义的函数调用。

若在函数体外声明，则被声明函数的作用域是从声明处开始直到整个源文件结束。因此，从声明位置开始往后的所有函数都可对该函数进行调用，而不必再加声明。

7.3 数据传递

当一个函数调用另一个函数时，函数之间传递数据的方式有3种：参数传递(也叫虚实结合)方式、函数返回值方式和全局变量方式。使用最灵活的是参数传递方式，使用最方便的是函数返回值方式，不提倡使用的是全局变量方式。

7.3.1 参数传递方式

参数传递方式是在形参和实参之间进行的数据传递。传递的数据可以是变量、数组、指针、结构、函数等；可以是单个数据，也可以是一组数据。

1. 参数传递的过程和特点

(1) 参数传递的过程。有参函数在未被调用时，其中的形参没有值，它的值要在程序运行时，由调用它的函数通过实参传递过来，称为参数传递。在 C 语言中，参数传递是一种值传递，即调用函数将实参的值复制到被调用函数对应的形参中。实参的值既可以是一般意义上的值（如整数、字符等），也可以是地址值（即指针）。因此当被调用函数执行时，函数中的形参就用复制来的值参加运算，如图 7-2 所示。

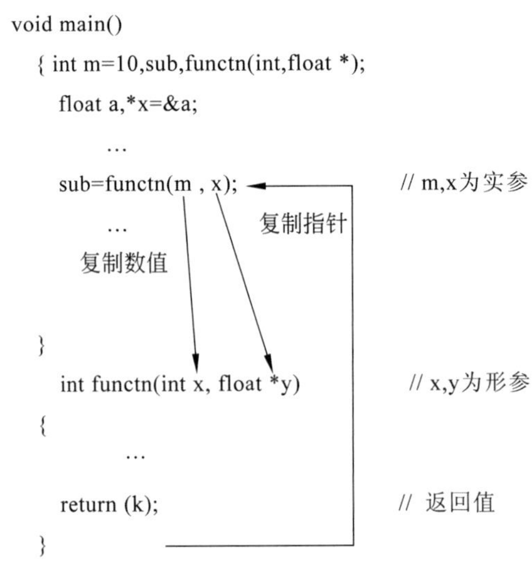

图 7-2　参数传递过程示意图

(2) 参数传递的特点。

① 形参是一种 auto 型的局部变量，它与实参各自占用自己的存储单元。在参数传递前，形参与实参并无联系。这时，形参的值是不确定的，不能引用。

② 当函数被调用时，参数传递才会发生。这时，实参的值被复制到对应的形参中，形参取得了初值，可以对形参进行操作或引用，但当形参所在的函数运行结束时，形参所占的存储单元将被释放，其值也不复存在。

③ 参数传递中，形参和实参不是靠名称相同来传递数据，而是在对应位置之间传递数据，这就要求形参和实参在数据类型、个数和顺序上一一对应，如果出现类型或数量上的冲突，在编译或运行时将会报错。

2. 变量的传递

当需要在调用函数与被调用函数间传递数据时，既可以传递变量的值，也可以传递变量的地址。

(1) 变量（含数组元素或表达式）值的传递。当形参是变量名时，对应的实参可以是变量、数组元素或表达式。

参数传递时，实参（变量、数组元素或表达式）的值将被复制到对应的形参中。形参获得实参的值后就终止与实参的联系。尽管形参的值在运行过程中可能发生改变,但不会对实参的值产生影响。函数调用结束后,形参所在的存储单元将被释放。

【例 7-4】 分析下面的程序,思考 main()能否通过调用函数 swap()来实现变量 x 和 y 的交换。

```
#include<stdio.h>
void swap(int a,int b)                //定义 swap()函数
{ int t;
  t=a,a=b,b=t;                        //逗号表达式,用于变量的交换
  printf("在 swap() 函数内: a=%d   b=%d\n",a,b);
}
void main()                           //主函数
{ int x,y;
  printf("输入整数 x,y: ");
  scanf("%d%d",&x,&y);
  printf("调用 swap()函数前: x=%d   y=%d\n",x,y);
  swap(x,y);                          //调用 swap()函数
  printf("调用 swap()函数后: x=%d   y=%d\n",x,y);
}
```

函数 swap()的功能是实现 a、b 值的交换。当 main()调用 swap()时,通过参数传递将实参 x、y 的值复制到 swap()的形参 a、b 中,使 a 和 b 分别得到了 x 和 y 的值。在 swap()执行时,a、b 的值发生了交换,因此在 swap()中 printf()输出的 a、b 值是交换后的值。但由于形参和实参各自占用自己的存储单元,形参值的改变不影响对应的实参。因此,main()中的 x 和 y 并没有发生交换,如图 7-3 所示。

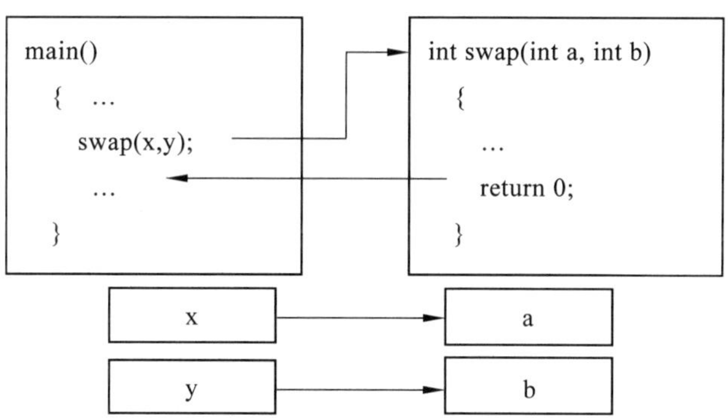

图 7-3　变量传递中的数据复制示意图

程序的运行结果如下:

```
输入整数x, y: 5 20
调用swap()函数前: x=5    y=20
在 swap() 函数内: a=20   b=5
调用swap()函数后: x=5    y=20
```

变量值传递的最大特点是数据单向传递,即只能将实参的值传递给形参,而形参的值

则不能回传给实参,是一种单向的数据传递,这种数据传递方式对数据隐藏特别有利。

(2) 变量地址的传递。当形参是指针时,对应的实参可以是变量的地址或指向变量的指针。

参数传递时,调用函数将变量的地址或指向变量的指针传递给对应的形参,作为形参的指针变量将复制实参的地址值。这时,如果实参是变量的地址,对应的形参也保存了同样的地址;如果实参是指向变量的指针,对应的形参就和实参同时指向同一变量。因此,实参和形参指向的是同一内存空间,此时对形参的任何操作实际上也是对实参操作。

【例 7-5】 分析下面的程序,思考 main()能否通过调用函数 swap()用来实现变量 x 和 y 的交换。

```
#include<stdio.h>
void swap(int * a,int * b)            //定义 swap()函数
{   int t;
    t= * a, * a= * b, * b=t;          //指针所指的存储单元的内容交换
    printf("在 swap() 函数内:a=%d, b=%d\n", * a, * b);
}
void main()                           //主函数
{   int x,y;
    printf("输入整数 x,y: ");
    scanf("%d%d",&x,&y);
    printf("调用 swap()函数前: x=%d, y=%d\n",x,y);
    swap(&x,&y);                      //调用 swap()函数
    printf("调用 swap()函数后: x=%d, y=%d\n",x,y);
}
```

当 main()调用 swap()时,实参 x 和 y 的地址被复制到形参 a 和 b(a 和 b 是指针变量)中,使指针 a 和 b 分别指向 x 和 y 的空间。由于 * a 和 x 等价, * b 和 y 等价,在 swap()中进行的 * a 和 * b 的交换也就是 main()中 x 和 y 的交换。所以,在调用 swap()后, swap()和 main()中输出的都是交换后的数据,如图 7-4 所示。

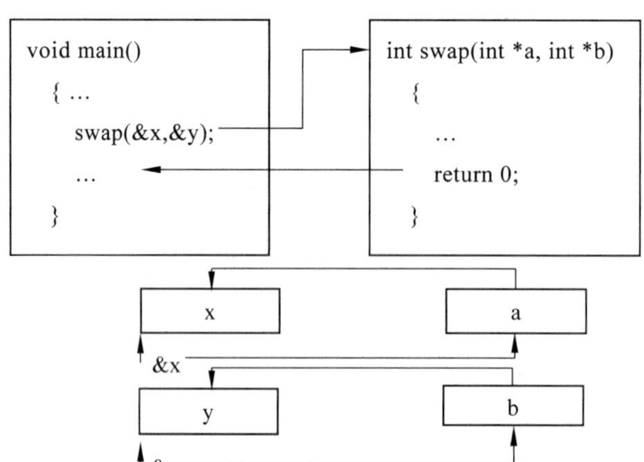

图 7-4 指针传递中的地址复制示意图

程序的运行结果如下：

```
输入整数x, y: 5  20
调用swap()函数前: x=5   y=20
在 swap() 函数内: a=20  b=5
调用swap()函数后: x=20  y=5
```

地址值传递的最大特点是形参和实参指向同一地址，形参的改变将使对应的实参作相同的改变。

【例 7-6】 利用参数传递代替函数返回值传递。

下面的两个程序都能求两个数的和。左边的程序采用函数返回值的方式传递两数之和，右边的程序采用参数传递方式传递两数之和。

```
#include <stdio.h>
float plus(float,float);
void main()
  { float a,b,c;
    printf("Input a and b:");
    scanf("%f%f",&a,&b);
    c=plus(a,b);
    printf("%.1f+%.1f=%.1f\n",a,b,c);
  }
float plus(float x,float y)
  {return x+y;}
```

```
#include <stdio.h>
void plus(float,float,float *);
void main()
  { float a,b,c;
    printf("Input a and b:");
    scanf("%f%f",&a,&b);
    plus(a,b,&c);
    printf("%.1f+%.1f=%.1f\n",a,b,c);
  }
void plus(float x,float y,float *z)
  {*z=x+y;}
```

右边的程序在 plus()中增加了一个形参 z，它是一个指针。在执行时，指针 z 复制 main()中变量 c 的地址，因此 plus()中的 *z 与 main()中的 c 是等价的，即 c 中存放的是 a+b 的值。这样，函数 plus()通过参数传递既从 main()中获得数据，也能将计算结果通过形参传递回 main()函数。程序运行结果如下：

```
Input a and b: 5.0   10.0
5.0+10.0=15.0
```

3. 一维数组的传递

调用函数可以将一维数组整体传递给被调用函数，这时实参可以是数组名或指向数组的指针，对应的形参也必须是数组名或指针。

一维数组的传递本质上是指针传递。因为无论实参是数组名还是指向数组的指针，代表的都是数组的首地址，当对应的形参是指针时，该指针将复制实参数组的首地址，从而指向实参数组；而当形参是数组名时，C 编译系统将该数组名自动转换成指针来复制实参数组的首地址。因此，作为形参的数组名和指针具有完全相同的传递机制，占用的存储空间也是相同的(包含 4B)。

【例 7-7】 编写函数 sort()，将主函数传递过来的一维数组的前 N 个元素按降序排列。

本例 main()函数中用数组名作实参，sort()函数用指针作形参。因为要求 sort()函数能按指定数量的数组元素排序，该函数应提供两个形参，指针 p 用来接收实参数组的首地址，变量 n 用来接收要排序的元素个数。程序如下：

```
#include<stdio.h>
void sort(int *p,int n)            //采用冒泡排序编写函数，指针 p 作形参
{   int i,j,t;
    for(i=0;i<n-1;i++)
      for(j=i+1;j<n;j++)
        if(p[i]<p[j])
          { t=p[i],p[i]=p[j],p[j]=t;}
}
void main()                        //主函数
{   int a[10]={2,8,7,5,9,12,10,3,1,6},i,N;
    printf("排序前的数组序列：");
    for(i=0;i<10;i++)
        printf("%d  ",a[i]);
    printf("\n输入参与排序元素的个数：");
    scanf("%d",&N);
    sort(a,N);                     //数组名 a 作实参
    printf("排序后的数组序列：");
    for(i=0;i<10;i++)
        printf("%d  ",a[i]);
    printf("\n");
}
```

参数传递时，形参指针 p 复制了实参数组 a 的首地址，因而指向实参数组 a。因此，sort()函数中的 p[i]就是 main()函数中的 a[i]，从而用指针 p 实现了对数组 a 的排序。程序运行结果如下：

```
排序前的数组序列：2  8  7  5  9  12  10  3  1  6
输入参与排序元素的个数：6
排序后的数组序列：12  9  8  7  5  2  10  3  1  6
```

调用 sort()函数前后 a 数组存储情况如图 7-5 所示。

	a[0]	a[1]	a[2]	a[3]	a[4]	a[5]	a[6]	a[7]	a[8]	a[9]
调用sort()前	2	8	7	5	9	12	10	3	1	6
调用sort()后	12	9	8	7	5	2	10	3	1	6
	p[0]	p[1]	p[2]	p[3]	p[4]	p[5]				

图 7-5　一维数组传递时，形参指针指向实参数组

【例 7-8】 编制子函数 average()，求一维数组各元素的平均值，主函数 main()中提供一维数组的数据，通过调用 average()函数获得数组元素的平均值。

本例 main()函数用数组名作为实参，average()函数用数组名作为形参。程序如下：

```
#include<stdio.h>
```

```
float average(int des[10])            //计算平均值,数组名作形参
{   int i;
    float avg;
    for(avg=0,i=0;i<10;i++)
        avg+=des[i];
    avg/=10;
    return avg;                       //返回值为数组元素的平均值
}
void main()
{   int i,scr[10];
    float mv;
    printf("Input 10 interage data: ");
    for(i=0;i<10;i++)
        scanf("%d",&scr[i]);
    mv=average(scr);                  //实参为数组名 a,mv 用于接收返回值
    printf("Average=%f\n",mv);
}
```

被调用函数 average ()的形参用的是数组名 des[10],但在参数传递时,数组名 des 被转换成指向 int 型数组的指针变量 * des,它接收实参数组 scr 的首地址,从而指向实参数组 scr。因此,des[i]与 scr[i]是等价的,如图 7-6 所示。

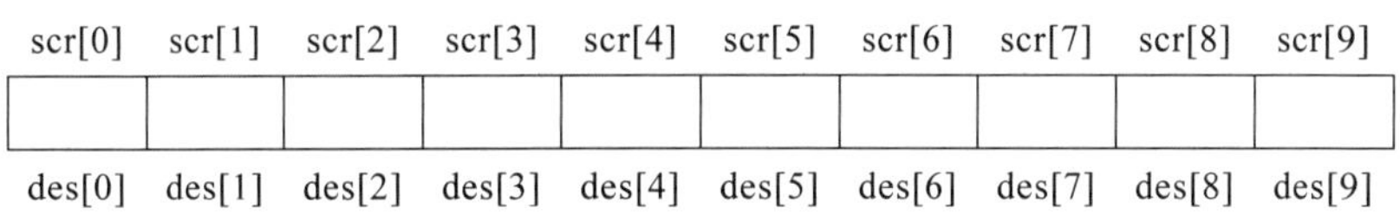

图 7-6　一维数组传递时,形参数组名被转换成指针

程序运行结果如下

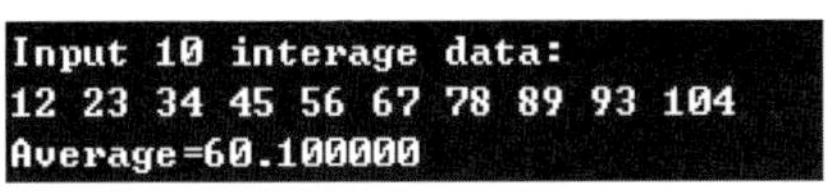

正由于当形参用数组名时,会被转换成指针。因此,在函数首部的形参说明中,数组的维界大小是无关紧要的,可以用任意整数作维界,也可以写成隐含尺寸数组或指针的形式。例如,在例 7-8 中,被调用函数 average()使用以下形式,具有相同的效果和传递机制:

```
float average(int des[10])      //形参为定界数组,维界可以是任何整数
float average(int des[ ])       //形参为隐含尺寸数组
float average(int * des)        //形参为指针变量
```

4. 二维数组的传递

调用函数如果要将二维数组整体传递给被调用函数,可以用数组名或指向该数组的行指针作为实参,而被调用函数则用数组名或指向二维数组的行指针作为形参。参数传

递时，如果形参是行指针，则直接接收实参数组的首地址；如果形参是二维数组名，则被自动转换成指向二维数组的行指针。因此，作为形参的数组名和行指针具有相同的传递机制，占用相同的存储空间(4B)。

【例 7-9】 编写程序，求二维数组中的最大元素。

main()函数中定义一个二维数组 scr[M][N]及指向它的行指针(＊ph)[N]，用行指针调用子函数 max_value()。max_value()用数组名 array[M][N]作为形参，参数传递时，数组名 array 被自动转换成行指针(＊array)[N]，并复制 main()函数实参 ph 中的地址值，从而成为实参数组 scr 的行指针。程序如下：

```
/* 主函数 main() */
#include<stdio.h>
#define M 4
#define N 5
void main()
{ int scr[M][N],(*ph)[N]=scr,max_value(int array[M][N]);
  int i,j,smax;
  srand((unsigned)time(NULL));            //产生时间序列的随机数种子
  printf("二维数组初始值: \n");
  for(i=0;i<M;i++)
  {   for(j=0;j<N;j++)
        { ph[i][j]=rand()*100/32767;    //生成 0～100 的随机整数
          printf("%4d ",ph[i][j]);}
    printf("\n");}
  smax=max_value(ph);                   //实参为行指针 ph
  printf("\n 二维数组中的最大值: %d\n",smax);
}
/* 子函数 max_value() */
int max_value(int array[M][N])          //形参为二维数组名 array
{ int i,j,max;
  max=array[0][0];
  for(i=0;i<M;i++)                      //双重循环，求数组中的最大值
    for(j=0;j<N;j++)
      if(max<array[i][j])
         max=array[i][j];
  return (max);                         //返回值为二维数组各元素的最大值
}
```

本例 max_value()用二维数组名 array 作形参，在参数传递时，该数组名被自动转换成二维数组的行指针并复制实参指针 ph 中的地址值，从而指向 main()函数中的数组 scr。所以，main()中的 scr[i][j]与 max_value()中的 array[i][j]表示的是同一存储空间。程序运行结果如下：

```
二维数组初始值:
   6  29  82  77  10
  65  65  47  63  41
  58  21  31  46  78
  56  41  50  25  60

二维数组中的最大值: 82
```

同样由于二维数组名被自动转换成行指针，因此在 max_value()函数首部的参数说明中，二维数组第一维的维界大小是无关紧要的，可以用任意整数作维界，也可以写成隐含尺寸数组或行指针的形式：

```
max_value(int array[4][5])          //形参为定界数组，其中，第一维界大小任意
```

或

```
max_value(int array[M][N])
max_value(int array[][5])           //形参为隐含尺寸数组
```

或

```
max_value(int array[][N])
max_value(int (*array)[5])          //形参为行指针
```

或

```
max_value(int (*array)[N])
```

5. 字符串的传递

(1) 单个字符串的传递。调用函数如果要将一个字符串传递给被调用函数，可以用一维字符型数组名或指向字符型数组的指针作实参，被调用函数则用一维字符型数组、一维隐含尺寸数组或字符型指针作形参。参数传递时，作为形参的数组名将被转换成字符型指针，接收实参的首地址。这与前面介绍的一维数组的传递方式是相同的。

(2) 多个字符串的传递。用二维数组存放多个字符串时，一个字符串相当于二维数组的一行，通常要作为一个独立的单位来处理。因此，用指针数组来处理多个字符串是最常用的方法。调用函数如果要将多个字符串传递给被调用函数，通常用字符型指针数组作实参，被调用函数则用字符型指针数组或字符型二级指针作形参。为什么要用二级指针呢？这是由于实参是指针数组，其元素是一级指针，形参要复制指针数组的首地址，因此形参必须要用二级指针。也就是说，如果形参是二级指针，就能直接复制实参指针数组的首地址；如果形参是指针数组名，则将被自动转换成二级指针，复制实参的首地址。

【例 7-10】 编制程序将给定的 5 个字符串中的字母转换成大写。

编制子函数 Upper()，用字符型指针数组作形参，其功能是将传送过来的各个字符串中的所有字母全部转换成大写；在 main()中定义一个二维字符型数组存放 5 个字符串，并定义了指向该数组的指针数组 st[5]，通过该指针数组将 5 个字符串整体传递给 Upper()函数中的形参，在 Upper()中对各个字符串中的字符进行小写字母转换成大写字母的处理。程序如下：

```
/*主函数 main()*/
#include<stdio.h>
#include<ctype.h>
void Upper(char *str[]);
void main()
  { char s[5][80], *sp[5];
```

```
    int i;
  for(i=0;i<5;i++)
      sp[i]=s[i];
    printf(" 请输入 5 个字符串\n");
    for(i=0;i<5;i++)
      gets(sp[i]);
    Upper(sp);                             //实参为指针数组名
    printf("\n 变更为大写后的字符串:\n");
    for(i=0;i<5;i++)
      puts(sp[i]);
  }
/* 子函数 Upper() */
void Upper(char * str[5])                  //形参为指针数组名
  { int i,j;
    for(i=0;i<5;i++)
      for(j=0;str[i][j];j++)
        str[i][j]=toupper(str[i][j]);      //将指定字符转换成大写
  }
```

本例中的实参和形参都是指针数组，参数传递时，作为形参的指针数组名 str 被自动转换成一个二级指针，指向实参指针数组 sp[]。另外，程序中使用了字符处理函数 toupper()将指定的字母转换成大写字母，该函数定义在标题文件 ctype.h 中。程序运行情况如下：

在传递多个字符串时，无论实参是二维字符型数组还是字符型指针数组，对应的形参可以是定界指针数组、隐含尺寸指针数组或二级指针。例如，本例中的子函数 Upper()可以定义成如下 3 种形式之一：

```
void Upper(char * str[10])          //形参为定界指针数组
void Upper(char * str[])            //形参为隐含尺寸指针数组
void Upper(char **str)              //形参为二级指针
```

请读者思考如何将例 7-10 中的被调用函数 Upper()改写成用二级指针作形参，并观察程序运行效果。

7.3.2 函数返回值方式

函数返回值只能用来由被调用函数向调用函数单向传递数据。如果只传递单个数据，可以用变量或表达式作为函数的返回值；如果要传递一批数据，则可以用指针作为函数的返回值。

1. 基本类型函数

如果函数的返回值是 int、float 等基本数据类型或结构类型的变量或表达式，这类函数称为基本类型或基类型函数。前面介绍的例 7-1、例 7-3、例 7-8、例 7-9 都使用了基类型函数来单向传递数据。

注意：

(1) 基类型函数不能返回数组、字符串或函数。

(2) 当被调用函数的数据类型与函数中 return 后面表达式的类型不一致时，表达式的值将被自动转换成函数的类型后传递给调用函数。

2. 指针型函数

如果函数的返回值是一个指针，即返回一个地址，这类函数称为指针型函数。指针型函数的返回值可以是数组名、字符串首地址或指针变量。

(1) 指针型函数的定义。

指针型函数的定义格式如下：

```
[数据类型] *函数名(形式参数表)
```

指针型函数的结构特点是函数前有一个“*”，表示它是某种数据类型的指针。例如：

```
float  *sub(int a, char *c)          //指针型函数
{  float b[10];
   …
   return b;                        //返回指针，即数组 b 的首地址
}
```

(2) 指针型函数的返回值。指针型函数的返回值是一个地址(指针)，如果这个地址是某个变量的首地址，则可以返回一个值；如果这个地址是数组的首地址，则可以返回多个值。

【例 7-11】 编写函数，其功能是将一维数组中的最大元素和最小元素存放在一个数组中，并将该数组作为函数返回值。

find()函数接收来自 main()函数中数组 scr 的首地址及数组中包含的元素个数 n，并找出该数组中的最大值和最小值分别存放在数组元素 m[0]和 m[1]中，最后将数组 m 的首地址返回 main()函数，main()函数应使用同类型的指针来接收返回值。程序如下：

```
#include<stdio.h>
#include<stdlib.h>
```

```
#include<time.h>
int * find(int a[],int n)                    //数组 a 接收主函数传递过来的数组 a
{  int i,m[2], * p=m;                        //定义指针 p,用作返回值
   m[0]=m[1]=a[0];
   for(i=0;i<n;i++)
     {  if(m[0]<a[i]) m[0]=a[i];
        if(m[1]>a[i]) m[1]=a[i];
     }
     return p;                               //返回数组 m 首地址,使用数组名 m 也可以
}
void main()
{  int i,scr[10], * p;
   srand((unsigned)time(NULL));              //产生时间序列的随机数种子
     printf("一维数组初始值: \n");
     for(i=0;i<10;i++)
      {scr[i]=rand() * 100/32767;            //生成 0～100 的随机整数
       printf("%4d ",scr[i]);}
     printf("\n");
     p=find(scr,10);                         //指针 p 接收子函数返回的地址
     printf("  max=%d   min=%d\n",p[0],p[1]);
}
```

find()函数中定义的数组 m,m[0]用于存放数组 scr 的最大元素,m[1]用于存放数组 scr 的最小元素,数组 m 的首地址被作为返回值。main()中定义了一个与 find()具有相同数据类型的指针 p,用来接收数组 m 的首地址,从而得到最大值和最小值。程序运行结果为:

```
一维数组初始值:
 36   55   33   99   35   79   70   51   39   41
 max=99   min=33
```

通常采用指针型函数用于传递字符串操作。

【例 7-12】 编制子函数 char * func(),实现标准库函数 strcat()的功能,即接收两个字符串,然后将第二个字符串连接到第一个字符串的末尾。

func()函数是一个指针型函数,并使用两个字符型指针作形参,一个用于接收源字符串的首地址,另一个用于接收目的字符串的首地址。函数执行时,先通过空 while 循环将指针 pc1 移到第一个字符串的末尾,再通过第二个 while 循环将第二个字符串连接到第一个字符串的末尾,最后通过字符型指针 ps 将连接后的字符串的首地址返回 main()函数。程序如下:

```
#include<stdio.h>
char * func(char * pc1, char * pc2)
{   char * ps=pc1;                    //指针 ps 保存字符串 pc1 的首地址
    while(*pc1++);                    //指针移到字符串 pc1 的末尾
    pc1--;                            //指针移到字符串结束标识符位置
```

```
    while(*pc1++=*pc2++);           //将字符串 pc2 追加到 pc1 的末尾
    *pc1='\0';                      //为字符串 pc1 添加结束标识符
    return ps;                      //返回字符串 pc1 首地址
}

void main()
{   char s1[80],s2[80],*p;
    printf("\n 第一个字符串:");
    gets(s1);
    printf(" 第二个字符串:");
    gets(s2);
    p=func(s1,s2);
    printf(" 连接后的字符串:");
    puts(p);
}
```

程序运行结果如下：

```
第一个字符串:Visual
第二个字符串: C++ 2010
连接后的字符串:Visual C++ 2010
```

注意：为什么 func()函数用指针 ps 作为返回值而不直接用 pc1 作为返回值呢？因为指针 pc1 在程序执行的过程中指向位置已发生改变，故不能用来返回连接后字符串的首地址。

7.3.3 全局变量方式

全局变量是在函数外部定义的变量，可以被它所在源程序文件中定义位置靠后的所有函数引用，若在一个函数中改变了全局变量的值，其他函数中的同名全局变量也随之改变，因此可以利用全局变量在函数间传递数据。例如：

```
#include<stdio.h>
int c;                  //变量 c 定义为全局变量
void sub(int x, int y)
{ c=x+y; }
void main()
{ int a,b;
  scanf("%d%d",&a,&b);
  sub(a,b);
  printf("%d\n",c);
}
```

由于程序中的 c 被定义为全局变量，当 sub()函数中给 c 赋值后，main()函数中的同名变量 c 也具有相同的值。所以，main()函数中的 c 就是 a、b 之和。

需要指出，利用全局变量实现函数间的数据传递，加大了函数之间的数据耦合，削弱了函数的内聚性，从而降低了整个程序的可靠性和通用性。因此，在程序设计中不提倡使用这种方式。

7.3.4 函数指针

函数是存储在内存代码区的一段程序，函数名就是该程序代码的入口地址。如果定义一个指针 pf 并存放某个函数的入口地址，那么 pf 就称为指向该函数的函数指针。7.2 节曾讨论过用函数名调用函数，有了函数指针，也可以用函数指针来调用函数；7.3 节曾讨论过数据在函数间的传递，有了函数指针，也可以用函数指针进行函数在函数间的传递。

1. 函数指针的定义

函数指针的定义格式如下：

```
[存储类型] 数据类型 (*函数指针)(形参表);
```

其中，数据类型是指该指针所指向的函数的类型，存储类型应与它所指向的函数的存储类型相同。函数指针的说明形式类似于二维数组的行指针，其差别在其后的符号，行指针使用“[]”，而函数指针则使用“()”。例如：

```
int (*func)(float,float);
```

定义了一个函数指针 func，它可以指向一个 int 型的带有两个 float 形参的函数。

类似地，也可定义函数指针数组，其定义格式如下：

```
[存储类型] 数据类型 (*函数指针[n])(形参表);
```

其中，函数指针后面加了一个维界 n，表示数组的大小。例如：

```
void (*point[3])(int,float);
```

定义了 3 个元素的函数指针数组 point，它的每一个元素可以指向一个 void 型的带有 int 和 float 形参的函数。

2. 用函数指针调用函数

定义了函数指针并使它指向某个函数，就可以用函数指针代替函数名来调用一个函数。

(1) 使函数指针指向函数的方法。通过对函数指针初始化或赋值，可以使函数指针指向某个函数。若已定义如下函数：

```
float func(int x,float y)
{
    …
}
```

则可以定义指向该函数的函数指针 pf：

```
float (*pf)(int,float)=func;          //初始化方式
```

或

```
float (*pf)(int,float);
pf=func;                              //赋值方式
```

注意：用作初始化或赋值的函数名是该函数代码在内存中的首地址，函数名后不能加括号。

(2) 用函数指针调用函数的方法。

用函数指针调用函数的形式有两种形式：

```
函数指针(实参表);
(*函数指针)(实参表);
```

例如，要调用上面定义的函数 func()，连同函数名调用在内，可以用下面的 3 个方法：

```
func(100,25.3)                  //函数名调用
pf(100,25.3)                    //函数指针调用
(*pf)(100,25.3)                 //函数指针调用
```

【例 7-13】 用函数指针调用函数示例。abs()函数用来求任意一个实数的绝对值，main()函数中用函数指针调用该函数。程序如下：

```
#include<stdio.h>
float abs(float x)              //求绝对值
{   if(x>=0)
      return (x);
    else
      return (-x);
}
void main()
{   float a,b,(*pf)(float)=abs;  //定义指向 abs()函数的指针 pf
    scanf("%f",&a);
    b=pf(a);                     //函数指针调用,也可以用 b=(*pf)(a);
    printf("%.3f 的绝对值是 %.3f\n",a,b);
}
```

程序运行结果如下：

```
-15.86
-15.860 的绝对值是 15.860
```

3. 用函数指针传递函数

用函数指针传递函数指的是调用函数将另一个函数的入口地址传递给被调用函数，使被调用函数再调用指定的函数。如果调用函数 fa()要求被调用函数 fb()再调用第三个函数 fc()，那么调用函数 fa()用函数名 fc 或指向函数 fc()的函数指针作实参，被调用

函数 fb()用函数指针作形参，达到函数嵌套调用的目的。

用函数指针传递函数时，调用函数的实参为函数名或指向函数的指针，被调用函数的形参是函数指针。形参复制实参函数的入口地址，从而实现运行实参函数的目的。

【例 7-14】 用函数指针传递函数，实现嵌套调用。

funa()函数的功能是求两个整数的和，funb()函数的功能是求两个整数的积，sub()函数形参中的函数指针(*fp)(int,int)用来传递函数。当 main()函数通过 z=sub(fpa, x,y)+sub(funb,x,y)调用 sub()时，分别用指向 funa()的函数指针 fpa 和 funb()的函数名作为实参传递给 sub()中的对应形参，使 sub()函数中的函数指针复制 funa()和 funb()的入口地址，嵌套调用 funa()和 funb()，从而求得 x+y+x*y 的值。程序如下：

```
#include<stdio.h>
int funa(int a, int b)                        //funa()函数用于求两个整数的和
{ return a+b; }

int funb(int a, int b)                        //funb()函数用于求两个整数的积
{ return a*b; }

int sub(int (*p)(int,int), int a, int b)      //用函数指针进行函数的传递
{ return (*p)(a,b); }                         //实现函数的嵌套调用

void main()
{ int x,y,z,(*fpa)(int,int)=funa;
   printf("输入两个整数: ");
   scanf("%d%d",&x,&y);
   z=sub(fpa,x,y)+sub(funb,x,y);
   printf("函数调用运行后的结果: %d\n",z);
}
```

程序运行结果如下：

```
输入两个整数: 5  10
函数调用运行后的结果: 65
```

函数的传递本质上是一种更为灵活的嵌套调用方式。例如，上面的程序也可以用函数嵌套调用实现，即由 sub()函数直接调用 funa()和 funb()，而不再使用传递函数指针的方式调用它们，但使用灵活性降低。程序改写如下：

```
#include<stdio.h>
int funa(int a, int b)
{ return a+b; }
int funb(int a, int b)
{ return a*b; }
int sub(int a, int b)
{ return funa(a,b)+funb(a,b); }        //直接调用函数 funa()和 funb()
void main()
```

```
{  int x,y,z;
   scanf("%d%d",&x,&y);
   z=sub(x,y);
   printf("%d\n",z);
}
```

7.4 存储类型与函数调用

函数由数据定义与数据处理两部分组成,数据定义是用数据类型定义变量、数组等操作对象。变量被定义后,其作用范围是什么? 分配在内存的何处? 何时分配内存空间? 其生命期有多长? 这就是变量的存储类型要解决的问题。变量的存储类型共 4 种: auto、register、extern 和 static。

一个 C 程序是由若干个函数组成的,这些函数可能集中在同一个程序文件中,也可能分散在几个程序文件中。当函数分散存放时,一个文件中的函数能否调用另一个文件中的函数? 这是函数的存储类型要解决的问题。函数的存储类型有两种: extern 和 static。

7.4.1 变量的存储类型

变量的存储类型将影响变量的作用域和生命期,从而对函数调用带来影响。

1. 变量的作用域

变量的作用域是指变量在什么范围内可以被引用,即可见性。C 语言中,作用域从小到大分为 4 级: 块级、函数级、文件级和程序级。

函数体内用"{}"括住的程序段称为块。块级作用域指的是某个变量只能在块内被引用,也就是说,从定义位置开始,直到"}"为止。

函数级作用域指的是某个变量只能在函数体内被引用,也是从定义位置开始,直到它所在函数最后的"}"为止。

```
#include<stdio.h>
int sum(int a,int b)                //变量 a 和 b 具有函数级作用域
{  int z;                           //变量 z 具有函数级作用域
   z=a+b;
   return z; }
int z=100;                          //变量 z 具有文件级作用域
void main()
  {  int x=200,y=300;               //变量 x,y 具有函数级作用域
   {  int x=300;                    //变量 x 具有块级作用域
        printf("%d ",x); }          //输出 300
   printf("%d ",sum(x,y));          //输出 500
   printf("%d\n",z); }              //输出 100
```

文件级作用域指的是某个变量可以被它所在文件位于其后定义的所有函数引用，但不能被其他文件内的函数引用。

程序级作用域指的是一个文件中定义的变量，可以在另一个文件中被引用。当然，这些文件同属于一个程序项目，故称为程序级作用域。

变量的作用域主要是由变量定义的位置决定的。变量在程序中定义的位置可以有 3 处：在函数体外部定义；在函数体内(包括块内)定义；在函数的形式参数表中定义。第一种称为全局变量，第二种称为局部变量，第三种称为形参，也是一种局部变量。局部变量具有块级或函数级作用域，全局变量具有文件级或程序级作用域。例如，前面的程序中，sum()函数中定义了 3 个变量：形参 a 和 b 以及局部变量 z，它们都具有函数级作用域。第 6 行变量 z 在函数外部定义，属于全局变量，具有文件级作用域，可以被定义位置靠后的 main()函数引用，而不能被定义位置在前的 sum()函数引用。第 8 行定义的变量 x 和 y 具有函数级作用域。第 9 行的变量 x 在内嵌的大括号中定义，只具有块级作用域。当出现不同作用域的同名变量时，作用域小的变量优先。因此，程序第 10 行输出的 x 是块内的 x(300)，第 11 行调用 sum()函数的实参 x 则是函数级的 x(200)。sum()函数体内使用的变量 z 与第 6 行定义的全局变量 z 并无关系。因此，程序第 12 行输出全局变量 z 的值(100)。

2. 变量的生命期

变量的生命期是指变量的寿命有多长，即存在性。生命期主要是由变量在内存中的存储位置决定的。

C 程序使用的内存区被分成 5 部分：代码区用于存放程序的可执行代码；常数存储区用于存放程序中定义的字符串常量及宏定义等；静态存储区用于存放程序中定义的全局变量和静态局部变量，const 常量则存放在静态存储区的只读部分；动态存储区即堆栈(stack)用于存放自动变量(包括 auto 型局部变量和形式参数)、程序调用时的现场保护信息和返回地址等；堆(heap)或堆块是一块自由存储区，程序可通过动态分配函数使用它，如图 7-7 所示。

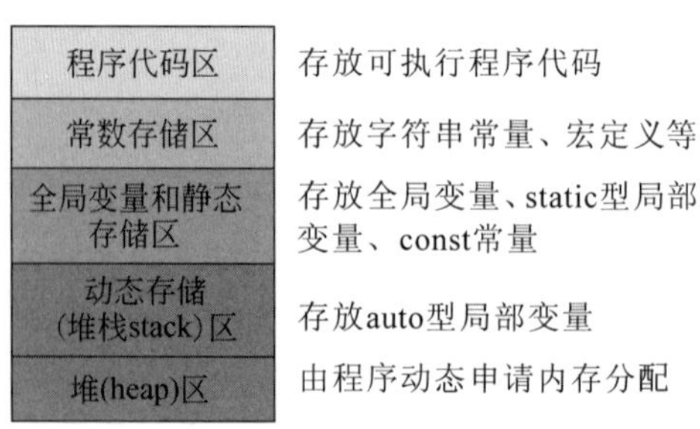

图 7-7　C 程序内存划分示意图

存放在动态存储区内的局部变量，其生命期只限于它所在的程序块或所在函数的执行期内，即当它所在程序块或所在函数被执行时，其值是存在的，一旦它所在的程序块或所在函数执行结束，其值就不复存在；存放在全局变量和静态存储区内的局部变量和全局变量，其生命期与整个程序的执行期相同，只要程序还在运行，它们的值就不会消失。

3. 局部变量的存储特性

局部变量的存储类型有 auto、register 和 static，默认的存储类型为 auto。其中，auto 型局部变量存放在堆栈区、register 型局部变量存放在 CPU 的寄存器、static 型局部变量存放在静态存储区，因此它们具有各自的存储特性和生命期。

(1) auto 型局部变量的存储特性。

① auto 型变量的初始化是在程序执行期间完成的，它们所在的函数或程序段每次被调用，均要进行初始化操作。

【例 7-15】 auto 型变量的初始化示例。程序如下：

```
#include<stdio.h>
int found()
{ int x=5;                                    //变量 x 存储类型为 auto 型
  ++x;
  return x; }
void main()
{ int i;
  for(i=0;i<3;i++)                            //for 循环调用 found()函数
    printf(" i=%d   x=%d \n",i,found());      //注意 found()函数返回值
}
```

程序运行后，输出结果如下：

```
i=0   x=6
i=1   x=6
i=2   x=6
```

出现这样的结果是因为 found()函数每次被调用时，其中的变量 x 都要被重新初始化为 5。

② auto 型变量的值只在它们所在的函数或程序段执行期间才被保留，一旦它们所在的函数或程序段执行结束，其值就不再有效。例如，下面的程序在编译时将报错，因为在 found()中的 x 被定义在内层大括号中，在离开内层大括号后，x 就变成未定义，因而不能引用。

注意：变量的生命期影响到变量的作用域。

```
#include<stdio.h>
int found()
{ { int x=5;                    //变量 x 作用域为块级
    ++x; }
  return x;                     //编译时报错，提示变量 x 未定义
}
void main()
{  int i;
```

```
  for(i=0;i<3;i++)
       printf("%d    ",found());
  printf("\n");
}
```

(2) register 型局部变量的存储特性。寄存器型变量也属于动态局部变量,因此其存储特性与 auto 型变量类似,唯一区别是 auto 型变量存放在动态存储区,而寄存器变量存储在 CPU 的寄存器中。由于 CPU 中寄存器存取速度要比存储器快得多,所以使用寄存器变量的主要目的是提高程序的运行速度,常用作循环控制变量。

注意:对寄存器变量的具体处理方式随不同的计算机系统而变化。有的计算机把寄存器变量作为自动变量来处理;有的计算机则限制了定义寄存器变量的个数,当 CPU 中寄存器放不下时,寄存器变量自动转变为自动变量存放到动态存储区。

(3) static 型局部变量的存储特性。static 型局部变量和 auto 型局部变量既有相似之处,也有不同之处。

① static 型局部变量和 auto 型局部变量一样具有块级或函数级作用域,都是在程序执行时分配存储空间。

② static 型局部变量若未初始化,则 char 型变量自动赋 0 字符,int 型变量自动赋 0 值,浮点型变量自动赋 0.0 值。若要初始化,只能用常数,不能用已有初值的变量初始化,且仅初始化一次。

③ static 局部变量在退出作用域后,系统并不收回这些变量所占用的存储空间,其值被保留。它们的生命期一直延续到整个程序运行结束,即具有全程生命期。

【例 7-16】 static 局部变量的初始化和生命期。程序如下:

```
#include<stdio.h>
int found()
{ static int x=5;                                    //变量 x 定义为静态型变量
    ++x;
  return x; }
void main()
{   int i;
  for(i=0;i<3;i++)                                   //for 循环调用 found()函数
    printf(" i=%d   x=%d \n",i,found());             //注意 found()函数返回值
}
```

程序运行后,输出结果如下:

```
i=0    x=6
i=1    x=7
i=2    x=8
```

因为 found()函数中的 static 型变量 x 在编译时被初始化为 5,在第一次被调用时,x 以初值 5 参加++x 的运算,返回时 x 的值为 6;在第二次被调用时,x 中的 6 被保留下来,经++x 运算后,返回时 x 的值是 7;在第三次被调用时,x 中的 7 被保留下来,经++x 运算后,返回时 x 的值是 8。该示例表明,局部变量经 static 说明后具有全程生命期。

4. 全局变量的存储特性

全局变量的存储类型可以是 extern 和 static，默认的存储类型是 extern。static 型和 extern 型全局变量都存放在静态存储区中，因此具有如下相同的存储特性。

(1) 在程序编译时分配存储空间，被存放在内存的全局变量和静态存储区中。

(2) 若未初始化，则 char 型变量自动赋 0 字符，int 型变量自动赋 0 值，浮点型变量自动赋 0.0 值。若要初始化，只能用常数，不能用已有初值的变量初始化，且仅初始化一次。

(3) 具有全程生命期。

static 型全局变量与 extern 型全局变量的不同之处是，前者的作用域被限制为文件级，后者的作用域可以被延伸到程序级。也就是说，全局变量的存储类型改变了其作用域而没有改变其生命期。

(1) static 型全局变量只能被所在文件定义位置在后的函数引用，不能被定义位置在前的函数引用，也不能被其他文件中的函数引用。

例如，下面的程序分散在两个程序文件中，文件 file2.c 中定义的 static 型全局变量 x 只能被本文件中定义位置在后的函数 sub()引用，不能被另一个文件 file1.c 中的函数 main()引用；在文件 file2.c 中，函数 sub()定义在前，而 static 型全局变量 y 定义在后，因此 y 不能被 sub()引用。

```
/*file1.c*/
#include<stdio.h>
void main()
{
    printf("%d\n",x);                //编译出错
}
/*file2.c*/
static int x=25;                     //定义静态型全局变量 x
void sub1()
{  printf("%d\n",x);                 //可以引用
   printf("%d\n",y);                 //编译出错
}
static int y=100;                    //定义全局变量 y
```

(2) 在同一个程序文件中，如果 extern 型全局变量的定义在后，而引用它的函数在前，只要对该变量进行 extern 声明，则位置靠前的函数就可以引用它，即扩展了它的作用域。

【例 7-17】 通过 extern 声明扩展全局变量的作用域。程序如下：

```
#include<stdio.h>
int Max(int x,int y)
{   int z;
    z=x>y?x:y;
    return z;  }
```

```
void main()
{   extern int A,B;                          //全局变量的 extern 说明
    printf("max=%d\n",Max(A,B));             //引用全局变量 A、B
}
int A=13,B=-8;                               //全局变量定义
```

程序中，全局变量 A 和 B 是在程序末尾定义的，本来 main()不能引用它们，但由于在 main()中对它们进行了 extern 说明，使这两个变量可以被 main()引用。运行程序输出结果如下：

```
max=13
```

(3) 一个程序文件中定义的 extern 型全局变量，另一个程序文件只要对该变量进行 extern 声明而不必另行定义，就可以将其作用域扩展到程序级，即位于同一个程序而不位于同一个文件中的函数也能引用它。

【例 7-18】 通过 extern 声明将全局变量的作用域扩展到其他文件。

假设 file2 中包含求两个整数最大值的函数 Max()，并定义了全局变量 A 和 B；文件 ex1.c 中包含 main()函数，它调用文件 ex2.c 中的 Max()函数。由于要在 main()函数中引用 ex2.c 文件中的 Max()函数及全局变量 A、B，所以必须在 main()函数中用 extern 将全局变量 A、B 说明成外部变量，并用 extern 将函数 Max()说明成外部函数(外部函数在 7.4.2 节讨论)。否则，main()不能识别全局变量 A、B 及函数 Max()。程序如下：

第一个文件内容：

```
/* 文件 1: ex1.c */
#include<stdio.h>
extern int A,B;                     //声明 A、B 为外部变量
extern int Max(int,int);            //声明 Max()为外部函数
void main()
    { printf("max=%d\n",Max(a,b)); }
```

第二个文件内容：

```
/* 文件 2: ex2.c */
int Max(int x,int y)
{ int z;
    z=x>y?x:y;
    return ;
}
int A=100,B=7;                      //定义全局变量 A、B,注意它们不归属于任何函数
```

程序运行后，输出结果如下：

```
max=100
```

7.4.2 函数的存储类型与函数调用

函数的存储类型可以是 extern 和 static，默认值为 extern。

1. 外部函数和内部函数

extern 型函数称为外部函数，static 型函数称为内部函数。当一个程序中的函数被分散存放在不同的源文件中时，外部函数可以被其他源文件中的函数调用，内部函数则不能被其他源文件中的函数调用。所谓“外部”和“内部”是针对不同的源文件而言的，如果一个程序的所有函数都存放在同一个源文件中，而且它们都不被其他源文件中的函数调用，那么外部函数和内部函数就没有区别。使用内部函数可以使函数的作用范围只局限于所在文件，即使在不同的源文件中出现了同名的函数，也互不相干。

2. 外部函数的特点

外部函数可以被其他源程序文件中的函数调用。

如果调用函数和被调用函数不在同一源文件中，而被调用函数又是 extern 型，则调用函数所在的源文件不必再定义该函数，只要对该函数进行 extern 说明后即可调用。例如：

```
/* file1.c */
int x;                      //全局变量 x
{ scanf("%d",&x);           //对变量 x 赋值
    …
}
sub(float a[])
{ … }

/* file2.c */
extern sub();               //对 file1.c 文件中的函数 sub()进行 extern 说明
void main()
{  int x;
   float b[10]={1,2,3,4,5.5,6.5,7.6,8.4,9.3,10.1};
   x=sub(b);                //调用 file1.c 文件中的子函数 sub()
     …
}
```

3. 内部函数的特点

内部函数只能被所在的源程序文件中的函数调用。如果调用函数的定义位置在前，而被调用函数的定义位置在后，则必须对被调用函数进行函数声明，参见例 7-3。

7.5 函数的递归调用

递归调用是一个函数直接或间接地调用自己，前者称为直接递归，后者称为间接递归。实现递归调用的函数称为递归函数。由于递归非常符合人们的思维习惯，而且很多

数学函数、算法和数据结构都是采用递归定义的，因此递归调用颇具实用价值。

1. 递归函数举例

【例 7-19】 编写求 $n!$的递归调用程序。

$$n!=\begin{cases}1, & n=0 \text{ 或 } n=1\\ n(n-1)!, & n>1\end{cases}$$

在第 4 章，介绍了采用循环结构实现阶乘的算法，现在可以根据 $n!$的递归定义，很容易编写出如下递归函数和主程序：

```
#include<stdio.h>
int factor(int n)
{   if(n==0||n==1)                          //递归调用终止条件
       return (1);
    else
       return (n*factor(n-1));              //递归调用 factor()函数
}
void main()
{   int x,factor(int);
    printf("Input an Integer data:");
    scanf("%d",&x);
    printf("%d!=%d\n",x,factor(x));      //调用 factor()函数
}
```

2. 递归调用过程分析

前面介绍，函数的形参是 auto 型的局部变量。根据局部变量的作用域和生命期，递归程序在执行过程中每次对自身的调用，其形参尽管名称相同，但每一次从实参复制来的值是不同的，而且每次调用完成后，形参的值被压入堆栈，不再影响下一次调用，因此不同层次的调用，形参不会互相混淆，这是理解递归程序执行过程的基本依据。

递归程序的执行过程可分为两个阶段：递推和回推。

(1)“递推”阶段将问题一步一步转化成另一个问题，直到递归结束条件成立为止。

(2)“回推”是递推的逆过程。“回推”阶段从递归结束条件开始，一步一步回推计算结果，直到原问题出现为止。

下面以求 5! 为例，说明例 7-19 递归程序的执行过程。

① 第一层调用，factor()函数接收 main()函数中传递过来的实参值 5，即 n=5，由于不满足 n==1 或 n==0 的条件，因此执行 return(n * factor(n−1))，即要进行第二层调用，本次函数返回值为 5 * factor(4)将被压入堆栈保存起来。

② 进入第二层调用，形参 n 接收来自上一层的实参值 4，同样由于不满足 n==1 或 n==0 的条件，因此执行 return(n * factor(n−1))，要进行第三层调用，本次函数返回值为 4 * factor(3)将被压入堆栈保存起来。

③ 进入第三层调用，形参 n 接收来自第二层调用的实参值 3，由于不满足 n==1 或

n＝＝0 的条件，因此执行 return(n * factor(n－1))，要进行第四层调用，本次函数返回值为 3 * factor(2)将被压入堆栈保存起来。

④ 进入第四层调用，形参 n 接收来自第三层调用的实参值 2，由于不满足 n＝＝1 或 n＝＝0 的条件，因此执行 return(n * factor(n－1))，要进行第五层调用，本次函数返回值为 2 * factor(1)将被压入堆栈保存起来。

⑤ 进入第五层调用，形参 n 接收来自第四层调用的实参值 1，这时已经满足 n＝＝1 或 n＝＝0 的条件，因此执行 return(1)，即返回值为 1。至此，递推阶段结束，进入回推阶段。

⑥ 返回第四层调用，计算该层调用 factor(2)的返回值为 2 * factor(1)＝2 * 1＝2。

⑦ 返回第三层调用，计算该层调用 factor(3)的返回值为 3 * factor(2)＝3 * 2＝6。

⑧ 返回第二层调用，计算该层调用 factor(4)的返回值为 4 * factor(3)＝4 * 6＝24。

⑨ 返回第一层调用，计算该层调用 factor(5)的返回值为 5 * factor(4)＝5 * 24＝120。

⑩ 返回 main()函数，即 factor(5) 的值为 120。

上述执行过程的示意图，如图 7-8 所示。

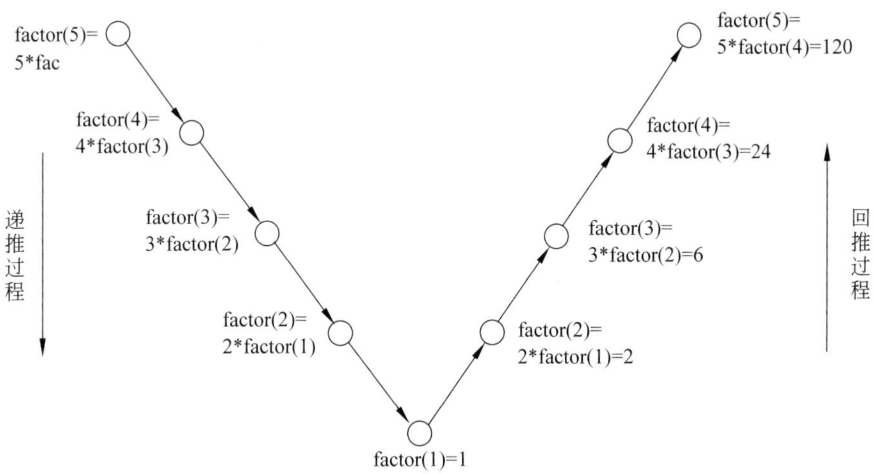

图 7-8 递归程序执行过程示意图

3. 递归程序设计方法

设计递归算法，一般可分为两个步骤。

(1) 确定递归终止的条件。

(2) 确定将一个问题转化成另一个问题的规律。

【例 7-20】 用递归方法将输入的任意十进制整数按相反的顺序把各位数字输出。设计思路如下。

① 如果一个整数 n 只有一位，就可以将它直接输出。要确定这个整数只有一位，只要满足 n/10＝＝0 的条件，这就是基始条件。

② 对超过一位的整数，可以先取出它的最低位，方法是用 n％10 实现。在取出最低

位的同时，用 n=n/10 来降低该数的位数。

于是，就可以容易地编写出下面的递归程序 prind()：

```
#include<stdio.h>
void prind(int n)
{  if(n<0)
     { n=-n;putchar('-'); }                    //处理负数
   putchar(n%10+'0');                          //输出最低位
   if((n/=10)!=0)
     prind(n);                                 //递归调用
}
void main()
{   int x;
    printf("Input:  ");
    scanf("%d",&x);
    printf("Output: ");
    prind(x);                                  //调用 prind()函数
    printf("\n");
}
```

程序在用 putchar()输出每一位数字时，用 n%10+'0'来把余数转换成对应的 ASCII 码，然后由 putchar()输出其对应的数字字符。例如，13%10 的值为 3，3+'0'的值为 51，其对应的字符是'3'。

程序运行结果如下：

```
Input:  -12345
Output: -54321
```

7.6 main()函数的参数与返回值

除了在递归程序中可能出现 main()函数自己调用自己的情况外，main()函数很少被其他函数调用。所以，前面用到的 main()函数一般写成

```
void main()
```

或

```
void main(void)
```

但是，main()函数也有参数和返回值，本节介绍 main()函数的参数、返回值及其应用。

1. 命令行参数

前文讲到，C 语言可用来设计系统程序，如 Windows 操作系统中，字符操作界面的复制命令 COPY，可以用 C 语言编写。因此，要用到命令行参数的概念。

一般地，把操作系统状态下为了执行某个程序或命令而输入的一行字符称为命令行。通常命令行含有可执行文件名，有的还带有若干参数，并以换行符结束。例如：

```
C:\>copy file1.txt  file2.txt ↓
```

就是一个命令行，其中，copy 是命令，file1.txt 和 file2.txt 是 copy 要求的两个参数。该命令行的功能是将 file1.txt 复制到 file2.txt 中。这 3 个相互用空格隔开的字符串统称为命令行参数。

2. main()函数的参数

如果用 C 语言编制一个名为 copy 的程序，如何用带参数的命令行形式来运行它呢？这就是 main()函数的参数要解决的问题。

main()函数的参数最常用的形式如下：

```
main(int argc,char * argv[])
```

其中，整型变量 argc 用来记录命令行中参数的个数，由程序运行时自动计算出来；字符型指针数组 argv 用来存放命令行中的各个参数的首地址，数组 argv 的容量由 argc 确定。

【例 7-21】 编一个名为 slink 的程序，其功能是将若干指定的字符串连接成一个字符串。要求将文件名及各个要连接的字符串作为命令行参数。程序如下：

```
#include<stdio.h>
#include<string.h>
void main(int argc,char * argv[])
{  int i;
   for(i=1;i<argc-1;i++)
   strcat(argv[1],argv[i+1]);
   printf("%s\n",argv[1]);
}
```

在 D 盘根目录下创建 slink 项目，以 slink.c 为文件名，编译连接后将在 D：\slink\debug 下生成可执行文件 slink.exe。当用命令行的形式运行该程序时，首先要进入操作系统命令状态(在 Windows 10 环境中用“开始”|“程序”|“附件”|“命令提示符”)。在命令提示符“C:\>”下，进行如图 7-9 所示的操作，即可得到运行结果。

图 7-9　命令提示符状态下的操作命令

操作系统首先自动计算出全部命令行参数的个数为 5，并保存在第 1 个形参 argc 中，同时，根据 argc 确定第 2 个形参为 * argv[5]，并把第 1 个参数 slink 存放在 argv[0]中

(argv[0]总是存放程序文件名),第 2 个参数 Beijing 存放在 argv[1]中,第 3 个参数 Shanghai 存放在 argv[2]中,第 4 个参数 Tianjin 存放在 argv[3]中,第 5 个参数 Chongqing 存放在 argv[4]中,如图 7-10 所示。

argc	5
argv[0]	slink\0
argv[1]	Beijing\0
argv[2]	Shanghai\0
argv[3]	Tianjin\0
Argv[4]	Chongqing\0

图 7-10 main()函数的参数

根据 main()函数参数的存储安排,因此在程序中用 strcat()将除文件名以外的各个参数依次连接到 argv[1]中,最后输出 argv[1]。

通常将 argc 和 argv 这两个形参名看作 C 语言的准关键字,专门用作 main()函数的参数。由于指针数组与二级指针具有相同的功效,所以有时也将 char * argv[]写成 char **argv。

3. main()函数的返回值

main()函数也可以有返回值,这个返回值通常用来返回一个程序是否运行成功的标志,通知操作系统。

【例 7-22】 修改例 7-21 程序,当用户输入的命令行参数个数少于 2 时,屏幕显示"未送入要连接的字符串",并返回操作系统;否则,将命令行中的各个参数(文件名除外)连接成一个字符串并显示出来。

若用户输入的命令行参数不足两个字符串,main()的返回值为−1;若正确输入,则返回 0。程序如下:

```
#include<stdio.h>
#include<string.h>
int main(int argc,char * argv[])
{   int i;
    if(argc<=2)
      {  printf("未送入要连接的字符串\n");
         return -1; }
    for(i=1;i<argc-1;i++)
        strcat(argv[1],argv[i+1]);
    printf("%s\n",argv[1]);
    return 0;
}
```

程序运行过程如下：

```
D:\slink\Debug>slink Beijing
未送入要连接的字符串

D:\slink\Debug>slink Beijing Shanghai
BeijingShanghai
```

习题 7

一、选择题

1. 在下列关于 C 函数定义的叙述中，正确的是(　　)。

A. 函数可以嵌套定义，也可以嵌套调用

B. 函数可以嵌套定义，但不可以嵌套调用

C. 函数不可以嵌套定义，但可以嵌套调用

D. 函数不可以嵌套定义，也不可以嵌套调用

2. 若函数为 int 型，变量 z 为 float 型，则该函数体内的语句 return(z)；返回的值是(　　)。

A. int 型　　B. float 型　　C. 不定　　D. 不确定

3. 在 C 语言中，函数的隐含存储类型是(　　)。

A. auto　　B. static　　C. extern　　D. 无存储类型

4. 以下所列各函数定义的首部中，正确的是(　　)。

A. void play(int,int)　　B. void play(int a,b)

C. void play(int a,int b)　　D. sub play(a as integer,b as integer)

5. 在 C 语言中，形参默认的存储类型是(　　)。

A. auto　　B. static　　C. extern　　D. register

6. 在调用函数时，如果实参是简单变量，它与对应形参之间的数据传递方式是(　　)。

A. 地址传递　　B. 单向值传递

C. 双向值传递　　C. 传递方式由编译系统确定

7. 若调用函数的实参是一个数组名，则向被调用函数传送的是(　　)。

A. 数组的长度　　B. 数组的首地址

C. 数组每一个元素的地址　　D. 数组每个元素中的值

8. 下面函数的功能是(　　)。

```
int fun1(char * x)
{  char * y=x;
   while( * y++);
   return (y-x-1);
}
```

A. 比较两个字符串的大小　　　　B. 求字符串的长度

C. 将字符串 x 复制到字符串 y 中　　　　D. 将字符串 x 连接到字符串 y 后面

9. 在 C 语言中，若要使定义在一个源程序文件中的全局变量只允许在本源文件中所有函数使用，则该变量的存储类型是(　　)。

A. auto　　B. extern　　C. static　　D. register

10. 若已定义函数 Max(int a,int b)及指向该函数的指针 p，则可以用指针 p 调用函数 Max()的语句是(　　)。

A. (* p)max(a,b);　　B. * pmax(a,b);

C. * p(a,b);　　D. (* p)(a,b);

11. 若有以下说明和定义

```
int fun(int * c)  {...}
void main()
{   int ( * a)()=fun, * b(),w[10],c;
      ...
}
```

在必要的赋值之后，对 fun()函数的正确调用语句是(　　)。

A. b= * b(w);　　B. a=a(w);　　C. (* a)(&c);　　D. fun(b);

12. 若以下程序

```
void main(int argc, char * argv[])
{ while(argc-->0)
  {++argv;  printf("%s  ", * argv);  }
}
```

所生成的可执行文件名为 file1.exe，当输入以下命令执行该程序时：

```
file1 CHINA  BEIJING  SHANGHAI
```

程序的输出结果是(　　)。

A. C　B　S

B. F　C　B

C. CHINA　BEIJING　SHANGHAI

D. file1　CHINA　BEIJING

二、阅读程序题

1. 以下程序的输出结果是________。

```
#include<stdio.h>
void fun(int x, int y, int z)
{ z=x * x+y * y; }
void main()
{ int a=8;
```

```
  fun(5,2,a);
  printf("%d\n",a);
}
```

2. 下列程序的输出结果是________。

```
#include<stdio.h>
void f(int x,int y,int cp,int dp)
{ cp=x*x-y*y;
   dp=x*x+y*y;
}
void main()
{  int a=6,b=5,c=4,d=3;
   f(a,b,c,d);
   printf("%d %d\n",c,d);
}
```

3. 下列程序的输出结果是________。

```
#include<stdio.h>
void fun(int *n)
{ while((*n)--);
  printf("%d\n",++(*n));
}
void main()
{  int a=10;
   fun(&a);
}
```

4. 下列程序的输出结果是________。

```
#include<stdio.h>
void fun(int *x, int *y)
{  printf("%d   %d    ", *x, *y);
    *x=8; *y=10;
}
void main()
{   int x=3,y=5;
    fun(&y,&x);
    printf("%d    %d\n",x,y);
}
```

5. 以下程序的运行结果是________。

```
#include<stdio.h>
void main()
{   int a[]={1,2,3,4},i,j=2;
    void f1(int *);
```

```
    for(i=1; i<3; i++)
     { f1(a); j++; }
    printf("%d,%d\n", a[0],j);
}
void f1(int a[4])
{   int i,j=1;
    for(i=1; i<4; i++)
      a[i-1]=a[i];
    j++;
}
```

6. 以下程序的输出结果是________。

```
#include<stdio.h>
#include<stdlib.h>
amovep(int *p,int (*a)[3],int n)
{   int i,j;
    for(i=0;i<n;i++)
      for(j=0;j<n;j++)
        { *p=a[i][j]; p++; }
}
void main()
{   int *p,a[3][3]={{1,3,5},{2,4,6}};
    p=(int *)malloc(100);                 //函数 malloc()用于申请内存空间
    amovep(p,a,3);
    printf("%d    %d\n",p[2],p[5]);
    free(p);                              //函数 free()用于释放内存空间
}
```

7. 以下程序运行后，输出结果是________。

```
#include<stdio.h>
int sl(char *s)
{   char  *p=s ;
    while(*p)  p++;
    return  (p-s) ;
}
void main()
{   char *a="strawberry";
    int i ;
    i=sl(a) ;
    printf("%d\n",i);
}
```

8. 以下程序运行后，如果从键盘输入 Hello Kitty＜回车＞，则输出结果为________。

```
#include<stdio.h>
```

```
int func(char str[])
{   int num=0;
    while(*(str+num)!='\0')  num++;
    return (num);
}
void main()
{   char str[10], *p=str;
    gets(p);
    printf("%d\n",func(p));
}
```

三、填空题

1. 下面的程序用来求数组 a 各元素的平均值，请填空。

```
#include<stdio.h>
float avr(int *pa,int n)
{   int i;
    float avg=0.0;
    for(i=0;i<n;i++)
      avg+= 【1】 ;
      avg/= 【2】 ;
    return avg;
}
void main()
{   int i,a[10 ]={1,2,3,4,5,6,7,8,9,10};
    float mean;
    mean=avr(a,10);
    printf("mean=%f\n",mean);
}
```

2. 函数 pi 的功能是根据以下近似公式求 π 的值：

$$(\pi\times\pi)/6=1+1/(2\times2)+1/(3\times3)+\cdots+1/(n\times n)$$

请完善下面函数，以完成求 π 的功能。

```
#include<math.h>
double pi(long n)
{   double s=0.0;
    long k;
    for(k=1;k<=n;k++)
      s=s+________;
    return(sqrt(6*s));
}
```

3. 以下函数用来求两整数之和，并通过形参将结果传回。请填空。

```
void func(int x, iny y, ________ z)
```

```
{ * z=x+y; }
```

4. 以下函数的功能是求 x^y，请填空。

```
double fun(double x, int y)
{  int i;
   double z;
   for(i=1,z=x;i<y;i++)
     z=z* ________;
   return z;
}
```

5. 若已定义：int a[10],i;，以下 fun()函数的功能是：在第一个循环中给前 10 个数组元素依次赋 1、2、3、4、5、6、7、8、9、10；在第二个循环中使 a 数组前 10 个元素中的值对称折叠，变成 1、2、3、4、5、5、4、3、2、1。请填空。

```
void fun(int a[])
{  int i;
   for(i=1;i<=10;i++) __【1】__ =i;
   for(i=0;i<5;i++)  __【2】__ =a[i];
}
```

6. 设在主函数中有以下定义和函数调用语句，且 fun()函数为 void 型，请写出 fun()函数的首部。要求形参名为 m。

```
void main()
{  double s[10][22];
   int n;
     …
   fun(s);
     …
}
```

____

四、编程题

1. 编写自定义函数，要求在主函数中输入一个整数，子函数 prime()判断该整数是否为素数，若是素数，函数返回 1，否则返回 0。

2. 编写自定义函数，函数的功能是求一个 int 型二维数组最大元素及其行下标和列下标（要求二维数组名作为实参，对应的形参用行指针），主函数的功能是输入二维数组元素的值，接收子函数传递过来的最大元素值及其行下标和列下标，并输出。

3. 编写程序，要求在主函数中输入一个字符串，子函数将该字符串中的大写字母转换成小写字母，小写字母转换成大写字母，其他字符不变，并将转换后的字符串返回主程序。

4. 用递归方法求 $1+2+3+4+\cdots+n$ 的值。

5. C_m^n 的递归定义为：$C_m^n = C_{m-1}^n + C_{m-1}^{n-1}$，其中，

$$C_m^n = \begin{cases} C_m^0 = 1, & n = 0 \\ C_m^1 = m, & n = 1 \\ C_m^n = C_m^{m-n}, & n > \dfrac{m}{2} \end{cases}$$

编写一个求 C_m^n 的递归程序。

第8章

复合数据类型

第 4 章介绍的数组是一种复合数据类型，它是用基本数据类型构造出来的具有相同类型变量的集合。使用数组可以有效减少算法的复杂性，简化程序设计，但是当要处理那些具有不同类型而又相互关联的一组数据时，数组就显得力不从心。本章将介绍结构类型和枚举类型，结构类型可以方便地处理像记录、链表这样的静态和动态数据结构；枚举则是另一种符号常数，描述某种整数集合。

8.1 结构类型

在 C 语言中，结构类型常用来处理像记录、链表这样的静态和动态数据结构。例如，要描述一本图书记录，包括书号、书名、作者、出版社、出版时间和定价等数据项，可以把它们组合在一起，形成一个新的数据类型，称为结构类型。其中，书号、书名、作者、出版社和定价等称为结构的成员，它们可以是不同类型的数据。

8.1.1 结构类型的定义

由于结构类型包含的成员组合可能千差万别，所以结构类型不是唯一的，不能像 int、float 那样用一个固定的关键字来描述，而是让用户自己去定义结构类型的名称及其成员。

1. 结构类型的定义

定义结构类型的一般格式如下：

```
struct 结构标识符
  { 数据类型  成员 1;
    数据类型  成员 2;
      …
    数据类型  成员 n; };
```

例如，上面提到的图书记录如图 8-1 所示。

书号	书名	作者	出版社	定价
char number[8]	char bookname[20]	char author[10]	char press[10]	float price

图 8-1　图书记录

可以将该图书记录定义成一个名为 struct book 的结构类型：

```
struct Book
{ char number[8];
    char bookname[20];
    char author[10];
    char press[10];
    float price; };
```

其中，struct 是关键字。struct Book 称为结构类型名；该结构类型含 5 个数据成员，这些数据成员定义语句放在大括号中构成复合语句，大括号后面的分号是整个定义语句的结束。

在定义结构类型时，连续的同类型的结构成员可以出现在一条语句中。例如：

```
char number[8],bookname[20],author[10],press[10];
```

同时，结构成员可以和程序中的其他标识符同名，也可以和另一个结构类型的成员同名。

结构类型可以在函数内部定义，也可以在函数外部定义。在函数内部定义的结构类型，只能在函数内部使用；在函数外部定义的结构，其有效范围是从定义处开始，直到它所在的源程序文件结束。

2. 结构类型的内存分配模式

定义了结构类型，并没有实际分配内存，只是规定了内存分配模式。如果用已定义的结构类型定义了结构变量或结构数组以后，就会按这种模式分配内存。

结构类型的内存分配模式是，各成员按照定义的先后顺序，根据自身的数据类型占用连续的存储单元。当程序中定义了某种结构类型的变量或数组后，编译系统将按照该结构的内存分配模式为结构变量及数组分配一片连续的存储单元。图 8-2 是上面定义的 struct Book 类型的内存分配示意图。

首地址 →

数据项	占用字节/B
number[8]	8
bookname[20]	20
author[10]	10
press[10]	10
price	4

图 8-2　结构的内存分配模式

因此，一种结构类型所需要的内存空间字节数是各成员所需空间字节数的总和，可以用 sizeof(结构类型名)来得到所需字节数。例如，sizeof(struct Book)的值为 52。

8.1.2 结构类型的初始化

1. 结构变量、结构数组和结构指针的定义

结构变量、结构数组或结构指针指的是某种结构类型的变量、数组或指针。它们既可以在定义结构类型的同时定义，也可以先定义结构类型，再用结构类型名定义。例如，下面的两种定义方式都可以使用：

```
struct Book
{ char number[8];
  char bookname[20];
  char author[10];
  char press[10];
  float price; };
struct Book book1,book2[2], * book3;
```

和

```
struct Book
{ char number[8];
  char bookname[20];
  char author[10];
  char press[10];
  float price; } book1,book2[2], * book3;      //同时定义结构类型及变量
```

第一种方式是先定义结构类型，再用该结构类型名定义变量、数组及指针，第二种方式是在定义结构类型的同时定义变量、数组及指针。

如果某种结构类型只用于一次性地定义结构变量、数组及指针，其结构标识符可以省略，称之为无名结构类型。例如：

```
struct
  { char number[8];
    char bookname[20];
    char author[10];
    char press[10];
    float price; } book1,book2[2], * book3;
```

2. 嵌套结构

如果一个结构的某些成员属于另一种结构类型，称之为嵌套结构。例如，将上述图书记录增加一个成员——出版日期，该成员是另一种结构类型的变量 ymd：

```
struct Date
  {  int year,month,day; };
```

此时,可定义结构类型 struct Book 如下:

```
struct Book
  { char number[8];
    char bookname[20];
    char author[10];
    char press[10];
    struct Date ymd;           //嵌套结构成员
    float price; };
```

也可以直接将 struct Date ymd 嵌套在 struct Book 的定义中:

```
struct Book
  { char number[8];
    char bookname[20];
    char author[10];
    char press[10];
    struct Date                //嵌套结构成员
    { int year,month,day; }ymd;
    float price; };
```

可以看到,结构 struct Book 中的一个成员 ymd 是另一个结构 struct Date 的变量,ymd 有自己的 3 个成员 year、month 和 day。

3. 结构变量、结构数组和结构指针的初始化

由于结构类型是若干个成员组成的整体,要占用一片连续的存储单元,因此结构变量的初始化形式与前面介绍的一维数组相似,只要把对应各成员的初值放在大括号(即初值表)中。结构数组的初始化则与二维数组相似,只要将各个元素的初值顺序放在内嵌的"{}"中,当整个数组的各个元素都有初始化数据时,内嵌"{}"也可以省略。例如:

```
struct Book book1={"10035 ","计算机网络","吴明",清华大学出版社",
                   2018,10,25,18.5};               //结构变量初始化
struct Book book2[2]={{ "20001 ","操作系统教程","周静文","清华大学出版社",
                   2019,1,1,25},{"20002 ","石头记","吴承恩",
                   "商务书局",2014,8,3,38.5}};      //结构数组初始化
struct Book * book3=book2;          //结构指针 book3 初始化指向结构数组 book2
```

说明如下:

(1) 结构变量或结构数组初始化后,C 编译系统将安排连续的存储空间,按结构成员的顺序将各个初值置于各成员对应的存储单元。

(2) 在对结构变量初始化时,不允许用逗号跳过前面的成员只给后面的成员赋初值,但可以只给前面的成员赋初值,后面未赋初值的成员自动赋 0 值(字符型数组赋空串)。

(3) 像数组的初始化一样,如果结构数组的全部元素均已在初值表中列出,或各元素的初值表都用"{}"括住,也可以定义隐含尺寸的结构数组,例如:

```
struct key
  { char word[20];
    int count; } keytab[]={"auto",0,"break",0,"case",0,"char",0,
                 "const",0,"continue",0,"unsigned",0,"void",0,
                 "struct",0,"while",0};
```

其中,keytab 是一个隐含尺寸数组,隐含的维界是 10。

(4) 结构指针与前面介绍的基本类型的指针相比,除了所指向的对象不同外,在存储形式和使用形式上并没有差别。因此,可以通过用结构变量的首地址或结构数组的数组名作它的初值,从而使它指向对应的结构变量或结构数组。

8.1.3 访问结构变量和结构数组

1. 访问结构成员运算符

由于结构变量包含若干不同类型的成员,而结构数组既包含数组元素,每个元素又包含不同的成员,因此访问或引用结构变量或结构数组元素的某个成员,必须指明该成员属于哪一个结构变量或数组元素。

C 语言提供了两种访问结构成员的运算符:"."和"->",它们都是二元运算符,和"()""[]"一起处于最高优先级,结合性均为从左至右。

① "."运算符(俗称点运算符)适合于用结构变量或结构数组元素访问其成员。

② "->"运算符适合于用结构数组或结构指针访问其成员。

2. 访问结构成员的方法

若已定义了一个结构变量或结构数组及指向它们的指针,要访问其成员,可以使用以下 3 种形式。

形式 1:

```
结构变量.成员名
```

或

```
结构数组元素.成员名
```

形式 2:

```
结构指针->成员名
```

或

```
结构数组->成员名
```

形式 3:

```
(*结构指针).成员名
```

最后一种形式中的"(*结构指针名)"实际上是一种等价的结构变量名或结构数组元素,

因此要用“.”来访问。

若结构成员是内嵌的结构时，必须用若干个“.”或“->”来顺序逐层定位到最里层的成员。

下面用一个综合的例子来说明访问结构成员的各种等价表示形式。若定义如下结构变量、结构数组和结构指针：

```
struct ST
  { char str[5],s[10];
    int a;
    struct
      { char c; float w; }d;
   }
struct ST x,y[10], * px=&x, * py=y;
```

则访问结构成员(包括变量、数组、指针和内嵌结构)的各种形式如表 8-1 所示。

表 8-1　结构成员访问形式示例

	结构变量	结构数组元素	结构数组或指针
成员 str[i]	x.str[i]　(* px).str[i][1]	y[j].str[i] py[j].str[i][2]	px->str[i] (y+j)->str[i] (py+j)->str[i]
成员 str 首地址	x.str　(* px).str	y[j].str py[j].str[3]	px->str (y+j)->str (py+j)->str
成员 str[i]地址	&x.str[i][4] &(* px).str[i]	&y[j].str[i] &py[j].str[i]	&px->str[i] &(y+j)->str[i] &(py+j)->str[i]
成员 a	x.a　(* px).a	y[j].a py[j].a	px->a (y+j)->a (py+j)->a
成员 a 地址	&x.a　&(* px).a	&y[j].a &py[j].a	&px->a &(py+j)->a &(y+j)->a
成员 c	x.d.c　(* px).d.c	y[j].d.c py[j].d.c	px->.d.c (py+j)->d.c (y+j)->d.c
成员 c 地址	&x.d.c　&px->d.c &(* px).d.c	&y[j].d.c &py[j].d.c	&px->d.c &(py+j)->d.c &(y+j)->d.c

续表

	结构变量	结构数组元素	结构数组或指针
成员 w	x.d.w　(＊px).d.w	y[j].d.w py[j].d.w	px－>d.w (py＋j)－>d.w (y＋j)－>d.w
成员 w 地址	&x.d.w　&(＊px).d.w	&y[j].d.w &py[j].d.w	&px－>d.w &(py＋j)－>d.w &(y＋j)－>d.w

[1]：由于"."的优先级高于"＊"，因此，(＊px)的括号不能省略。

[2]：由于 str 是数组名，其本身就是地址，不能再使用"&"。

[3]：py[j]也可以写成(＊(py＋j))，此时，外层的括号不能缺少。

[4]：由于"."的优先级高于"&"，因此，它与 &(x.str[i])等价，不能写成 x.&str[i]。

8.1.4 结构类型的赋值与输入输出

C 语言允许用一个结构变量对另一个同类型的结构变量整体赋值，例如：

```
struct st x1,x2={"101","abcd",28, 'n',45.8};
x1=x2;
```

这时，结构变量 x2 的各个成员分别对同类型结构变量 x1 的对应成员赋值。

除此之外，C 语言不允许对结构变量名直接进行赋值、输入和输出，只能对它的每个成员赋值、输入和输出。也就是说，要将结构变量的成员作为相对独立的个体对待。

【例 8-1】 结构变量的赋值、输入和输出。程序如下：

```
#include<stdio.h>
#include<string.h>
struct ST
  { char str[5],s[10];
    int a;
    struct
    { char c;  float w; }d;           //定义嵌套结构类型
   };
void main()
  { struct ST x1,x2;
    gets(x1.str);
    gets(x1.s);
    x1.a=34, x1.d.c='F', x1.d.w=23.5f;
    x2=x1;                            //两个同类型结构变量之间的赋值
    printf("%4s %-5s %3d %c %.2f\n",x2.str,x2.s,x2.a,x2.d.c,x2.d.w);
  }
```

运行程序，输入相关数据后的输出结果如下：

```
2020
Spring
2020 Spring  34 F 23.50
```

【例 8-2】 结构数组的赋值、输入和输出。程序如下：

```
#include<stdio.h>
#include<string.h>
struct ST
  { char str[5],s[10];
    int a;
    struct
    { char c; float w; }d;
  };
void main()
  { int i;
    struct ST x[3];
    for(i=0;i<2;i++)
    {
      printf(" Input 2 strings:\n");
        scanf("%s%*c",x[i].str);            //%* 用于屏蔽输入的回车符
        scanf("%s",x[i].s);
        printf(" Input int/char/float data:\n");
        scanf("%d%*c",&x[i].a);
        scanf("%c",&x[i].d.c);
        scanf("%f",&x[i].d.w);
    }
      x[2]=x[0];                            //相同类型结构体数组元素间的赋值
    for(i=0;i<3;i++)
      printf("%5s %-9s %3d %c %.2f\n", x[i].str,x[i].s,x[i].a,x[i].d.c,x[i].d.w);
  }
```

运行程序，输入相关数据后的输出结果如下：

```
 Input 2 strings:
101
Book
 Input int/char/float data:
12
M
34.5
 Input 2 strings:
202
Fruit
 Input int/char/float data:
10
F
21.6
  101 Book        12 M 34.50
  202 Fruit       10 F 21.60
  101 Book        12 M 34.50
```

8.2 结构数据在函数间的传递

结构类型的数据也可以在函数间传递，传递的方式也有参数传递、函数返回值和全局结构 3 种。全局结构和全局变量一样在函数外定义，可提供各个函数共享，使用比较简单，也不提倡，故不再介绍，下面仅介绍前两种传递方式。

1. 参数传递方式

在参数传递方式下，可以通过传递结构成员、传递结构变量和结构数组，还可以通过结构指针来传递数据。采用参数传递方式时，需要定义一个全局结构类型（即外部定义），以保证实参和形参类型一致。

（1）结构变量的整体传递。如果调用函数要将结构变量整体传递给被调用函数，可以采用以下 3 种形式。

① 实参和形参都是同类型的结构变量名。

② 实参是结构变量的地址，形参是同结构类型的指针。

③ 实参和形参都是同结构类型的指针。

【例 8-3】 定义一个结构变量，其成员包括两个整数 a 和 b 及一个字符串 ch。主程序将该结构变量传递给自定义函数 fun()，fun()函数计算 a * b 并保存在 a 中，同时将字符串 ch 中第 3 个字符替换为'x'，最后输出处理结果。程序如下：

```
#include<stdio.h>
#include<string.h>
struct Sample
{ int a,b; char ch[10];};
void func(struct Sample parm)              //形参为结构变量
{   parm.a * =parm.b;
    parm.ch[2]='x';
    printf(" Sub: a=%d,  ch=%s\n",parm.a,parm.ch);
}
main(void)
{   struct Sample arg={100,10,"TJCU"};
    func(arg);                             //结构变量的传递
    printf("Main: a=%d,  ch=%s\n",arg.a,arg.ch);
}
```

该程序的实参和形参都是相同类型的结构变量，在参数传递过程中，实参 arg 和形参 parm 各自占用自己的存储单元，parm 复制了 arg 的值以后，彼此不再关联。因此，虽然形参 parm 中成员 a 和成员 ch 的发生了改变，而对应的实参并未变化，程序输出如下：

```
 Sub: a=1000,  ch=TJxU
Main: a=100,   ch=TJCU
```

由于结构中可能含有很多成员，从而占用较大的存储空间，因此，当形参是结构变量时，形参也需要占用和实参一样大的空间，同时需要不断使用堆栈来保存各个成员的当前值，需要花费额外的时间和空间开销。因此，通常用结构指针来传递结构数据。

【例 8-4】 将例 8-3 改用结构指针来传递结构型数据。程序如下：

```
#include<stdio.h>
#include<string.h>
struct Sample
  {  int a,b; char ch[10];};
void func(struct Sample * p)          //形参为结构指针
  { p->a * =p->b;
    p->ch[2]='x';
    printf(" Sub: a=%d,   ch=%s\n",p->a,p->ch);
  }
main(void)
  { struct Sample arg={100,10,"TJCU"};
    func(&arg);                       //结构指针的传递
    printf("Main: a=%d,   ch=%s\n",arg.a,arg.ch);
  }
```

函数 func()用结构指针 p 作形参，接收 main()函数实参 arg 的地址，从而使 p 指向 arg。因此，func()中对 p 的操作实际上是在 arg 中进行的，从而使 arg 成员的值发生了改变。程序运行结果如下：

```
 Sub: a=1000,   ch=TJxU
Main: a=1000,   ch=TJxU
```

利用结构指针传递结构的好处是既不需要逐个传送各成员的值，也不需要使用大量的堆栈空间来存放形参各个成员的值，因此可以有效地节省时间和空间；但也带来一定的弊端，即子函数对形参的操作将使实参各成员的值发生相应的变化，不利于数据的隐藏。

(2) 结构数组的传递。如果调用程序要将结构数组传递被调用函数，则可以用以下两种形式。

① 实参是结构数组名，形参是同类型的结构数组名或结构指针。

② 实参和形参都是同类型的结构指针。

【例 8-5】 建立一个通讯录：Input()用于输入通讯录数据，display()用于输出通讯录，main()函数向 input()和 Display()函数传递结构数组，用于函数间的数据传递。程序如下：

```
#include<stdio.h>
#define MAX 3
struct TXL
  { char name[10];
char tele[12];
char email[15];};
```

```
void Input(struct TXL p[])                    //通信录输入：结构数组作形参
  { int i;
    for(i=0;i<MAX;i++)
      { printf("Name?   ");
        gets(p[i].name);
        printf("Tele?  ");
        scanf("%s%*c",p[i].tele);             //%*c用于抑制输入的回车符
        printf("E-mail?   ");
        scanf("%s%*c",p[i].email);            //%*c用于抑制输入的回车符
      }
  }
void Display(struct TXL *p)                   //通信录输出：结构指针作形参
  { int i;
    for(i=0;i<MAX;i++,p++)
      printf("%-10s %-12s %-12s\n",p->name,p->tele,p->email);
  }
void main()
  { struct TXL tx[MAX];
    Input(tx);                                //传递结构数组
    printf("  Name        Tele        E-mail\n");
    Display(tx);                              //传递结构数组
  }
```

程序中 main()函数调用 Input()函数时，形参和实参都是结构数组名，此时，形参将自动转换成结构指针；main()函数调用 Display()函数时，实参是结构数组名，形参是结构指针，两次调用的传递机制是相同的。程序运行时输入 3 条记录的结果如下：

```
Name?   Smith
Tele?  13812345678
E-mail?   Smith@163.com
Name?   Marry
Tele?  13012345678
E-mail?   Marry@sina.com
Name?   Linda
Tele?  16312345678
E-mail?   Linda@yahoo.com
  Name        Tele        E-mail
Smith      13812345678  Smith@163.com
Marry      13012345678  Marry@sina.com
Linda      16312345678  Linda@yahoo.com
```

(3) 单个结构成员的传递。由于结构的单个成员可能是变量、数组、结构等各种可能，因此单个结构成员传递时，必须区别对待。根据第 7 章和本章的讨论，可以得到如下结论：如果传递的成员是变量，则可以用变量名或变量地址传递；如果传递的成员是一维数组、二维数组或指针数组，则分别采用指针、行指针或二级指针传递；如果传递的成员是另一个结构，则通常采用指针传递。

【例 8-6】 假设学生的 3 门课成绩已保存在一个结构数组中，要求用自定义函数计算并返回每个学生 3 门课的总分。

用 score 数组存放 3 门课成绩，并将 score 作为结构的一个成员被传递，此时用作计算总分的函数 add()只要用指针接收 score 的首地址即可。程序如下：

```
#include<stdio.h>
#define MAX 3
struct STUD                                     //定义全局结构类型
  { char name[10];
    int score[3];
    int total;};
int Add(int *p)                                 //自定义函数，计算并返回总分
  { int s=p[0],i;
    for(i=1;i<3;i++)
        s+=p[i];
    return s;
  }
void main()
  { struct STUD stud[MAX];                      //定义结构数组
    int i;
    for(i=0;i<MAX;i++)
      { printf("Name: ");
        scanf("%s",stud[i].name);               //输入姓名
        printf("3 course's Score: ");
        scanf("%d%d%d",&stud[i].score[0],&stud[i].score[1],
        &stud[i].score[2]);                     //输入 3 门课成绩
        stud[i].total=Add(stud[i].score);       //结构成员的传递
      }
    printf("输出姓名成绩及总分\n");
    for(i=0;i<MAX;i++)
      printf("%-9s  %d  %d  %d  %d\n",stud[i].name,
              stud[i].score[0],stud[i].score[1],
              stud[i].score[2],stud[i].total);
  }
```

程序中要传递的成员是一个数组，故 Add()函数用指针 p 作形参接收数组 score 的首地址。程序运行结果如下：

```
Name: Smith
3 course's Score: 60 70 80
Name: Marry
3 course's Score: 100 40 60
Name: Linda
3 course's Score: 100 100 100
输出姓名成绩及总分
Smith       60    70    80    210
Marry       100   40    60    200
Linda       100   100   100   300
```

2. 返回值方式

被调用函数可以通过返回一个结构变量或一个结构指针的方式向调用函数传递结构型数据。返回结构变量的函数称为结构函数,返回结构指针的函数称为结构指针函数。

(1) 结构函数的返回值。定义或说明结构函数的一般形式如下:

```
struct 结构标识符  函数名(形参表)
```

例如:

```
struct STUD func (int x,int y)
{ … }
```

就定义了一个 struct STUD 结构类型的函数,它可以将一个结构变量返回调用函数。

【例 8-7】 一个通讯录查询示例。通讯录中包括编号、姓名、电话和邮箱。输入一个编号,由 Find()函数进行查找,根据查找结果输出查找到的人员信息。程序如下:

```
#include<stdio.h>
#include<stdlib.h>
#include<ctype.h>
struct TXL
{ int Num;
  char name[10];
  char tele[12];
  char email[15];};
struct TXL XS[]={101,"Smith","13812345678","Smith@163.com",
                 201,"Marry","13012345678","Marry@sina.com",
                 301,"Linda","16312345678","Lin@yahoo.com",0,'\0','\0','\0'};
struct TXL Find(int n)                    //结构型函数: 按编号查找
  { int i;
    for(i=0;XS[i].Num!=0;i++)
      if(XS[i].Num==n) break;
    return(XS[i]);
  }
void main()                               //主函数
  { int number;
    char ch='y';
    struct TXL result;
    while(toupper(ch)=='Y')               //允许重复查找
      { printf("输入编号:");
        scanf("%d",&number);
        result=Find(number);              //接收结构函数返回的结构变量值
        if(result.Num!=0)
        { printf("编号:%d   ",result.Num);
          printf("姓名:%s   ",result.name);
```

```
            printf("电话:%s   ",result.tele);
            printf("邮箱:%s   \n",result.email);
        }
        else
            printf("所找编号不存在! \n");
        printf("是否继续查找(Y/N)?");
        scanf("%*c%c",&ch);
    }
    system("pause");
}
```

程序中的 Find()是一个结构函数，它根据指定的编号在结构数组 XS[]中进行顺序查找，若找到所要求的编号就退出循环，返回该编号对应的结构数组元素(相当于返回一个结构变量)；如果编号找不到，则返回最后一个数组元素，而最后一个数组元素已在初始化时赋予全“0”来作为该数组的结束标志。main()中使用 while 循环以实现反复查找。程序的运行结果如下：

```
输入编号:201
编号:201    姓名:Marry    电话:13012345678    邮箱:Marry@sina.com
是否继续查找(Y/N)?y
输入编号:302
所找编号不存在!
是否继续查找(Y/N)?y
输入编号:301
编号:301    姓名:Linda    电话:16312345678    邮箱:Lin@yahoo.com
是否继续查找(Y/N)?n
```

试想一下，如果要按照姓名查找通讯录，应如何对程序进行修改？注意，此处涉及字符串的比较，应该使用 strcmp()函数。

(2) 结构指针函数的返回值。定义或说明结构指针函数的一般形式如下：

```
struct 结构名  * 函数名(形参表)
```

例如：

```
struct STUD * func(int x,int y)
{ … }
```

定义了一个结构指针函数 func()，它可以将一个结构指针返回调用函数。

【例 8-8】 将例 8-7 程序中的结构函数改用结构指针函数。程序如下：

```
#include<stdio.h>
#include<stdlib.h>
#include<ctype.h>
struct TXL
{ int Num;
  char name[10];
  char tele[12];
  char email[15];};
```

```
struct TXL XS[]={{101,"Smith","13812345678",Smith@163.com},
                 {201,"Marry","13012345678",Marry@sina.com},
                 {301,"Linda","16312345678",Lin@yahoo.com},{0,'\0','\0','\0'}};
struct TXL * Find(int n)                        //结构型函数: 按编号查找
{   int i;
    for(i=0;XS[i].Num!=0;i++)
      if(XS[i].Num==n) break;
    return(&XS[i]);
}
void main()                                     //主函数
{   int number;
    char ch='y';
    struct TXL * result;                        //定义结构指针变量
    while(toupper(ch)=='Y')                     //允许重复查找
      { printf("输入编号:");
        scanf("%d",&number);
        result=Find(number);                    //接收结构指针函数返回值
        if(result->Num!=0)
          { printf("编号:%d   ",result->Num);
            printf("姓名:%s   ",result->name);
            printf("电话:%s   ",result->tele);
            printf("邮箱:%s   \n",result->email);
          }
        else
          printf("所找编号不存在! \n");
        printf("是否继续查找(Y/N)?");
        scanf("%*c%c",&ch);
      }
    system("pause");
}
```

与例 8-7 相比,本例程序有以下几点不同:

① Find()函数被定义成结构指针型,它的返回值是数组元素 XS[i]的首地址。

② main()中用来接收 Find()返回值的是结构指针。

③ 用结构指针访问结构成员时,要用"->"运算符。若使用"."运算符,应写成"(*result).成员名"的形式。

程序的运行结果如下:

```
输入编号:301
编号:301   姓名:Linda   电话:16312345678   邮箱:Lin@yahoo.com
是否继续查找(Y/N)?y
输入编号:302
所找编号不存在!
是否继续查找(Y/N)?y
输入编号:101
编号:101   姓名:Smith   电话:13812345678   邮箱:Smith@163.com
是否继续查找(Y/N)?n
```

8.3 递归结构与链表

8.3.1 递归结构与链表的概念

1. 递归结构

如果一个结构类型中的某些成员与该结构属于同一类型，称为递归结构，称为自嵌套结构。实践中用得最多的递归结构是：结构的一个成员是指向本结构类型的指针。例如：

```
struct NODE
{  int data;
    struct NODE * next;
};
```

是一个描述节点的结构，由数据域和指针域两部分组成，数据域用于存放数据，指针域用于存放指向下一个节点的地址。

2. 链表的概念

链表是一种应用很广的数据结构，例如，操作系统使用链表结构来将磁盘上若干不连续的存储区链接成一片逻辑上连续的区域，以便存放较大的文件。

单向链表是一种最简单的链表，它由若干节点首尾相接而成，每个节点都有数据域 data 和指针域 next，如图 8-3 所示。

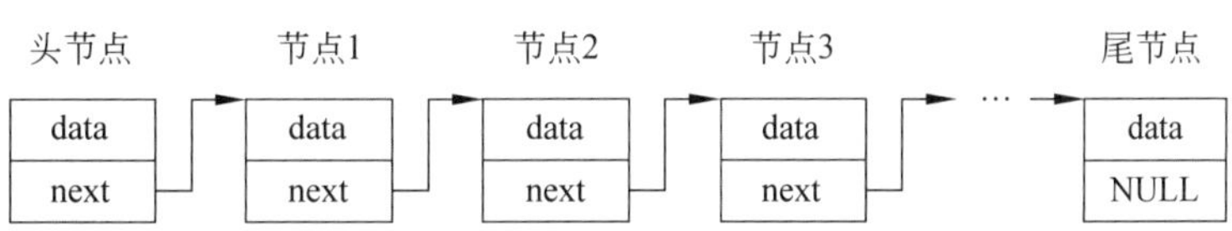

图 8-3 单向链表

单向链表中的节点可用上述递归结构来描述。通过指针将各个节点链接起来，就构成单向链表。根据各节点内存空间的分配方式，单向链表有静态链表和动态链表之分。

(1) 静态链表。静态链表各个节点所需的存储空间是在编译时分配好的，每个节点都有自己的名字。例如，下面的定义和语句可以描述一个含 3 个节点的静态单向链表：

```
struct NODE
{ int n;
  struct NODE * next;
}a,b,c, * p=&a;
a.next=&b;        //或 p->next=&b; 或 (* p).next=&b;
b.next=&c;        //或 p->next->next=&c; 或 (* (* p).next).next=&c;
c.next=NULL       //或 c.next=0; 或 c.next='\0';
```

在该链表中，a 为头节点，b 为中间节点，c 为尾节点，a、b、c 首尾相接。

(2) 动态链表。动态链表各个节点所需要的存储空间是在程序运行时用动态内存分配的方式获得的，每个节点都没有名字，对链表的操作只能通过指针进行。下面介绍内存的动态分配方法，然后介绍动态链表的基本操作。

8.3.2 内存的动态分配

1. 内存动态分配的含义

C 语言主要用两种方法使用内存，一种是由 C 编译系统分配，在编译时进行的；另一种是动态分配，是程序运行时进行的。动态分配的存储区称为堆区，由用户在程序中通过动态分配内存获取。使用动态分配内存至少有 3 个优点：一是可以更有效地使用内存；二是同一段内存可作为不同的用途，使用时申请，使用结束就释放；三是方便建立链表等动态数据结构。

2. 内存动态分配的步骤

(1) 要确切地规定需要多少内存空间，以避免存储空间的浪费，也可多为其他数据留有空间。

(2) 利用 C 编译系统提供的内存动态分配函数来分配所需要的存储空间。

(3) 使指针指向获得的内存空间，以便用指针在该空间内实施运算或操作。

(4) 当动态内存使用结束，及时释放这一空间。如果不释放获得的存储空间，则可能把堆上的内存用尽，导致内存动态分配错误。

3. 内存动态分配函数

C 编译系统提供了 4 个内存动态分配函数：calloc()和 malloc()用于动态申请内存空间；realloc()用于重新改变已分配的动态内存的大小；free()用于释放不再使用的动态内存。这 4 个函数被定义在标题文件 stdlib.h 中。在程序设计实践中常用的是 malloc()函数和 free()函数。

(1) malloc()函数。

malloc()函数的调用格式如下：

```
void * malloc(size)
```

这是一个指针型函数，用来按字节数申请内存分配。其中，参数 size 为 unsigned int 型，表示申请存储空间的字节数。如果申请成功，函数返回一个 void 型的指针，否则返回 NULL 指针。

void 型指针表示该地址并未指明存放何种类型的数据，具体到特定问题的使用时，再通过强制类型转换，将该地址转换指定类型存储单元的地址。

例如，申请 100 个整数的内存空间，可按以下方式调用：

```
int * p;
```

```
p=(int *)malloc(sizeof(int) * 100);
```

为了判定申请是否成功,通常要验证该函数的返回值是不是空指针(NULL 或 0):

```
if(p==NULL)
    exit(1);
```

如果成功,可得到能存放 100 个整型数据的动态内存的起始地址,并把这个起始地址赋给指针变量 p;如果不成功,则由 exit(1) 退出程序运行。

(2) free()函数。

free()函数的调用格式如下:

```
void free(p)
```

这是一个无返回值的函数,用来释放以 p 为起始地址的动态内存区。

(3) 测试数据长度运算符。C 语言并不规定各种类型的数据占用多大的存储空间,同一类型的数据在不同的宿主机上可能占用不同的存储空间。因此,C 语言提供了测试数据长度运算符 sizeof,以测试各种数据类型的长度,它的一般格式如下:

```
sizeof(exp)
```

其功能是给出 exp 所占用的内存字节数。其中,exp 可以是类型关键字、变量或表达式。例如:

```
sizeof(double)
sizeof(x)
sizeof(a+b)
sizeof(3 * 1.46/7.28)
```

sizeof 是一元运算符,所有的一元运算符具有相同的优先级,结合性均为从右至左。下面举一个测试 C 语言中各种数据类型长度的例子,说明 sizeof 的作用。

【例 8-9】 编写程序,利用动态分配内存存放 N 个整数的一维数组,N 的值在程序运行过程中输入,然后再从键盘输入任意 N 个整数存入该数组中,并计算其各个元素的平方和。

先通过 scanf()函数获得 N 的值,用 malloc()申请能存放 N 个 int 型数的动态内存。如果申请成功,就得到动态内存的首地址,将该地址存放在指针 p 中,通过移动指针存入 N 个整数,再通过移动指针获取各个数并计算它们的平方和。程序如下:

```
#include<stdlib.h>
#include<stdio.h>
void main()
{ int N,s,i, * p;
  printf("输入数据的个数: ");
  scanf("%d",&N);
  if((p=(int *)malloc(N * sizeof(int)))==NULL)      //动态内存申请
  { printf("动态内存分配失败.\n");
```

```
    exit(1);                                         //结束程序运行
  }
  printf("输入 %d 个整数:\n",N);
  for(i=0;i<N;i++)
    scanf("%d",p+i);
  s=0;
  for(i=0;i<N;i++)
    s=s+ * (p+i) * ( * (p+i));                       //用指针操作动态内存
  printf("该 %d 个数的平方和: %d\n",N,s);
  free(p);                                           //释放动态内存
}
```

由于申请到的动态内存是一个没有名字、只有首地址的连续存储空间,相当于一个无名一维数组,只能通过指针来存取数据。程序运行情况如下:

```
输入数据的个数: 6
输入 6 个整数:
1 2 3 4 5 6
该 6 个数的平方和: 91
```

8.3.3 动态链表的基本操作

动态链表的主要操作包括建立链表、删除节点、插入节点和链表的输出等。

1. 建立链表

建立链表需要设置 3 个指针,h 指向链表的头节点(空节点: 数据域为空),p 指向尾节点,q 指向当前节点,如图 8-4 所示。

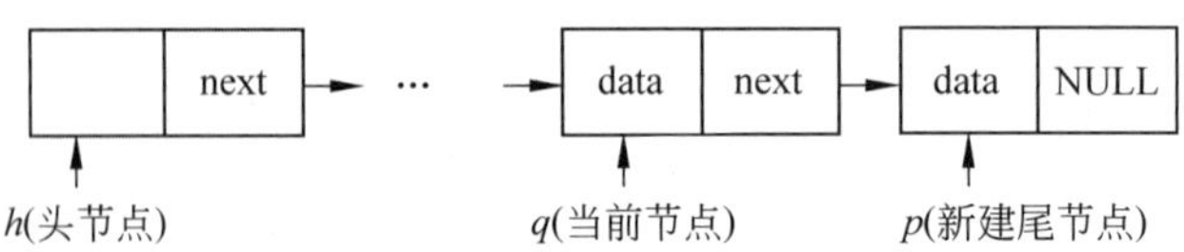

图 8-4 链表工作指针示意图

创建链表的基本过程是: 先申请一个头节点,然后依次申请新节点,并链接在前一个节点后,最后申请的新节点为链表尾节点。

【例 8-10】 创建一个链表,其每个节点存放一个非 0 整数,若输入 0,则创建完毕。

算法步骤如下:

① 通过动态内存分配申请一段存储空间,将起始地址存放在指针 h 中,h 节点数据域为空,专门存放头节点首地址,并作为函数返回值。由于此时链表只有一个节点,因此它既是头节点 h,也是当前节点 q,又是尾节点 p。

② 输入一个整数 a。

③ 若 a 不为 0,则进入④;否则,进入⑥。

④ 申请一个新节点 p,其 data 域存放整数 a,并通过将其首地址存入 q 节点的 next 域,使之被链接在当前节点 q 之后变成新的尾节点。再将 p 节点首地址存入指针 q,使 q

成为新的当前节点。

⑤ 继续输入下一个整数 a，返回③。

⑥ 结束循环，并在 p 节点的 next 域存放 NULL，作为链表结束的标记。

⑦ 将链表的头指针 h 返回调用函数。

程序如下：

```
#include<stdio.h>
#include<stdlib.h>
struct NODE
{ int data;
  struct NODE *next;
};
struct NODE *Creatlist()
{ struct NODE *h, *p, *q;
  int a;
  h=(struct NODE *)malloc(sizeof(struct NODE));       //头节点数据域为空
  p=q=h;                        //h 指向头节点,q 指向当前节点,p 指向尾节点
  scanf("%d",&a);
  while(a!=0)
    { p=(struct NODE *)malloc(sizeof(struct NODE)); //产生新节点 p
      p->data=a;                                    //a 存入 p 节点数据域
      q->next=p;                //将 p 节点链接在当前节点 q 之后,成为新的尾节点
      q=p;                                          //q 为新的当前节点
      scanf("%d",&a);
    }
    p->next=NULL;                                   //链表尾
  return h;                                         //返回头节点首地址
}
void main()
{ struct NODE *head;
  head=Creatlist();
}
```

2. 输出链表

输出链表的基本过程是：从头节点开始，顺序查找链表中的各个节点，并输出各节点数据域中的数据，直到链表尾节点为止。

【例 8-11】 输出例 8-10 创建的链表。

算法步骤如下：

① 根据调用程序传递来的链表首地址找到该链表的头节点，将头节点作为当前节点，取其 next 域中的地址存入指针 p，注意，头节点数据域为空。

② 若 p 不是 NULL，则进入③；否则，进入④。

③ 输出节点 p 的 data 域数据，并将该节点 next 域中的地址存入指针 p，返回②。

④ 返回调用函数。

程序如下：

```
void Printlist(struct NODE * h)
{ struct NODE * p;
  p=h->next;          //将头节点作为当前节点,取其 next 域中的地址存入 p
  while(p!=NULL)      //循环到尾节点
  { printf("->%d ",p->data);
    p=p->next;        //取当前节点 next 域中的地址存入 p
  }
     printf("\n");
}
void main()
{ struct NODE * head;
  printf("输入数据,建立链表: ");
  head=Creatlist();
  printf("输出链表: ");
  Printlist(head);
}
```

组合例 8-9 和例 8-10 的程序(将例 8-10 中的 printlist()函数置入例 8-9 中 main()函数的相应位置),可以得到如下运行结果：

```
输入数据, 建立链表: 9 8 7 6 5 4 3 2 1 0
输出链表: ->9 ->8 ->7 ->6 ->5 ->4 ->3 ->2 ->1
```

3. 删除链表节点

【例 8-12】 删除链表中的某个节点。

删除链表节点实质上是将待删除节点的后继节点直接链接到它的前驱节点上。因此,首先要找到待删除的节点 p 及其前驱节点 q,然后将 p 节点 next 域中的地址存入 q 节点的 next 域,并释放 p 节点所占的存储空间。

查找节点 p 的算法步骤如下。

① 从链表头开始,将头节点作为当前节点,将其 next 域中的地址存入指针 p,q 为 p 的前驱节点。如果当前节点不是链表末尾,其 data 域值也不是要查找的 x,则进入下一步。

② 循环顺序移动 q 和 p 指针,保证 q 指针在前,p 指针在后。直到已达链表末尾或已找到其 data 域值为 x 的 p 节点,退出循环。

③ 如果已到链表末尾仍未找到 x,就返回 NULL 指针;如果已找到满足条件的 p 节点,就返回 q,即待删除节点的前驱节点的指针。程序如下：

```
struct NODE * Find(struct NODE * h, int x)        //查找数据域为 x 的节点
{ struct NODE * p, * q;
  p=h->next;                  //将头节点作为当前节点,取其 next 域中的地址存入 p
```

```
  q=h;
  while(p!=NULL&&p->data!=x)
  { q=p;
    p=p->next;
  }
  if(p==NULL) q=NULL;       //未找到待删节点,返回 NULL
  return q;                 //返回待删节点的前驱节点首地址
}
```

删除节点 p 的算法步骤如下。

① 如果头节点指针域为 NULL,显示"链表为空.",并返回 0;否则,调用查找函数 find()。

② 若查找函数 find()的返回值 q 为 NULL,则显示"未找到待删节点.",并返回 0;否则,由 q 节点找到待删节点 p,并将待删节点 p 的后继节点连接到节点 q 的后面,并在释放 p 节点所占的内存空间后返回 1,如图 8-5 所示。

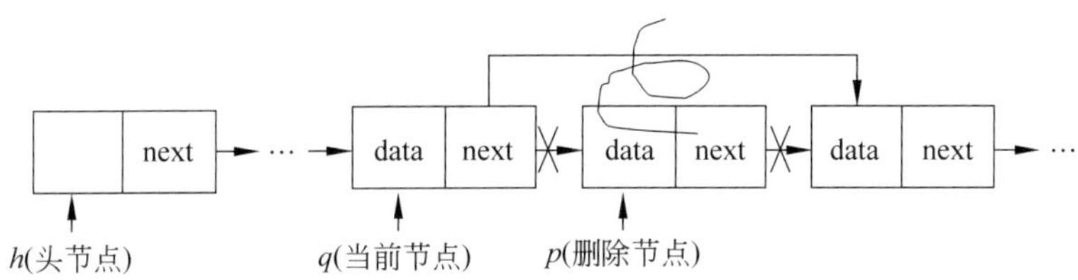

图 8-5　删除链表中节点工作示意图

删除链表中节点的程序如下:

```
int Dele(struct NODE * h, int x)       //删除数据域为 x 的节点
{ struct NODE * p, * q;
  if(h->next==NULL)
    { printf("链表为空.\n");
      return 0;
    }
  q=Find(h,x);
  if(q!=NULL)                          //待删除的节点是否存在
    { p=q->next;                       //p 为待删节点
      q->next=p->next;                 //将 p 的后继节点作为 q 节点的后继节点
      free(p);                         //删除节点 p 并释放它占用的内存空间
      printf("已删除指定节点.\n");
      return 1;
    }
  else
    { printf("未找到待删节点.\n");
      return 0;
    }
}
```

```
void main()
{ struct NODE * head, * s;
  int n;
  char ch='y';
  printf("输入数据,建立链表: ");
   head=Creatlist();
  printf("输出链表: ");
  s=head->next;
  Printlist(head);
  while(toupper(ch)=='Y')
  {   printf("输入待删节点的值: ");
        scanf("%d",&n);
        Dele(head,n);
        printf("是否继续删节点(Y/N)?");
          scanf("%*c%c",&ch);
  }
    printf("删除节点后的链表: ");
    Printlist(head);
    system("pause");
  }
```

运行程序后,其显示结果如下:

```
输入数据, 建立链表: 9 8 7 6 5 4 3 2 1 0
输出链表: ->9 ->8 ->7 ->6 ->5 ->4 ->3 ->2 ->1
输入待删节点的值: 16
未找到待删节点.
是否继续删除节点(Y/N)?y
输入待删节点的值: 6
已删除指定节点.
是否继续删除节点(Y/N)?N
删除节点后的链表: ->9 ->8 ->7 ->5 ->4 ->3 ->2 ->1
```

4. 在链表中插入节点

在链表中插入节点,首先要找到待插节点的位置 p,然后申请新节点存储空间 s,并将新节点作为 p 节点的前驱节点,实现在 p 节点之前插入新节点。

【例 8-13】 假设有一个链表,其中各节点 data 域中的数据已按从大到小的顺序排列,要将某个 data 域值为 x 的节点 s 插入适当的位置,仍保持有序排列,其算法过程为:

① 申请动态内存存放要插入的节点 s。

② 从链表的头节点开始(将指针 q 指向头节点,指针 p 指向下一节点),不断顺序移动指针 q 和 p,保证 q 节点在前,p 节点紧随其后,直到找到某一节点 p,它要么已到链表末尾,要么其 data 域值已小于 x,该节点就是 s 节点的后继节点。

③ 将 p 节点首地址存入 s 节点的 next 域,将 s 节点的首地址存入 q 节点的 next 域。如图 8-6 所示。

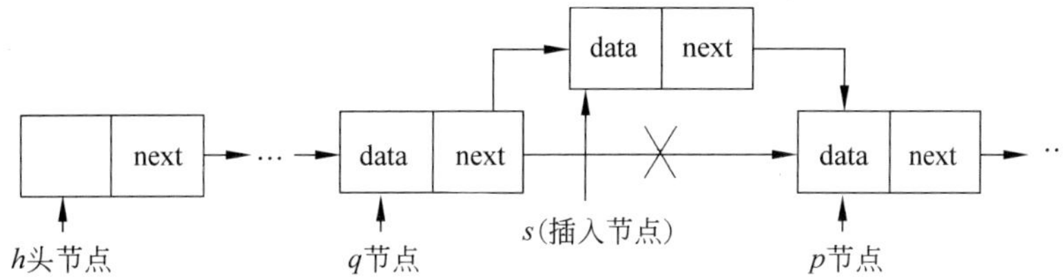

图 8-6　链表中插入节点 s 工作示意图

程序如下：

```
void   Insert(struct Node * h, int x)        //将数据域为 x 的节点插入链表
{ struct NODE * p, * q, * s;
   s=(struct NODE * )malloc(sizeof(struct NODE));
   s->data=x;
   q=h;
   p=h->next;
   while(p!=NULL&&x<p->data)
     { q=p;
       p=p->next;
     }
   s->next=p;
   q->next=s;
}

#include<stdio.h>                        //文件包含说明
#include<stdlib.h>                       //文件包含说明
struct Node                              //链表结构说明
{ int data;
  struct NODE * next;  };
struct NODE * Creatlist();               //以下为函数说明
void Printlist();
struct node * Find();
int Dele();
void Insert();
void main()                              //主函数
{ struct NODE * head;
  int n;
  printf("输入数据,建立链表：");
  head=Creatlist();                      //创建链表
  printf("输出链表：");
  Printlist(head);                       //输出链表
  printf("输入待删节点的值：");
  scanf("%d",&n);
  Dele(head,n);                          //删除链表中的节点
```

```
  Printlist(head);
  printf("输入待插入节点的值: ");
  scanf("%d",&n);
  Insert(head, n);                    //在链表中插入节点
  Printlist(head);
}
```

运行程序后,输入相关数据,其显示结果如下:

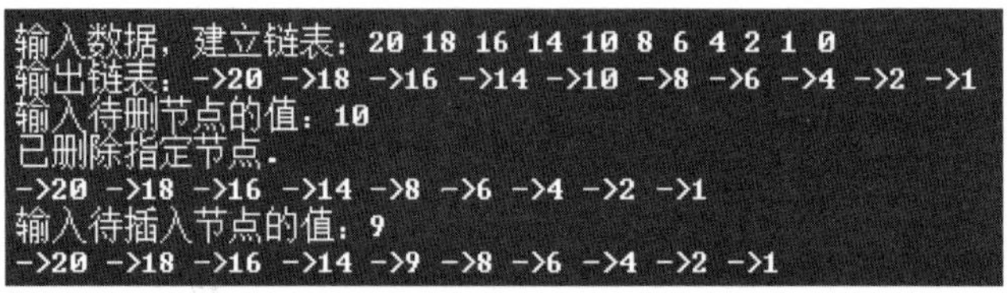

```
输入数据, 建立链表: 20 18 16 14 10 8 6 4 2 1 0
输出链表: ->20 ->18 ->16 ->14 ->10 ->8 ->6 ->4 ->2 ->1
输入待删节点的值: 10
已删除指定节点.
->20 ->18 ->16 ->14 ->8 ->6 ->4 ->2 ->1
输入待插入节点的值: 9
->20 ->18 ->16 ->14 ->9 ->8 ->6 ->4 ->2 ->1
```

【例 8-14】 单向循环链表是链头和链尾相接的一种链表,如图 8-7 所示。编一个程序创建具有 N 个节点的单向循环链表,并计算该链表中每 3 个相邻节点数据域中数值的和,从中找出最小值。

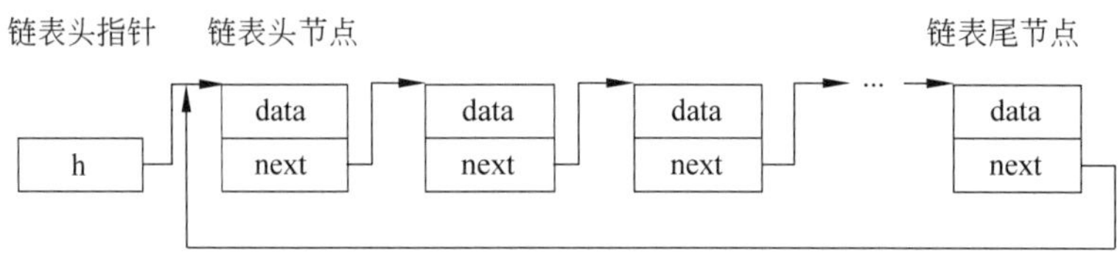

图 8-7 单向循环链表示意图

程序如下:

```
#include<stdlib.h>
#define N 8
struct NODE
{  int data;
    struct NODE * next; };
main()
  { struct NODE * h, * p, * q;
    int i,m,m3;
/ * 建立 N 个节点的单向循环链表 * /
    p=q=h=(struct NODE * )malloc(sizeof(struct NODE));
    printf("输入 %d 个整数: ",N);
    for(i=0;i<N;i++)
      { scanf("%d",&p->data);           //建立当前节点数据域
        p=(struct NODE * )malloc(sizeof(struct NODE));
        if(i==(N-1)) continue;
        q->next=p;                      //保存下一节点首地址
        q=p;
      }
```

```
/* 链头和链尾相接,形成单向循环链表 */
        q->next=h;
/* p 指向链头 */
        p=h;
/* 计算每 3 个相邻节点数据值之和,寻找最小值,直至回到链头 */
        m3=p->data+p->next->data+p->next->next->data;
        printf("%d\t",m3);              //输出前 3 个节点数据之和
        for(p=p->next;p!=h;p=p->next)
          { m=p->data+p->next->data+p->next->next->data;
            printf("%d\t",m);           //输出相邻 3 个节点数据之和
            if(m3>m) m3=m;
          }
        printf("MIN=%d\n",m3);          //输出最小值
}
```

程序用动态内存分配的方式建立节点,用 h 存放链头地址,用 p 存放新节点地址,用 q 存放尾节点地址,将最后一个节点的指针域存放链头的地址,形成循环链表。

运行程序后,输入相关数据,其显示结果如下:

```
输入 8 个整数: 60 50 40 30 20 10 70 80
输出相邻3个数的和: 150  120   90   60   100   160   210   190
最小值: 60
```

8.4 枚举类型

枚举类型是列枚举元素的集合,其中,每个枚举元素代表一个值。如果一个变量只有有限几种可能的值,就可以将它定义成枚举类型变量。所谓"枚举"是将变量的值一一列举出来,变量的值只限于列举值的范围内。因此,枚举可以看成是 C 语言中定义符号常量的第 3 种方法。另外两种方法是在第 2 章讲的采用 define 和 const 进行的常量定义。

1. 枚举类型及枚举变量的定义

枚举类型的定义形式如下:

```
enum  枚举标识符  {枚举元素表} [枚举变量];
```

其中,enum 是关键字,enum 连同其后的枚举标识符一起称为枚举类型名;"{}"中的枚举元素是一个个由用户自行定义的标识符。例如,

```
enum color {red,yellow,blue,white,black};
```

定义了枚举类型 color,它的枚举元素依次为 red、yellow、blue、white 和 black。

枚举类型变量或数组的定义,可以套用 8.1 节中有关结构类型使用的 3 种方式。

2. 枚举元素的取值

枚举元素是符号常量,它们的值不能用赋值或输入的方式获取,只能在定义或初始化

时获得。

(1) 未进行初始化的枚举元素，按其在枚举元素表中的排列次序依次从 0 开始取值，即第一个元素的值为 0，第二个元素的值为 1，以此类推。例如前面定义的枚举类型 color 中，red 的值为 0，yellow 的值为 1，…，black 的值为 4。

(2) 可以在定义枚举类型时对枚举元素初始化，为一个或多个枚举元素指定希望的值。初始化时，每使用一个初值后，其后的元素依次比它前面的元素大 1。也允许多个元素取相同的值。例如：

```
enum position {east,west=10,south=10,north} loc;
```

则未经初始化的 east 取 0 值，west 初始化为 10，south 初始化为 10，north 的值则在 south 的基础上递增 1，为 11。

3. 枚举变量的使用

枚举变量允许进行 3 种运算：赋值运算、算术运算和关系运算。

(1) 枚举变量的赋值不能通过键盘输入的方式进行，只能使用下列 3 种方式。

① 用枚举元素给枚举变量赋值。例如：

```
enum WEEK {sun=7,mon=1,tue,wed,thu,fri,sat} workday;
workday=sat;
```

则 workday 的值为 6。

② 同类型的枚举变量间相互赋值。

③ 用经过强制类型转换的整数值给枚举变量赋值。例如：

```
workday=(enum WEEK)6;
```

相当于 workday＝sat。注意，赋给枚举变量的整数值不能超出枚举范围以外。

(2) 枚举变量被视同整数，允许它们参与各种算术运算。

(3) 枚举变量可以与枚举常数、同类型的枚举变量之间进行比较运算。

【例 8-15】 枚举变量用作循环变量和数组下标。程序如下：

```
#include<stdio.h>
enum Coin {penny,nickel,dime,quarter,half_dollar,dollar};
char name[][10]={"January","Febryary","March","April","May","June","July",
                 "August","September", "October","November","December"};
void main()
{ enum Coin money;
  for(money=penny;money<=dollar;money++)
    printf("%s  ",name[2*money]);
  printf("\n");
  for(money=penny;money<=dollar;money++)
  { switch(money)                  //注意枚举类型变量的应用方式
    { case penny:printf("penny\n");break;
```

```
            case nickel:printf("nickel\n");break;
            case 2:printf("dime\n");break;
            case 3:printf("quarter\n");break;
            case 4:printf("half_dollar\n");break;
            case 5:printf("dollar\n");break;
        }
    }
}
```

程序运行结果如下：

```
January  March  May  July  September  November
penny
nickel
dime
quarter
half_dollar
dollar
```

8.5 类型定义

C 语言为了适应用户的习惯和便于程序移植，允许用户通过类型定义将已有的类型名定义成新的类型标识符。经类型定义后，新的类型标识符与原标识符可以等效使用。

1. 类型定义的形式

类型定义的一般形式如下：

```
typedef  typename  NewName;
```

其中，typedef 是类型定义关键字；typename 是已有的类型标识符，如 int、float、已定义过的结构、位段、枚举等；NewName 是新的类型标识符。

经过 typedef 定义的新类型标识符是原有类型标识符的别名。凡是原有类型标识符使用的地方都可以用新类型标识符等效替代。

2. 类型定义的使用

(1) 用新类型标识符定义变量。typedef 与变量的联用，只要用 typedef 将原类型关键字定义成新的类型标识符，就可以用新类型标识符来定义变量。例如，若进行如下类型定义：

```
typedef int INTEGER;
typedef float REAL;
typedef char CHARACTER;
```

就可以用新定义的类型标识符去定义变量：

```
INTEGER i,j;                    //等效于 int i,j;
```

```
REAL a,b ;                        //等效于 float a,b;
CHARACTER ch1,ch2 ;               //等效于 char ch1,ch2;
```

(2) 用新类型标识符定义数组、结构、指针、函数。下面以数组为例，介绍如何用 typedef 定义新类型标识符，然后用新类型符定义数组、结构、指针、函数的方法。若要用新类型标识符 CHARACTER 定义能存放 80 个字符的数组 s，可按下列步骤进行类型定义：

① 用常规定义的方式写出数组定义：

```
char s[80];
```

② 将上述定义中的数组名 s 用新类型标识符替换：

```
char CHARACTER[80];
```

③ CHARACTER[80]为新类型标识符，用 typedef 将上面的结果连接起来：

```
typedef char CHARACTER[80];
```

④ 用新类型标识符定义可存放 80 个字符的字符型数组 s 等：

```
CHARACTER s,a;                    //等效于 char a[80],s[80];
```

按照上述同样的步骤，可以用 typedef 定义二维数组、结构、指针、函数的新类型符。例如，用新类型符 Array 定义 int 型 3 行 4 列数组 x[3][4]，y[3][4]的语句如下：

```
typedef int Array[3][4];
Array x,y;                        //等价于 int x[3][4],y[3][4];
```

用新类型符 DATE 定义下列 struct ST 结构类型的变量 birthday 和指针 p 的语句如下：

```
struct ST
{ int year;
    int month;
    int day;};
typedef struct ST DATE;           //定义新类型标识符 DATE
DATE birthday, * p;
```

也可以将原结构类型定义和新类型标识符的定义同时完成，即：

```
typedef struct ST
{ int year;
    int month;
    int day;} DATE;               //定义新类型标识符 DATE
DATE birthday, * p;               //等效于 struct ST birthday, * p;
```

用新类型符 PFLOAT 定义 float 型指针 p 的语句如下：

```
typedef float * PFLOAT;
```

```
PFLOAT p1,p2;                    // 等效于 float *p1, *p2;
```

用新类型符 FCH 定义 char 型函数 af()的语句如下：

```
typedef char FCH()
FCH af;                          //等效于 char af();
```

（3）类型的嵌套定义。用 typedef 定义了一个新类型符后，还可以再用 typedef 将新类型符定义成另一个新类型符，即嵌套定义。例如，上面已经定义了新类型符 FCH，并用它定义了 char 型函数 af()，还可以再将 FCH 定义成另一个新类型符 PFCH，并用该类型符定义函数指针 af：

```
typedef char FCH()               //定义新的函数类型标识符 FCH
typedef FCH *PFCH                //定义新的指针类型标识符 PFCH
PFCH af;                         //等效于 char(*af)();
```

3. 说明

（1）用 typedef 可以将已有的各种类型符定义成新的类型符，但不能直接定义变量。

（2）typedef 只是对已有的类型符增加一个新的别名，并不能创造新的类型，也不是取代现有的类型符。

（3）typedef int INTEGER 与 #define INTEGER int 有相似之处，它们都是用 INTEGER 代表 int，但 #define 是在预编译时处理的，它只能作简单的字符串替换，而 typedef 是在编译时处理的，并不是作简单的字符串变换。

本章应重点掌握结构类型的定义方法，以及结构类型的变量、数组、指针及指针数组的定义、初始化、引用、赋值、输入、输出及在函数间传递的方法；枚举类型的基本知识，类型定义的方法和作用。难点包括结构成员的访问形式及其地址表示形式，结构类型变量成员的存储分配模式，结构类型的数据在函数间传递的基本机制，用结构处理链表的基本操作，类型定义的使用。

习题 8

一、选择题

1. 定义如下结构：

```
struct SK
{ int a; float b; }data, *p;
```

若指针 p 指向结构变量 data，即有 p=&data;，则对 data 中的 a 域的正确引用是(　　)。

A. (*p).a　　B. (*p).data.a　　C. p->data.a　　D. p.data.a

2. 若定义如下结构，能打印出字母 M 的语句是(　　)。

```
struct Person { char name[9]; int age; }
struct Person CLASS[10]={"John",17,"Paul",19,"Mary",18,"Adam",16};
```

A. printf("%c\n",CLASS [2].name[1]);

B. printf("%c\n",CLASS [2].name[0]);

C. printf("%c\n",CLASS [3].name);

D. printf("%c\n",CLASS [3].name[1]);

3. 下面程序的输出结果是(　　)。

```
main()
{   struct Cmplx { int x;int y;} cnum[2]={1,3,2,7};
    printf("%d\n",cnum[0].y/cnum[0].x * cnum[1].x);
}
```

A. 0　　B. 1　　C. 3　　D. 6

4. 下列程序的输出结果是(　　)。

```
struct ABC
{ int a; int b; int c; };
main()
{ struct ABC s[2]={{1,2,3},{4,5,6}};
  int t;
  t=s[0].a+s[1].b;
  printf("%d\n",t);
}
```

A. 5　　B. 6　　C. 7　　D. 8

5. 设有如下结构定义:

```
struct Address
{ char name[30]; char street[40];
  char city[20]; char office[30];
  char phone[10]; int age;} stud;
```

若用 printf("%s\n",…)访问该结构中 name 值的正确方法是__【1】__,用 scanf("%d",…)访问结构元素 age 的地址的正确方法是__【2】__。

【1】A. stud->name　　B. &stud.name　　C. stud.&name　　D. stud.name

【2】A.stud.&age　　B. &stud.age　　C. stud.age　　D. stud->age

6. 下面程序的输出结果为(　　)。

```
#include<stdio.h>
struct ST
{ int x;
  int * y;
} * p;
int dt[4]={10,20,30,40};
```

```
struct ST aa[4]={50,&dt[0],60,&dt[1],70,&dt[2],80,&dt[3]};
main()
{ p=aa;
  printf("%d  ",++p->x);
  printf("%d  ",(++p)->x);
  printf("%d\n",++(*p->y));
}
```

A. 10　20　20　　B. 50　60　21　　C. 51　60　21　　D. 60　70　31

7. 设有以下语句

```
struct ST
{ int n;
  struct ST *next;
};
static struct ST a[3]={5,&a[1],7,&a[2],9,'\0'},*p;
p=&a[0];
```

则值为 6 的表达式是(　　)。

A. p->n++　　B. ++p->n　　C. (*p).n++　　D. p++->n

8. 以下程序的输出结果是(　　)。

```
#include<stdio.h>
struct STU
{ int num; char name[10]; int age; };
void Fun(struct STU *p)
{ printf("%s\n",(*p).name); }
main()
{ struct STU
  students[3]={{9801,"Zhang",20},{9802,"Wang",19},{9803,"Zhao",18}};
  Fun(students+2);
}
```

A. 18　　B. Wang　　C. Zhang　　D. Zhao

9. 若已建立如图 8-8 所示的单向链表结构：在该链表结构中，指针 p、s 分别指向图中所示节点，则不能将 s 所指的节点插入到链表末尾，仍构成单向链表的语句是(　　)。

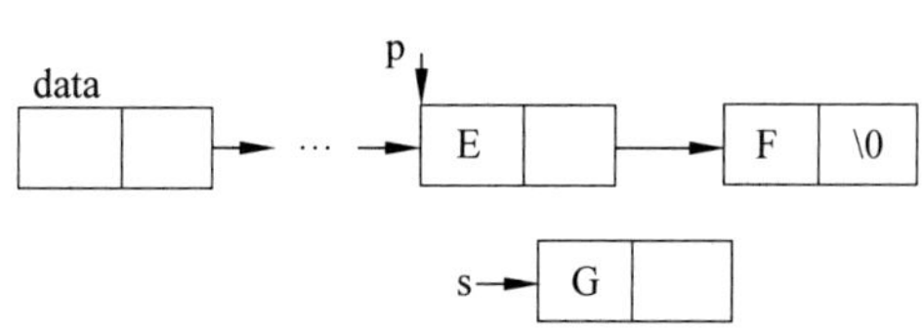

图 8-8　单链表插入示意图

A. p=p->next;s->next=p;p->next=s;

B. s->next=NULL;p=p->next;p->next=s;

C. p=p-> next;s-> next=p-> next;p-> next=s;

D. p=(* p).next;(* s).next=(* p).next;(* p).next=s;

10. 有以下结构类型说明和变量定义，且如图 8-9 所示，指针 p 指向变量 a，指针 q 指向变量 b。则不能把节点 b 连接到节点 a 之后的语句是(　　)。

图 8-9　节点示意图

```
struct node
{ char data;
  struct node * next;
} a,b, * p=&a, * q=&b;
```

A. a.next=q;　　　　B. p.next=&b;

C. p->next=&b;　　　　D. (* p).next=q;

二、填空题

1. 若有以下定义和语句，则 sizeof(a)的值是________。

```
struct Date
{ int day;
  int month;
  int year;
} a;
```

2. 若有以下结构类型说明和结构变量定义，则变量 a 在内存所占的字节数是________。

```
struct stud
{    char num[6];
     int s[4];
     double ave;
} a, * p;
```

3. 有以下定义和语句，可用 a.day 引用结构成员 day，请写出引用结构成员 a.day 的其他两种形式 __【1】__ 、__【2】__ 。

```
struct { int day; char month; int year; } a, * b;
b=&a;
```

4. 现有如图 8-10 所示的存储结构，每个节点含两个域：data 是指向字符串的指针域，next 是指向节点的指针域。请填空完成此结构的类型定义和说明。

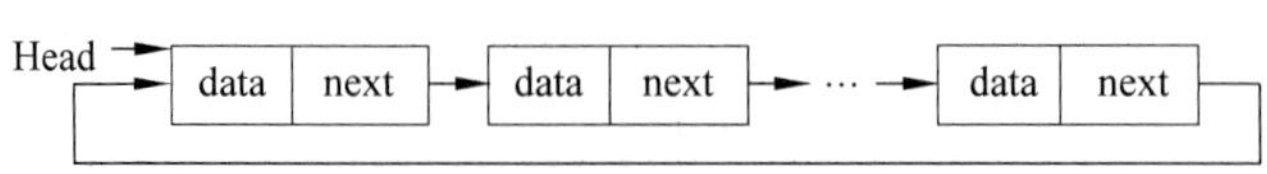

图 8-10　单循环链表示意图

```
struct Link
```

```
{    【1】 ;
     【2】 ;
} * head;
```

5. 若要使指针 p 指向一个 double 型的动态存储单元，请填空。

```
p=________ malloc(sizeof(double));
```

6. 用以下语句调用库函数 malloc()，使字符指针 st 指向具有 11B 的动态存储空间，请填空。

```
st=(char * )________;
```

7. 变量 root 有如图 8-11 所示的存储结构，其中 sp 是指向字符串的指针域，next 是指向该结构的指针域，data 用以存放整型数，请填空，完成此结构类型说明和变量 root 的定义。

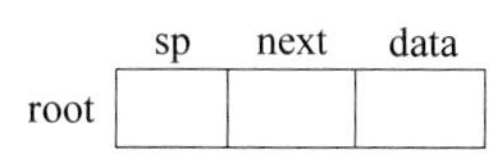

图 8-11　变量 root 的存储结构

```
struct List
{ char * sp;
  【1】 ;
  【2】 ;
} root;
```

8. 以下函数 creat()用来建立一个带头节点的单向链表，新产生的节点总是插在链表的末尾。单向链表的头指针作为函数值返回。请填空。

```
#include<stdio.h>
struct List
{ char data;
  struct List * next;
}
struct List * creat()
{ struct List * h, * p, * q;
  char ch;
  h= 【1】 malloc(sizeof(strct List));
  p=q=h;
  ch=getchar();
  while(ch!='?')
  { p= 【2】 malloc(sizeof(struct List));
    p->data=ch;
    q->next=p;
    q=p;
    ch=getchar();
  }
  p->next='\0';
  【3】 ;
}
```

三、编程题

1. 用结构数组建立含 5 个人的通讯录,包括姓名、地址和电话号码。能根据键盘输入的姓名查找并输出该姓名及对应的电话号码。

2. 用结构数组存放一个数据库,含 10 个人的考试成绩,包括姓名、数学、计算机、英语、体育和总分,其中总分由程序自动计算。主程序能输出排序后的数组。按总分从高到低排序由子程序 sort()完成。

3. 编写程序,要求利用结构数组实现输入 3 个人的姓名和年龄,并输出 3 个人中最年长者的姓名和年龄。

第9章

文件与预处理

数据文件是程序设计中的一个重要概念，是实现程序和数据分离的重要方式。前几章涉及的都是程序文件，程序运行时所有的输入和输出都只涉及键盘和显示器。本章主要介绍如何建立和使用数据文件，使得程序在运行时，能自动从存储在外部介质上的文件中读取数据，输出数据也记录到外部介质上的文件中。其次，介绍几种常用的编译预处理方法。

9.1 文件概述

用户自行编制的程序要保存在磁盘上，这些保存在磁盘上的源程序就是程序文件，它是一种文本文件。由于操作系统具有“按名存取”的功能，所以保存在磁盘上的程序文件随时都可以使用。程序运行时，通常要从键盘输入数据，运行结果则显示在屏幕上。但是这种输入输出方式不便于大量数据的输入和运行结果的长期保存。因此，可以将要输入的数据保存在外部介质（目前最常用的外部介质是磁盘）上，程序运行结果也作为文件保存在外部介质上。这样，程序运行所需要的数据就可以从外部文件输入，而不必从键盘输入，这一过程称为“取”文件或“读”文件；将运行结果存储到外部介质上，从而使结果可以长期保存，这一过程称为“存”文件或“写”文件。保存在外部介质上的数据的集合就是数据文件。

1. 文件的逻辑结构

文件的逻辑结构是指按什么形式将一批数据组织成文件。

(1) C语言使用的是“流”式文件，即输入输出的数据都按“数据流”的形式进行组织，整个文件就是一串字符流或二进制流，其间没有记录和字段的界限，输入输出数据流的开始和结束只受程序控制，而不受物理符号（如回车换行符）的控制。

(2) 流式文件可分为文本文件（即ASCII码文件）和二进制文件两类。

① 文本文件，也称ASCII文件，是一种字符流文件。文件由一个个字符首尾相接而

成，其中每个字符占1B，存放的是字符的ASCII码。例如，一个int型的整数-123456，它在内存中要占2B，以二进制形式存放，而在文本文件中，它将占6B，按书写形式存放，每个字符占用1B。要将该数写入文本文件，首先要将内存中2B的二进制数转换成6个字符的ASCII码；若要将该数从文本文件读进内存，首先要将这6个字符转换成2B的二进制数。文本文件的优点是可以直接阅读，而且ASCII码标准统一，使文件易于移植，但其缺点是输入输出都要进行转换，效率低。

② 二进制文件中的数据是按其在内存中的存储形式存放的。例如，一个double型的常数1.0，不管其书写形式如何，在内存中及文件中均占8B，如果一个二进制文件中存储了100个双精度数，则该文件的长度就是800B。由于二进制文件在输入输出时，不必进行转换，故效率高。二进制文件只能供机器阅读，人工无法阅读，也不能打印。由于不同的计算机系统对数据的二进制表示也各有差异，因此可移植性差。一般用二进制文件来保存数据处理的中间结果，供本计算机以后使用。

2. 文件的存取方式

将内存的数据存入文件及将文件中的数据读入内存统称文件的存取。C语言支持的文件存取方式有两种：顺序存取和随机存取。

(1) 顺序存取只能依先后次序存取文件中的数据，存取完第一字节，才能存取第二字节；存取完第 $n-1$ 字节，才能存取第 n 字节。

(2) 随机存取也称直接存取，可以直接存取文件中指定的数据，例如，可以直接存取指定的第 i 字节(或字符)，而不管第 $i-1$ 字节是否已经存取。

文件的存取方式与该文件是文本文件还是二进制文件无关，即它们都可以用顺序方式或随机方式进行存取。

3. 文件操作的步骤

在C语言中，文件的存取是通过C编译系统提供的文件操作函数实现的，一般要经过以下3个步骤。

(1) 打开文件。用标准库函数fopen()打开文件，它通知编译系统3个信息：需要打开的文件名；使用文件的方式(读还是写等)；使用的文件指针。

(2) 文件读写。用文件输入输出函数对文件进行读写，这些输入输出函数与前面介绍的标准输入输出函数在功能上有相似之处，但使用上又不尽相同。

(3) 关闭文件。文件读写完毕，用标准函数fclose()将文件关闭。它的功能是把数据真正写入磁盘(否则数据可能还在缓冲区中)，切断文件指针与文件名之间的联系，释放文件指针。如不正常关闭文件，则多半会导致数据丢失或损坏。由于大多数操作系统对一个程序可以同时打开的文件数目有某些限制，因此当文件不再使用时，及时关闭它们是必要的。通常，当程序正常运行结束时，系统也会自动关闭所有已打开的文件。文件操作所使用的标准库函数如表9-1所示，它们都定义在标题文件stdio.h中。

表 9-1　文件存取的操作步骤及相关库函数

文件操作步骤	相关的库函数
打开文件	fopen()
文件读写	fscanf()　fprintf()　格式 I/O 函数 getc()　putc()　字符 I/O 函数 fgetc()　fputc()　字符 I/O 函数 fgets()　fputs()　字符串 I/O 函数 fread()　fwrite()　数据块 I/O 函数
关闭文件	fclose()

9.2　文件的打开与关闭

1. 文件指针

在进行文件操作时，要用到文件指针。文件指针用来指向文件中当前操作的位置，当文件指针与某个文件连接之后，用户就通过文件指针而不是通过文件名来存取文件。文件指针是由系统在标题文件 stdio.h 中定义的名为 FILE 的结构类型，该结构类型的成员分别用来存放文件名、文件状态标志及缓冲区大小等信息。用户不必了解其中的细节，能用类型名 FILE 来定义文件指针就可以。

（1）定义文件指针的格式如下：

```
FILE  * fp1, * fp2;
```

这样，fp1 和 fp2 就成为文件指针，用 fopen()函数可将它们指向指定的文件。

（2）一个文件指针可以指向一个文件，因此同时打开几个文件就应该有几个文件指针，不允许用一个文件指针同时指向两个或两个以上的文件，也不允许几个指针指向同一文件。

2. 打开文件

（1）打开文件要用库函数 fopen()，其调用格式如下：

```
FILE * fp;
fp=fopen(fname,mode);
```

其中，fname 是要打开的文件名，可以是字符串常数、字符型数组或字符型指针，文件名可以带路径；mode 表示文件的使用方式，它规定了打开文件的目的，如表 9-2 所示。

文件正常打开后，fopen()函数返回文件在内存中的起始地址，把该地址赋给文件指针 fp，就建立起文件指针 fp 和文件 fname 之间的连接，即 fp 指向文件 fname。此后对文件的操作就通过文件指针进行，而不再使用文件名。如果不能打开指定的文件，则返回 NULL。例如：

表 9-2　文件使用方式

使用方式	含　义	使用方式	含　义
"r"或"rt"	打开文本文件，只读	"rb"	打开二进制文件，只读
"w"或"wt"	创建文本文件，只写	"wb"	创建二进制文件，只写
"a"或"at"	打开文本文件，追加	"ab"	打开二进制文件，读、追加
"r+"或"r+t"	打开文本文件，读、覆盖写	"r+b"	打开二进制文件，读、覆盖写
"w+"或"w+t"	创建文本文件，先写后读	"w+b"	创建二进制文件，先写后读
"a+"或"a+t"	打开文本文件，读、追加	"a+b"	打开二进制文件，读、追加

```
#include<stdio.h>
FILE * fp;
main()
{
    …
    fp=fopen("c:\data.txt","w");
    …
}
```

如果 C 盘上已有该文件，则删除该文件原有内容，可以写入新数据；如果文件不存在，则建立以 data.txt 为文件名的新文件，等待写入数据。

为确保文件操作的正常进行，有必要在程序中检测文件是否正常打开，即打开文件操作是否成功。常用下面的程序段来打开文件：

```
if((fp=fopen("fname","w"))==NULL)
{ printf("cannot open file"); exit(1); }
```

即当文件不能正常打开时，屏幕提示“cannot open file.”，程序运行终止。exit()函数的功能是终止程序运行，关闭文件，它定义在标题文件 stdio.h 中；若文件成功打开，程序就可以继续往下运行。

(2) 关于文件使用方式的说明。

① w 方式，只能用于向文本文件写数据。若指定的文件不存在，则创建该文件；若指定的文件已存在，则先删除文件中的全部内容。文件打开时，文件指针指向文件开头。

② r 方式，只能用于从文本文件中读数据。若指定的文件不存在，则出现错误信息。文件打开时，文件指针指向文件开头。

③ a 方式，用于向文件末尾添加数据。若指定的文件存在，将它打开，并将文件指针指向文件末尾，新写入的内容被追加在原有数据之后；若指定的文件不存在，则创建该文件，这时文件指针指向的既是文件头，也是文件尾。

④ r+，w+，a+方式，用于以既可读也可写的方式打开文本文件。它们的区别如下。

- r+：用该方式打开文件后，若写入数据，则写入的内容只覆盖新数据需要的空间，其后的原有数据并不丢失。

- w+：用该方式打开文件后，文件原有内容全部丢失，只能先向文件写入数据，然后再读出。
- a+：用该方式打开文件后，将原文件内容保留。读时从文件开头读，写时则追加到文件末尾。

⑤ 上述 6 种方式加上字母“t”后，仍表示对文本文件打开。

⑥ 上述 6 种方式加上字母“b”后，就表示对二进制文件打开。这时，可以由文件定位函数确定文件读写的起始位置。

3. 关闭文件

文件操作完毕，应用 fclose()函数将文件关闭，以保证本次文件操作有效。调用格式如下：

```
fclose(fp);
```

fp 是由 fopen()函数打开文件时使用的文件指针。该函数执行成功时，返回 0 值；否则，返回非 0 值。文件关闭后，文件指针与文件名脱钩，文件指针可以再与别的文件连接。文件打开和关闭的程序示例如下：

```
#include<stdio.h>
FILE * fp1, * fp2;
main()
{
    …
    fp1=fopen("text1.txt","w");
    …
    fp2=fopen("text2.txt","r+");
    …
    fclose(fp1);
    fclose(fp2);
    …
}
```

9.3 文件的读写操作

一个文件打开后，就可以对该文件进行读写。读写文本文件或二进制文件是由不同的文件读写函数完成的。

9.3.1 文本文件读写

用于文本文件读写的函数包括字符读写函数 fgetc()和 fputc()、字符串读写函数 fgets()和 fputs()、格式化读写函数 fscanf()和 fprintf()。

1. 字符读写函数 fgetc()和 fputc()

(1) fputc()用来向指定的文本文件写入一个字符,与它完全等价的还有 putc()。它们的调用格式如下:

```
fput(ch,fp);
putc(ch,fp);
```

其中,ch 为欲写入的字符,可以是字符型常数或字符型变量;fp 为文件指针。该函数的功能是将一个字符写入指定的文件,如果执行成功,返回所写入的字符;否则,返回 EOF。EOF 是 C 编译系统定义的文本文件结束标志,其值为−1,十六进制表示为 0xFF。

【例 9-1】 将字符 A、B、C 和 EOF 写入 C 盘根目录下的文件 ex9-1.txt 中。程序如下:

```
#include<stdio.h>
#include<stdlib.h>
FILE * fp;
void main()
{ char a='A',b='B',c='C';
  if((fp=fopen("C:\\ex9-1.txt","w"))==NULL)  //打开 C 盘上指定的文件
      { printf("cannot open file\n"); exit(1); }
    fputc(a,fp);                              //写文件操作
    fputc(b,fp);
    fputc(c,fp);
    fclose(fp);
}
```

程序运行时,先以“w”方式打开 C 盘根目录下的文件 ex9-1.txt,然后由 fputc()依次将保存在字符型变量 a、b、c 中的字符写到文件中,最后关闭文件。通过资源管理器可以看到 C 盘上已创建文件 ex9-1.txt。

文本文件可以在命令提示符下用 type 命令将其内容显示在屏幕上。命令格式如下:

```
D:\>type ex9-1.txt
ABC
```

(2) fgetc()用来从指定的文本文件中读取一个字符,与它完全等价的还有 getc()。它们的调用格式如下:

```
ch=fgetc(fp);
ch=getc(fp)
```

其中,fp 为文件指针。该函数的功能是从指定的文件读取一个字符,并赋给字符型变量 ch。如果读取成功,返回读取的字符;如果读取错误或遇到文件结束标志 EOF,则返回 EOF。

【例 9-2】 从例 9-1 建立的文件 ex9-1.txt 中读出所有的字符并显示在屏幕上。程序

如下：

```
#include<stdio.h>
#include<stdlib.h>
FILE * fp;
void main()
{ char ch;
    if((fp=fopen("C:\\ex9-1.txt","r"))==NULL)      //打开 C 盘上指定的文件
     { printf("cannot open file\n"); exit(1); }
    while((ch=fgetc(fp))!=EOF)                     //读文件
      putchar(ch);                                 //屏幕输出
    fclose(fp);
  printf("\n");
}
```

程序运行时，以“r”方式打开 C 盘上的 ex9-1.txt 文件，用 fgetc()读取文件中的一个字符赋给变量 ch，并将 ch 输出到显示器上，直到遇到文件结束符 EOF 为止，而 EOF 将不予显示，因此，程序输出结果如下：

```
ABC
```

2. 字符串读写函数 fgets()和 fputs()

(1) fputs()用来将一个字符串写入指定的文本文件，其调用格式如下：

```
fputs(s,fp);
```

其中，s 可以是字符型数组名、字符型指针变量或字符串常数，fp 为文件指针。该函数的功能是将字符串 s 写入由 fp 指向的文件中，字符串末尾的'\0'字符不予写入。如果函数执行成功，则返回所写的最后一个字符；否则，返回 EOF。

【例 9-3】 将字符串"Visual C++ 2010" "BASIC" "Micorsoft SQL" "Python" "Java"写入文件 ex9-2.txt。程序如下：

```
#include<stdio.h>
#include<stdlib.h>
FILE * fp;
void main()
{ char a[][20]={ "Visual C++2010","BASIC","Micorsoft SQL","Python","Java"};
    int i;
    if((fp=fopen("d:\\ex9-2.txt","w"))==NULL)
      { printf("Cannot open file\n");
         exit(1); }
    for(i=0;i<=4;i++)
       fputs(a[i],fp);
    fclose(fp);
}
```

程序运行时，用“w”方式打开 D 盘上的文本文件 ex9-2.txt，然后通过循环语句将字符型数组 a 中的字符串写入文件，不是按照数组 a 定义的大小，而是按数组 a 中的实际字符个数。程序运行后的结果文件用“记事本”打开，显示如图 9-1 所示。

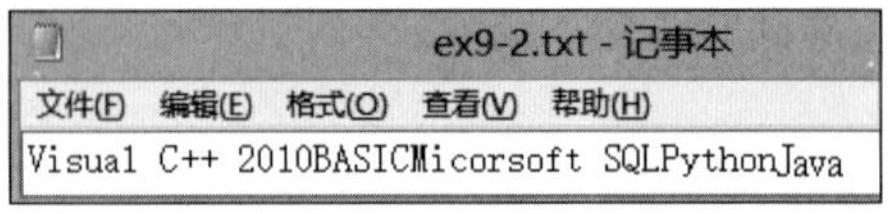

图 9-1　记事本中的运行结果

由于 fputs()并不将字符串末尾的'\0'写入文件，因此文件中的各字符串之间并不存在任何分隔符。为了能使文件能被正确读出，可在每个字符串的末尾增加一个换行符('\n ')，这时，写入文件的各个字符串除了多了一个换行符(ASCII 码 10)外，还将自动增加一个 EOF。例如，将上面程序对字符数组 a 赋值的语句改写如下：

```
char a[][20]={ "Visual C++2010\n","BASIC\n","Micorsoft SQL\n","Python\n",
"Java\n"};
```

则文件存放格式如下：

```
Visual C++2010
BASIC
Micorsoft SQL
Python
Java
```

【例 9-4】 在上例创建的 ex9-2.txt 文件的末尾追加 3 个字符串"Visual Studio .NET" "Java Script"和"Photoshop"。程序如下：

```
#include<stdio.h>
#include<stdlib.h>
FILE *fp;
void main()
{ int i;
  char a[][20]={"Visual Studio .NET\n","Java Script\n","Photoshop\n"};
  if((fp=fopen("d:\\ex9-2.txt","a"))==NULL)
    { printf("Cannot open file\n"); exit(1); }
  for(i=0;i<=2;i++)
     fputs(a[i],fp);
  fclose(fp);
}
```

程序以“a”方式将文件 ex9-2.txt 打开后，文件指针自动指向文件末尾，因此由循环中 fputs()函数写入的 3 个字符串将依次追加在文件的末尾。

(2) fgets()用来从指定的文本文件中读取字符串，其调用格式如下：

```
fgets(s,n,fp);
```

其中，s 可以是字符型数组名或字符串指针，n 是指定读入的字符个数，fp 是文件指针。该函数的功能是最多读取 $n-1$ 个字符，并将读入的字符串存入字符串指针 s。当函数读取的字符达到指定的个数，或者接收到换行符，或者接收到文件结束标志 EOF 时，将在读取的字符后面自动添加一个'\0'字符；若有换行符，则将换行符保留在'\0'字符之后；若有 EOF，则不予保留。该函数如果执行成功，返回读取的字符串；如果失败，则返回空指针。这时，s 中的内容不确定。

【例 9-5】 从例 9-3 和例 9-4 建立的文本文件 ex9-2.txt 中读出各个字符串存放在二维字符数组 a 中，并将其中的第 0、2、4、6 号字符串显示在屏幕上。程序如下：

```
#include<stdio.h>
#include<stdlib.h>
FILE * fp;
void main()
{  int i;
    char a[7][20];
    if((fp=fopen("d:\\ex9-2.txt","r"))==NULL)      //以只读方式打开文件
      { printf("Cannot open file\n"); exit(1); }
    for(i=0;i<7;i++)
      { fgets(a[i],20,fp);
        if(i%2==0)                                  //从文件中读取字符串并
          printf("%s",a[i]);                        //显示第 0、2、4、6 号字符串
      }
    fclose(fp);
}
```

程序运行时，每次循环将最多读取 20 个字符，若遇到换行符或 EOF，则提前结束本次读操作。由于 ex9-2.txt 中每个字符串的末尾都有换行符或 EOF，因此由 fgets()读入并存放在 a[i]中的字符串都带有换行符和'\0'字符，在用 printf()函数输出时，格式转换说明符“%s”不必另加换行符“\n”就能使每个字符串各占一行。程序运行结果如下：

```
Visual C++ 2010
Micorsoft SQL
JAVA
Java Script
```

这个例子给出提示，在建立文件时，每次用 fputs()写入一个字符串后，再人为地写入一个换行符，则在用 fgets()读取时，可以将指定字符个数的 n 设定大一些，就能在 $n-1$ 个字符前遇到换行符而使读入操作终止。

3. 格式读写函数 fscanf()和 fprintf()

(1) fprintf()用来将输出项按指定的格式写入指定的文本文件，其调用格式如下：

```
fprintf(fp,format,arg1,arg2,…,argn);
```

其中，fp 为文件指针，format 为指定的格式控制字符串，arg1～arg$n$ 为输出项，它们可以

是字符、字符串或各种类型的数据。该函数的功能是按格式控制字符串 format 给定的格式，将输出项 arg1，arg2，…，arg*n* 的值，写入 fp 所指向的文件中。函数如果执行成功，返回实际写入文件的字符个数；若出现错误，返回一负数。

fprintf()中格式控制符的使用与 printf()相同。

【例 9-6】 将表 9-3 中的数据写入文件 ex9-3.txt。

表 9-3

公　司	类　　型	重量/kg
APPLE	MacBook-Pro13.3	2.8
LENOVO	ThinkBook-14	3.8
DELL	OptiPlex-7080MT	8.0
HUAWEI	MateBook-D14	3.3

```
#include<stdio.h>
#include<stdlib.h>
FILE * fp;
void main()
{ int i;
  char pc[][18]={"APPLE","MacBook-Pro13.3","2.8kg","LENOVO",
                "ThinkBook-14","3.8kg","DELL","OptiPlex-7080MT",
                "8.0kg","HUAWEI","MateBook-D14","3.3kg"};
  if((fp=fopen("d:\\ex9-3.txt","w"))==NULL)
      { printf("Cannot open file"); exit(1); }
  for(i=0;i<=9;i+=3)
      fprintf(fp,"%8s %18s %8s ",pc[i],pc[i+1],pc[i+2]);
  fclose(fp);
}
```

本程序运行后，文件中各字符串的存放形式（x 代表空格）如图 9-2 所示。

xxxAPPLE	xxMacBook-Pro13.3	x2.8kg	xx LENOVO	…	3.3kg
pc[0]	pc[1]	pc[2]	pc[3]	…	pc[11]
8B	18B	6B	8B	…	6B

图 9-2　文件中各字符串的存放形式

注意：格式化写入时按右对齐方式写入，例如，pc[0]的 8B 的内容如图 9-3 所示。

			A	P	P	L	E

图 9-3　pc[0]中 8B 的内容

(2) fscanf()函数用来按格式从指定的文本文件中读取数据，其调用格式如下：

```
fscanf(fp,format,arg1,arg2,…,argn);
```

其中，fp 为文件指针，format 为格式控制字符串，arg1～arg$n$ 为输入项的地址。该函数的功能是从文件指针 fp 所指的文本文件中读取数据，按格式控制字符串 format 所给定的格式进行数据读取并赋给输入项 arg1，arg2，…，arg$n$。如果该函数执行成功，返回读取项目的个数；如果遇到文件末尾，返回 EOF；如果赋值失败，返回 0。

【例 9-7】 读出例 9-6 所建立的文件 ex9-3.txt 中的数据。程序如下：

```
#include<stdio.h>
#include<stdlib.h>
FILE * fp;
void main()
{   char pc[12][18];
    int i;
    if((fp=fopen("d:\\ex9-3.txt","r"))==NULL)
      { printf("Cannot open file"); exit(1); }
     for(i=0;i<=9;i+=3)
        fscanf(fp,"%s%s%s",pc[i],pc[i+1],pc[i+2]);
     fclose(fp);
     printf("    公司            类型            重量\n");
     for(i=0;i<=9;i+=3)
       printf("%8s %18s %8s\n",pc[i],pc[i+1],pc[i+2]);
}
```

程序输出结果如下：

```
  公司          类型        重量
 APPLE   MacBook-Pro13.3   2.8kg
LENOVO      ThinkBook-14   3.8kg
  DELL  OptiPlex-7080MT    8.0kg
HUAWEI       MateBook-D14  3.3kg
```

使用 fscanf()函数需要特别注意，fscanf()从文件中读取数据时，是以制表符、空格字符或换行符作为该数据项的结束标志，因此在用 fprintf()将数据写入文件时，一定要注意在数据之间留有空格、制表符或换行符，最简便的方法是像例 9-6 程序中那样，在每个输出项后面增加一个空格；否则，用 fscanf()读取时，就可能出现混乱。

9.3.2 二进制文件读写

用于二进制文件读写的函数主要是 fread()和 fwrite()。另外，fgetc()、fputc()、fgets()、fputs()也可以用于二进制文件的读写。

1. 数据块读写函数 fread()和 fwrite()

(1) fwrite()用于向文件写入一个数据块，其调用格式如下：

```
fwrite(buf,size,count,fp);
```

其中，buf 可以是数组名或指向数组的指针，用于提供要写入文件的数据；size 是无符号整型表达式,用于规定要写入的每个数据项的长度(字节数);count 是整型表达式,用于指定数据项的个数;fp 是文件指针。该函数的功能是向 fp 所指的文件中写入一个由 buf 指向的数据块,该数据块共有 count 个数据项,每个数据项有 size 字节。如果执行成功,返回实际写入的数据项个数;若所写数据项少于实际需要的数据项,则出错。

【例 9-8】 从键盘输入 10 个整数,将它们存放在 int 型数组 sam 中,将该数组作为一个数据块写入文件 ex9-4.dat 中。

用“wb”方式打开文件,从键盘输入 10 个整数存放在数组 sam 中,然后用 fwrite()将数组 sam 作为一个数据块写入文件 ex9-4.dat。程序如下:

```
#include<stdio.h>
#include<stdlib.h>
FILE * fp;
void main()
{   int sam[10],i;
    if(!(fp=fopen("d:\\ex9-4.dat","wb")))
      { printf("Cannot open file\n"); exit(1); }
    for(i=0;i<10;i++)
       scanf("%d",&sam[i]);
    fwrite(sam,sizeof(sam),1,fp);
    fclose(fp);
}
```

在程序的 fwrite(sam,sizeof(sam),1,fp)语句中,从 sizeof(sam)可以看出数据块是以整个数组为单位的,故数据块个数为 1,若将该语句改成

```
fwrite(sam,sizeof(int),10,fp);
```

数据块就以一个整数为单位,这时的数据块个数应该是 10。

(2) fread()用于从文件中读出一个数据块,它的调用格式如下:

```
fread(buf,size,count,fp);
```

其中,buf、size、count 和 fp 的含义和用法与 fwrite()完全相同。该函数的功能是从 fp 所指的文件中,一次读出长度为 size 字节的 count 个数据项,然后存放在 buf 中。在读入过程中,自动把文件中的回车符和表示制表符和换行符的转义序列转换成换行符。函数执行成功时,返回实际读入的数据项个数;如果读出项目比调用中所需项目少,则出错。关于如何判断读取出错或已读到文件末尾的问题,将在下节讨论。

【例 9-9】 从例 9-8 建立的二进制文件 ex9-4.dat 中读取 10 个整数存入数组 b,并在屏幕上显示这 10 个数。

以“rb”方式打开文件,用 fread()读入含 10 个整数的数据块存入数组 b,再由 printf()的格式控制将数组 b 中的二进制数转换成十进制数输出。程序如下:

```
#include<stdio.h>
#include<stdlib.h>
```

```
FILE * fp;
void main()
{  int b[10],i;
   if(!(fp=fopen("d:\\ex9-4.dat","rb")))
     { printf("Cannot open file\n");  exit(1); }
  if(fread(b,sizeof(int),10,fp)!=10)          //读取的数据块不足
   {  if(!feof(fp))                           //已到文件末尾
        printf("premature end of file\n");
     else                                     //读取过程中出错
        printf("file read error\n");
     exit(1);
   }
fclose(fp);
for(i=0;i<10;i++)
    printf("%d  ",b[i]);
}
```

程序直接用 fread()的返回值是否等于 10 来判断是否已读入指定的数据项个数，如果所读数据项比指定的个数少，说明已发生错误或遇到文件末尾(feof()函数将在下面介绍)。

2. 二进制文件读写

fgetc()、fputc()、fgets()、fputs()既可以用于读写文本文件，也可以用于读写二进制文件，因为它们操作的对象都是字符，无论是在文本文件中，还是在二进制文件中，字符都是按其 ASCII 码的形式表示和存储的，二者并没有区别。当文件用“w”“r”“a”等方式打开时，它们的作用就是读写文本文件，当文件用“wb”“rb”“ab”等方式打开时，它们的作用就是读写二进制文件。

9.4 文件检测函数

文件检测函数用来检测文件指针是否已到文件末尾，或文件读写操作中是否出现错误等情况，以便能正确地进行文件的存取。

1. 检测文件结尾函数 feof()

在文本文件中，C 编译系统定义 EOF 为文本文件的结束标志，EOF 的值为－1。由于任何 ASCII 码都不可能取负值，所以它在文本文件中不会产生冲突。但是在二进制文件中，－1 有可能是一个有效的数据，所以 EOF 不能作为二进制文件的结束标志。因此，C 编译系统定义了 feof()函数用作二进制文件的结束标志。

feof()的调用格式如下：

```
feof(fp);
```

如果文件指针已到文件末尾,函数返回非 0 值;否则,返回 0 值。例如,下面的程序段可以控制读文件操作到文件结束为止:

```
while(!feof(fp))
    getc(fp);
```

feof()也可以用作文本文件的结束标志。

2. 检测文件读写出错函数 ferror()

ferror()函数用来检测文件读写时是否发生错误,其调用格式如下:

```
ferror(fp);
```

若未发生读写错误,返回 0 值;否则,返回非 0 值。例如,下面的程序段可用来控制程序的运行:

```
if(ferror(fp))
{ puts("file error.");
    exit(1); }
```

如果读写操作中出现错误,则显示"file error.",并自动终止程序的运行。

3. 清除文件末尾和出错标志函数 clearerr()

clearerr()函数用于将文件的出错标志和文件结束标志置 0。当调用的输入输出函数出错时,ferror()函数给出非 0 的标志,并一直保持此值,直到使用 clearerr()函数或 rewind()函数时才重新置"0"。用

```
clearerr(fp);
```

可及时清除出错标志。

【例 9-10】 文件拷贝。用命令行方式将一个二进制文件的内容拷贝到另一个文件中。命令行共 3 个参数,第一个参数为可执行程序名,第二、三个参数分别为需要拷贝的源文件名和目标文件名,它们将依次存放在 argv[0]、argv[1]和 argv[2]中。

用"rb"方式打开保存在 argv[1]中的源文件名,用"wb"保存在 argv[2]中的目标文件名,然后用 fgetc()依次读出源文件中的每个字符,用 fputc()将该字符写入目标文件,这一过程直到 feof()取非 0 值为止。程序如下:

```
#include<stdio.h>
FILE * fin, * fout;
void main(int argc,char * argv[])
{ char ch;
   if(argc!=3)
     { puts("You forget to enter a file name.\n");
        exit(1);  }
   if((fin=fopen(argv[1],"rb"))==NULL)
```

```
    { puts("Cannot open file\n");
      exit(0); }
  if((fout=fopen(argv[2],"wb"))==NULL)
    { puts("Cannot open file\n");
      exit(0); }
  while(!feof(fin))
    { ch=fgetc(fin);                    //读取 1B 内容
      if(ferror(fin))                   //读错
        { printf("read error\n");
          clearerr(fin);                //清除出错标志
          exit(1);}
      else { fputc(ch,fout);            //写入 1B 内容
              if(ferror(fout))          //写错
                { printf("write error\n");
                  clearerr(fout);       //清除出错标志
                  exit(1); }
            }
    }
  fclose(fin);fclose(fout);
}
```

假设该程序文件编译后形成的可执行文件名为 lx9_10.exe,要复制的源文件名为 in.txt,目标文件名为 out.txt,则在命令提示符下,可以用下面的命令行来执行该程序:

```
D:\>lx9_10  in.txt  out.txt ↓
```

程序运行结束后,可在命令提示符下通过 dir 命令或者在 Windows 的资源管理器中查看到拷贝生成的 out.txt 文件。

9.5 顺序存取与随机存取文件

通常一个文件中包含大量的数据,这些数据按其逻辑上的联系形成记录。例如学生档案文件中,姓名、性别、年龄、家庭住址、所在班级等就构成一个记录,文件的读写则是以记录为单位进行的。这些记录的写入或读出是否有一定的顺序限制呢?顺序存取时必须按顺序写入和读出,而随机存取时则可以按任意顺序写入和读出。一个文件是适合于顺序存取还是随机存取,不在于它们是文本文件还是二进制文件,而在于文件中的记录长度是否相等:随机存取要求每个记录的长度必须相等,而顺序存取不要求记录长度必须相等。

文件指针的定位对文件的读写至关重要,因为对文件的任何读写都是在文件指针当前所指的位置上进行的,移动了文件指针直接影响到文件读写的位置。

1. 文件指针的定位

可实现文件指针定位的函数如下。

(1) 用 rewind()函数可将文件指针移到文件的开头，其调用格式如下：

```
rewind(fp);
```

函数调用成功返回 0 值；否则，返回非 0 值。例如，下面的程序段可两次显示 fp 所指的文件中的字符。

```
while(!feof(fp))
    putchar(fgetc(fp));
rewind(fp);
while(!feof(fp));
    putchar(fgetc(fp));
```

(2) 用 ftell()函数可以返回文件指针的当前位置。其调用格式如下：

```
ftell(fp);
```

返回值为长整型数，表示相对于文件头的字节数，出错时返回－1L。例如，程序段

```
long i;
if((i=ftell(fp))==-1L)
    printf("A file error has occurred at %ld.\n",i);
```

可以通知用户在文件的什么位置出现了文件错误。

(3) 用 fseek()函数可以移动指针到指定的位置，调用格式如下：

```
fseek(fp,offset,orng);
```

其中，offset 是一个长整数，表示指针移动的字节数：为负时，表示向文件头的方向移动；为正时，向文件尾的方向移动；为 0 时，不移动。orng 用来指定指针的初始位置，如表 9-4 所示规定的方式取值，既可以用符号名，也可以用对应的整数。该函数的功能是将指针 fp 指到以 orng 为初始位置、移动 offset 个字节后的位置上。若成功，则返回 0；否则，返回非 0。

表 9-4　指针初始位置表示法

符号名	值	含　义
SEEK_SET	0	文件开头
SEEK_CUR	1	文件当前位置
SEEK_END	2	文件末尾

例如，fseek(fp,250L,0)表示将指针 fp 从文件头向后移动 250B；fseek(fp,－251L,2)表示将指针 fp 从文件尾向前移动 251B；fseek(fp,0L,SEEK_SET)表示将指针 fp 从文件头开始移动 0B，实际上表示将 fp 定位于文件头，它与 rewind(fp)的作用完全相同。

fseek()函数常用于二进制文件的随机读写。用于文本文件时，因字符转换问题，定位常出错误。

【例 9-11】 利用 ftell()和 fseek()确定二进制文件的长度(字节数)和记录数。

假设一个二进制文件 k.dat 的每个记录含有若干字段,组织成一个结构型数据(struct ST),该文件用指针 fp 打开后,可以先用 fseek()将文件指针定位到文件尾,用 ftell()就可以获得该文件的长度,用文件长度与每个记录长度相除,就可以得到该文件所包含的记录数。程序如下:

```
FILE * fp;
struct ST
  { …… };
int n,k;
fp=fopen("k.dat","rb+");
fseek(fp,0,SEEK_END);               /* 文件指针移到文件尾 */
n=ftell(fp);                        /* 文件长度字节数 */
k=n/sizeof(struct ST);              /* 文件记录数 */
```

2. 文件的顺序存取

文件的顺序存取是将数据按先后次序依次写入文件或从文件中读出。因此存取顺序文件时,只要清楚文件指针是在文件头还是在文件尾就可以了,一般不关心文件指针精确地位于何处。当文件刚打开时,文件指针通常位于文件头(当用"a"方式打开时,文件指针才指向文件尾);进行读写时,文件指针会自动移动。在某些情况下,例如,写入数据后希望从头读出文件中的数据,需要用 rewind()函数将文件指针恢复到文件头。

【例 9-12】 建立一个学生档案文件,包括学号、姓名、毕业学校、数学、语文、外语和总分,并能根据学号进行顺序查询,以通知该学生的成绩。

只用于顺序存取的文件,既可以是文本文件也可以是二进制文件,其各个记录的长度既可以相等也可以不等。下面分别用文本文件和二进制文件的形式实现题目的要求。

(1) 在创建顺序文本文件时,最好配对使用文件读写函数,以保证输入输出的格式一致。对只含文字数据的文本文件,可以配对使用 fgetc()和 fputc()、fgets()和 fputs();对既有文字信息,又有数值信息的文本文件,通常配对使用 fscanf()和 fprintf()。下面的程序用来建立一个记录长度不等的文本文件 score.txt,每次循环写入一条记录。程序运行流程图如图 9-4 所示。

程序如下:

```
#include<stdio.h>
#include<stdlib.h>
#include<string.h>
FILE * fp;
void main()
{ int i,score[4];
  char num[8],name[11],school[11];
  if((fp=fopen("d:\\score.txt","w"))==NULL)
    { printf("can not open file.\n");
```

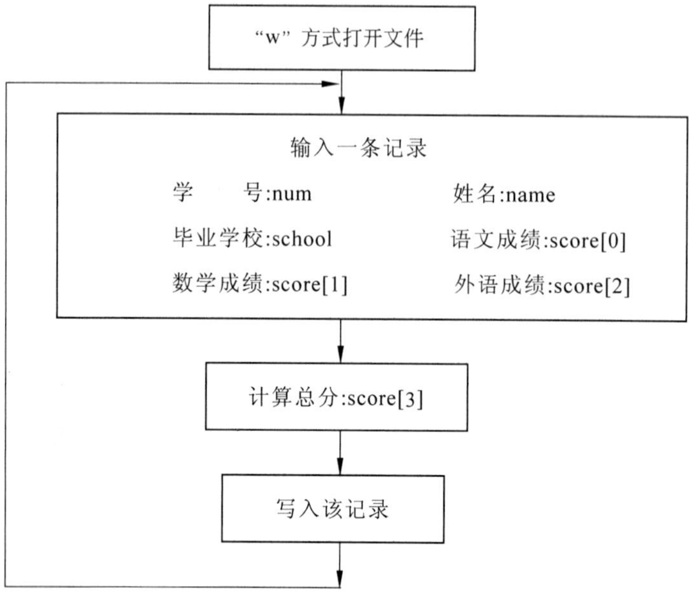

图 9-4 程序运行流程图

```
    exit(1); }
  while(1)                                   //输入学生信息
  { printf("输入学号(输入 0000000 结束):");
    gets(num);                               //输入学号
    if(strcmp(num,"0000000")==0)  break;     //输入 0000000 时结束
    printf("输入姓名:");
    gets(name);
    printf("输入毕业学校:");
    gets(school);
    printf("输入语文成绩:");
    scanf("%d",&score[0]);
    printf("输入数学成绩:");
    scanf("%d",&score[1]);
    printf("输入外语成绩:");
    scanf("%d%*c",&score[2]);
    score[3]=0;
    for(i=0;i<3;i++)                         //计算总分
      score[3]+=score[i];
    fprintf(fp,"%s %s %s %d %d %d %d\n ",num,name,school,
          score[0],score[1],score[2], score[3]) ;      //写入一条记录
  }
  fclose(fp);
  system("pause");
}
```

下面程序用于记录查询，查找记录程序运行流程图如图 9-5 所示。

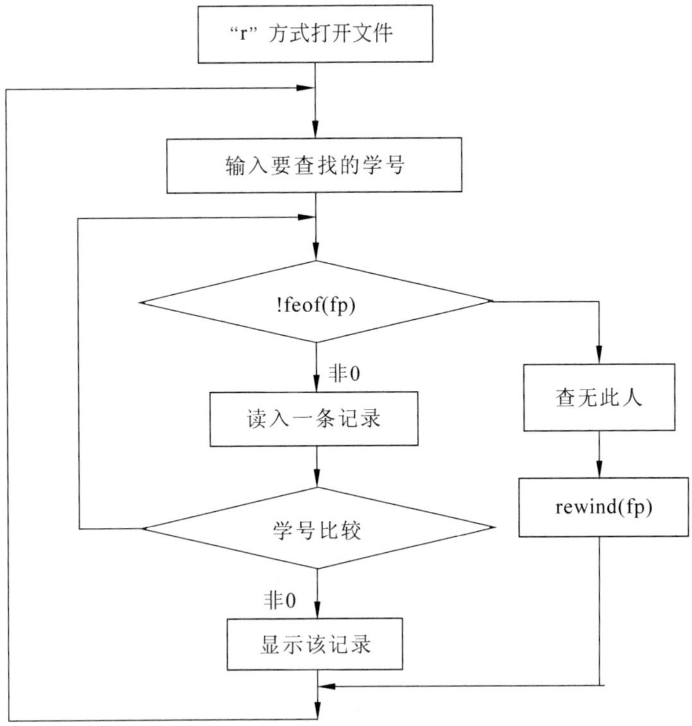

图 9-5　查找记录程序运行流程图

程序如下：

```
#include<stdio.h>
#include<stdlib.h>
#include<string.h>
#include<conio.h>
FILE * fp;
void main()
{ int i=0,flag,score[4];
  char num[8],name[11],school[11],kh[8],ch;
  if((fp=fopen("d:\\score.txt","r"))==NULL)
    { printf("can not open file.\n");
      exit(1); }
  while(1)                    //开始查询
   { printf("输入要查询的学号(输入 0000000 结束查询):");
    gets(kh);
    if(strcmp(kh,"0000000")==0) break;
      flag=0;
      while(!feof(fp))        //顺序查询
        {                     //读入一条记录
        fscanf(fp,"%s%s%s%d%d%d%d ",num,name, school,
```

```
            &score[0],&score[1],&score[2],&score[3]);
      if(strcmp(kh,num)==0)  //找到记录,输出信息
        { printf("  学号  姓名  学校  语文  数学  外语  总分 \n");
         printf("%-10s %-10s%-10s%-6d%-6d%-6d%-6d \n",
                num,name,school,score[0],score[1],score[2], score[3]);
         flag=1;              //设置提前退出循环的标志
         break;
         }
      }
    if(!flag) printf("查无此人\n");
    printf("按任意键继续查询\n");
    ch=getch();
    rewind(fp);               //文件指针返回文件开头
    }
  fclose(fp);
  system("pause");
}
```

(2) 在创建二进制文件时,通常用结构变量或数组来组织记录,以便能用函数 fread()和 fwrite()来进行数据块的读写,可以提高存取速度。这时,各个记录的长度是相等的。建立二进制文件 score.dat 的程序如下:

```
#include<stdio.h>
#include<stdlib.h>
#include<string.h>
FILE * fp;
struct STUD
  { char num[8];
    char name[11];
    char school[11];
    int score[4]; }st;                  //定义结构变量存放学生记录
void main()
  {  int i;
    if((fp=fopen("D:\\score.dat","wb"))==NULL)
      { printf("can not open file.\n");
        exit(1); }
    while(1)                            //输入学生信息
      { printf("输入学号(输入 0000000 结束):");
        gets(st.num);
        if(strcmp(st.num,"0000000")==0)
          break;                        //输入 0000000 时结束
        printf("输入学生姓名:");
        gets(st.name);
        printf("输入毕业学校:");
        gets(st.school);
```

```
        printf("输入语文成绩:");
        scanf("%d",&st.score[0]);
        printf("输入数学成绩:");
        scanf("%d",&st.score[1]);
        printf("输入外语成绩:");
        scanf("%d%*c",&st.score[2]);
        st.score[3]=0;
        for(i=0;i<3;i++)                    //计算总分
          st.score[3]+=st.score[i];
        if(fwrite(&st,sizeof(st),1,fp)!=1)   //写入一条记录
         { puts("Write file error.\n");
           exit(1); }
      }
    fclose(fp);
}
```

顺序查询二进制顺序文件 score.dat 时，用 fread()函数每次读取一条记录，并检查该记录的 num[](原学号)是否与 kh[](待查学号)相等。若相等，就输出查询到的信息，并退出循环；若已到文件末尾仍未找到所需记录，说明该记录不存在。每读取一条记录，文件指针自动向文件末尾的方向移动一个记录的位置。因此，每次开始新的查询时，都要将文件指针用 rewind()函数重新定位到文件开头，以便从文件头开始查询。下面的程序用来对上面创建的数据文件 score.dat 按输入的准考证号进行顺序查询：

```
#include<stdio.h>
#include<stdlib.h>
#include<string.h>
#include<conio.h>
FILE *fp;
struct STUD
  { char num[8];
    char name[11];
    char school[11];
    int score[4]; } st;
void main()
  { char kh[8],ch;
    if((fp=fopen("D:\\score.dat","rb"))==NULL)
      { printf("can not open file.\n");
        exit(1); }
    while(1)                                  //开始查询
      { printf("输入待查学号(输入 0000000 结束查询):");
        gets(kh);
        if(strcmp(kh,"0000000")==0) break;
        while(!feof(fp))                      //顺序查询
          {  if(fread(&st,sizeof(st),1,fp)!=1)   //读入一条记录
```

```
            { puts("查无此人.\n");
              break; }
            if(strcmp(kh,st.num)==0)              //找到记录,输出信息
              { printf("  学号    姓名    学校    语文   数学   外语   总分 \n");
                printf("%-10s %-10s%-10s%-6d%-6d%-6d%-6d \n",
                    st.num,st.name,st.school,st.score[0],st.score[1],
                    st.score[2],st.score[3]);
              break;
              }
          }
        printf("按任意键继续查询...\n");
        ch=getch();
        rewind(fp);                                   //文件指针返回文件开头
      }
    fclose(fp);
  }
```

3. 文件的随机存取

随机文件是能进行随机存取的文件,能随机地将数据写入文件的指定位置或从文件的指定位置读取数据,而不必顺序写入或顺序读出。这时就需要精确知道文件指针当前位于何处(用 ftell()函数可以确定文件指针的当前位置),同时还要用 fseek()函数将文件指针精确定位到所希望的位置,然后才能进行读写,因此随机文件的各记录的长度必须相等。可以将记录定义成结构变量或结构数组的方式来实现记录等长的限制。另外,随机文件应有一个能确定记录位置的标志。

【例 9-13】 学生考试成绩登录程序。要求建立一个学生档案文件,包括学号、姓名、毕业学校、数学、语文、外语和总分,并能进行随机查询,以通知该学生的成绩。注意,记录编号是一个虚拟量。

用结构类型定义和组织学生信息,包括学号、姓名、毕业学校、数学、语文、外语和总分。输入数据时,程序自动将该记录写到文件相应的位置上。在进行文件指针定位时,要使用 fseek()函数,而 fseek()函数在对文本文件定位时容易出错,因此随机文件通常是二进制文件。该程序流程如图 9-6 所示。

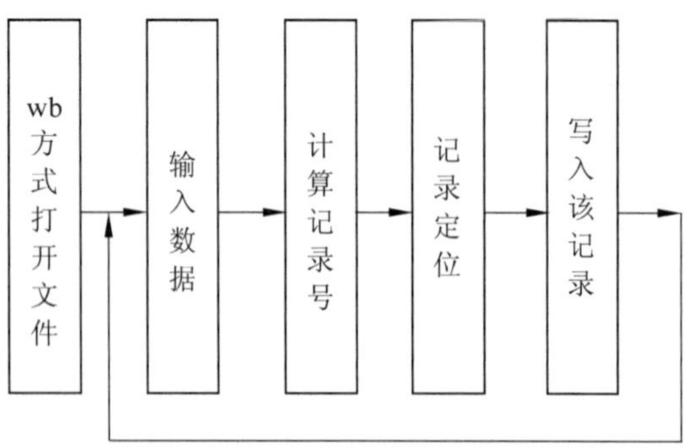

图 9-6　随机写入记录程序运行流程图

下面是建立随机文件 score.dat 的程序。程序自动计算文件的记录号 k，从第 0 号记录开始。

```
#include<stdio.h>
#include<stdlib.h>
#include<string.h>
FILE * fp;
struct STUD
  { char num[8];
    char name[11];
    char school[11];
    int score[4]; }st;                          //定义结构变量存放学生记录
void main()
  {  int i,k=0;                                  //k 变量用于计算记录号
    if((fp=fopen("D:\score.dat","wb"))==NULL)
      { printf("can not open file.\n");
        exit(1); }
    while(1)                                     //输入学生信息
      { printf("输入学号(输入 0000000 结束):");
        gets(st.num);
        if(strcmp(st.num,"0000000")==0)
          break;                                 //输入 0000000 时结束
        printf("输入学生姓名:");
        gets(st.name);
        printf("输入毕业学校:");
        gets(st.school);
        printf("输入语文成绩:");
        scanf("%d",&st.score[0]);
        printf("输入数学成绩:");
        scanf("%d",&st.score[1]);
        printf("输入外语成绩:");
        scanf("%d%*c",&st.score[2]);
        st.score[3]=0;
        for(i=0;i<3;i++)                         //计算总分
          st.score[3]+=st.score[i];
        fseek(fp,(long)k*sizeof(st),0);          //对第 k 号记录定位
          k++;
        if(fwrite(&st,sizeof(st),1,fp)!=1)       //写入一条记录
         { puts("Write file error.\n");
           exit(1); }
      }
    fclose(fp);
    system("pause");
 }
```

在对随机文件进行查询时，只要知道记录号，就可以立即将文件指针定位到该记录处，并读取该记录，而不必从第一条记录开始。程序如下：

```
#include<stdio.h>
#include<stdlib.h>
#include<string.h>
#include<conio.h>
FILE * fp;
struct STUD
  { char num[8];
    char name[11];
    char school[11];
    int score[4]; } st;
void main()
  { int xh,k;
    char ch;
    if((fp=fopen("D:\score.dat","rb"))==NULL)
      { printf("can not open file.\n");
        exit(1); }
     fseek(fp,0,SEEK_END);
     k=ftell(fp)/sizeof(st);                 //计算记录数,但注意记录号从 0 开始
     printf("k=%d\n",k);
    while(1)                                 //开始查询
     { printf("输入要查询的记录号(输入-1 结束查询):");
       scanf("%d",&xh);
    if(xh>k-1)
    { printf("输入记录号超出了最大记录号,请重新输入! \n");
      continue;}
        if(xh==-1)
          break;                             //输入记录号-1 结束查询
      fseek(fp,(long)(xh) * sizeof(st),0);   //文件指针定位
      if(fread(&st,sizeof(st),1,fp)!=1)      //读入一条记录
          { puts("Read file error.\n");
            exit(1); }
        printf("  学号  姓名  学校  语文  数学  外语  总分 \n");
        printf("%-10s %-10s%-10s%-6d%-6d%-6d%-6d \n",
            st.num,st.name,st.school,st.score[0],st.score[1] ,st.score[2],st.
            score[3]);
        printf("按任意键继续查询...\n");
        ch=getch();
      }
    fclose(fp);
    system("pause");
 }
```

9.6 编译预处理

编译预处理是对 C 源程序编译前进行的一些预加工，这些预加工是通过编译预处理命令实现的，这些命令均以“#”开头，以 Enter 键结束，末尾不加“;”。且每个命令各占一个单独的书写行，如果一行书写不下，可用“\”和按 Enter 键结束，然后在下一行继续书写。

编译预处理命令包括宏定义、文件包含和条件编译。

9.6.1 宏定义

宏定义是用标识符代替一个字符串，从而使程序更加简洁。

1. 不带参数的宏定义

不带参数的宏定义用来定义符号常数，这在第 2 章已经讨论过，并在前几章多次使用。

(1) 不带参数的宏定义的一般格式。不带参数的宏定义的一般格式如下：

```
#define  标识符  字符串
```

其中，标识符和字符串之间用空格隔开。标识符又称宏名或符号常数，为了区别于一般变量，通常用英文大写字母表示；字符串又称宏体，可以是常数、关键字、语句、表达式等。例如：

```
#define  EMS  "standard error on input\n"
```

① 宏体可以为空白，即宏定义中只有宏名没有宏体，这时仅表示该标识符已被定义，不能再作其他用途。例如：

```
#define BEG
```

这可以限制程序中不能将 BEG 作为标识符使用。

② 宏体中也可以包含已定义过的宏名，即用已定义的宏名再去定义另外的宏名，称之为嵌套宏定义。例如：

```
#define WIDTH 80
#define LENGTH  WIDTH+40
```

其中，宏名 LENGTH 是用已经定义的宏名 WIDTH 来定义的。

③ 一个 #define 只能定义一个宏，若需要定义多个宏就要用多个 #define。

(2) 宏展开的过程。宏展开的过程是宏名被宏体替换的过程，这种替换是在编译预处理阶段完成的，替换过程不作任何识别和加工，仅将宏体中的各个字符原封不动搬到宏名的位置上。例如，对前面定义的宏名 EMS，如果程序中出现

```
printf(EMS);
```

这样的语句，经宏展开后将变成：

```
printf("standard error on input\n");
```

① 在嵌套宏定义被展开时，如果宏体是一个表达式形式的字符串，括号的有无，展开的效果是不同的。例如，对前面定义的 WIDTH 和 LENGTH，当程序中出现如下语句：

```
var=LENGTH * 20;
```

经宏展开以后变为

```
var=80+40 * 20;
```

如果将上面的宏定义写成

```
#define WIDTH 80
#define LENGTH (WIDTH+40)
var=LENGTH * 20;
```

则经宏展开后变成

```
var=(80+40) * 20;
```

显然，当程序运行时，按 LENGTH 不带括号的宏体展开，var 的计算结果是 880，而按 LENGTH 带括号的宏体展开，var 的计算结果则是 2400。

② 如果宏名出现在程序的双引号中，则在编译预处理时，该宏名不被替换。例如程序段：

```
#define YES 1
char *ps;
ps="x==YES"; printf("%s\n",ps);
```

中，YES 被定义为 1，但赋值语句 ps="x==YES"中的 YES 只被视为普通的字符串，而不会被替换为 1，因此 printf()输出的是"x==YES"而不是"x==1"。

2. 带参数的宏定义

带参数的宏定义可用来定义简单的函数。在程序设计中，经常把那些反复使用的运算表达式甚至某些操作定义为函数，即带参数的宏。这时，宏名带有一个或多个形式参数。

(1) 带参数的宏定义的一般格式。

带参数的宏定义的一般格式如下：

```
#define 标识符(形参表) 宏体
```

例如：

```
#define POWER(x) ((x) * (x))
```

其中，POWER(x)称为带参数的宏，x 是它的形式参数；((x) * (x))为宏体。在此定义之后，便可以在程序中用 POWER(x)来进行表达式((x) * (x))的计算。例如：

```
int i;
for(i=0;i<100;i++)
    printf("%d  ",POWER(i));
```

可打印 0～99 的平方数。

① 在定义带参数的宏时，对形参的数量没有限制。下面给出几个常用的带参数的宏的实例：

```
#define MAX(x,y) ((x>y)?x:y)                /*求x和y中的较大的一个*/
#define ABS(x) ((x>=0)?x:-x)                /*求x的绝对值*/
#define PERCENT(x,y) (100.0*x/y)            /*求x除以y的百分数*/
#define ISODD(x) ((x%2==1)?1:0)             /*判断x是否为奇数*/
#define SWAP(t,x,y) { t=x; x=y; y=t; }      /*交换x和y的值*/
```

② 与带参数的宏定义类似，在不带参数的宏定义中，宏体中括号的有无，展开的效果是不同的。

(2) 使用带参数的宏，有如下独有的特点。

① 程序中使用带参数的宏，由于不存在控制的转移和参数的传递，因而可以得到较高的程序执行速度；但是由于定义代码的反复使用而使程序变大，因而在对源程序进行编译时，要花费较多的时间。

② 宏替换不像函数调用一样，要进行参数传递，保存现场、返回函数值等操作。因此，对简短的表达式以及调用频繁、要求快速响应的场合，采用宏替换更优。

③ 宏替换只是简单的字符替换而不进行计算，因而一些过程是不能用宏替换去代替函数调用的(例如递归调用)。

④ 带参数的宏，除了使用运算表达式定义之外，还可以使用函数。在标准函数库中，经常使用这种形式。例如：

```
#define getchar() fgetc(stdin)
```

其中，getchar()实质上是用另一个函数定义的宏，这样定义的宏替换与定义它的函数，在性质上是相同的。

⑤ 宏定义如果使用不当，会产生不易觉察的错误。

【例 9-14】 分别用函数调用和带参数的宏定义两种方法编制打印整数 1～10 的平方。程序如下：

```
#include<stdio.h>
#include<stdlib.h>
#define SQUARE(n) ((n) * (n))               //定义宏求平方
int square(int n)                           //定义求平方函数
{ return(n*n); }
main()
{   int i=1;
```

```
    printf("\n采用宏定义运算的结果：\n");
    while(i<=10)
      printf("%5d",SQUARE(i++));          //调用宏
    printf("\n采用函数调用的运算结果：\n");
      i=1;
    while(i<=10)
      printf("%5d",square(i++));          //调用求平方函数
      printf("\n");
}
```

运行该程序，其显示结果如下：

```
采用宏替换运算的结果：
    1    9   25   49   81
采用函数调用的运算结果：
    1    4    9   16   25   36   49   64   81  100
Press any key to continue
```

很明显，采用函数调用运行是成功的，而采用宏替换方式并没有达到预期的目的，这是为什么呢？其原因是，经宏替换后，printf()函数语句被置换为

```
printf("%d\n",(i++) * (i++));
```

从上例可以看出，使用带参数的宏替换，引入i++的副作用，而采用函数调用的程序时，则不会出现上述问题。因为在函数调用中i++作为实参，只出现一次；而进行宏替换后，i++出现两次。大家可以想一想如何改写程序，使得宏替换操作与函数调用一致。

(3) 带参数的宏与函数在使用形式上虽有某些相似之处，但二者在本质上是不同的。

① 在程序控制上，函数的调用需要进行函数控制的转移；使用带参数的宏，则仅仅是表达式的运算。

② 带参数的宏，一般是一个运算表达式，但它不像函数那样有固定的数据类型。宏本身没有数据类型，但其运算结果是有数据类型，随着使用的实际参数不同，运算结果可能会呈现不同的数据类型。例如：

```
float x;
for(x=0;x<100;x+=1)
printf("%f  ",POWER(x));
```

将得到实型值。

③ 在调用函数时，对使用的实参有一定的数据类型限制，而带参的宏的实参，可以是任意数据类型。

④ 函数调用时，存在着从实参向形参传递数据的过程，而带参数的宏不存在这种过程。

3. 宏定义的解除

宏定义一般出现在程序的开头，因此它具有全局意义。如果我们想把宏定义的作用域限制在程序的某个范围内，可以使用#undef来解除已有的宏定义。

(1) 解除宏定义的一般形式如下：

```
#undef 宏名
```

其中，宏名是在此之前已定义过的。#undef 的功能是解除之前已定义的宏，使之不再起作用。例如：

```
#define PDP 1
#define MUL(x)   ((x) * (x))
…
#undef PDP
#undef MUL
```

使宏 PDP 和 MUL(x)只在 #undef 之前的程序中有效，在 #undef 之后就不能再使用这两个宏。注意，解除带参数的宏定义时，只需给出宏名，而不必给出宏体。

程序中将 #define 和 #undef 配合使用，就可以把宏定义的使用限制在二者之间的范围内，因此也称之为局部宏定义。

(2) #undef 的另一个作用是重新进行宏定义，即先解除宏定义，再重新定义该宏。C 语言规定：符号常量和带参数的宏都不能重复定义，即程序中不能定义同名的宏。例如，在程序开头定义了 SIZE 是 256，到程序的另一个地方需要定义 SIZE 是 512，使用

```
#define SIZE 256
…
#define SIZE 512
```

是不允许的。但是，如果在定义 SIZE 为 512 之前，用

```
#undef SIZE
```

来解除原先的定义，就可以定义 SIZE 为 512。

在实际应用时，由多个源文件组成的程序，在不同的源文件中可能会出现同一个宏名被定义为不同的宏体。若将这些源文件合并在一起时，就会出现重复宏定义的错误。可以在每个源文件的末尾把使用过的宏定义均用 #undef 解除。

9.6.2 文件包含

文件包含的功能是把一个指定文件的全部内容嵌入到另一个文件中。

文件包含的一般格式如下：

```
#include  <文件名>
```

或

```
#include  "文件名"
```

其中，被包含的文件通常是系统提供的标题文件，扩展名为“.h”。

(1) 被包含的文件可以用“<>”，也可以用“" "”括住，二者差别在于指示编译系统使用不同的方式搜索被包含文件。

① 当用“<>”括住被包含文件时，编译系统将仅仅在系统设定的标准目录中搜索包含文件。例如：

```
#include<string.h>
```

是指只在系统设定的标准子目录 include 下查找被包含文件 string.h。如果在标准子目录下不存在指定的文件，编译系统会发出错误信息，并停止编译过程。

② 当用“" "”括住被包含文件且文件名中无路径时，编译系统将首先在源文件所在的目录中查找，若未找到，就到系统设定的标准子目录中查找。例如：

```
#include "prog.h"
```

系统将在当前盘的当前目录下查找该文件，若未找到，再到 include 子目录下查找。

③ 当用“" "”括住被包含文件并指定该文件的路径时，则系统就按指定的文件路径去查找。例如：

```
#include "c:\\user\\user.h"
```

编译系统将在 c：\user 子目录下查找被包含文件 user.h。

(2) 在编译预处理时，命令行将被包含进来的文件内容所替换。也就是说，原来命令行的位置上变成了被包含文件的文本，它们连同源程序的其他代码一起参加编译。源程序文件就可以直接调用被包含文件中的程序。

【例 9-15】 下面的数学演示程序，用来接收用户输入的半径，并计算和显示该半径对应的圆周长、圆面积、球表面积和球体积。

将计算圆的周长和面积、球的表面面积和体积的计算公式定义为带参数的宏，并将这些宏定义单独存放在文件 circle.c 中。假设文件 circle.c 放在 Include 子目录中。只要在主程序中将 circle.c 包含进来，就可以直接调用这些宏来计算。程序如下：

```
#include<circle.c>                 //若非当前目录下，则需给定文件路径
main()
{  float r;
   printf("Input R:");
   scanf("%f",&r);
   printf("C=%.2f  ",CIRCLE(r));
   printf("A=%.2f  ",AREA(r));
   printf("S=%.2f  ",SURFICE(r));
   printf("V=%.2f\n",VOLUME(r));
}
```

Circle.c 的内容如下：

```
#define PI  3.141593
#define CIRCLE(r)  2 * PI * (r)
#define AREA(r) PI * (r) * (r)
#define SURFICE(r)  AREA(r) * 4
#define VOLUME(r)  SURFICE(r) * (r)/3
```

当对源程序编译时,circle.c 的内容将取代主程序中的＃include＜circle.c＞,而成为主程序的一部分。程序运行结果如下:

```
Input R:10
C=62.83  A=314.16  S=1256.64  V=4188.79
Press any key to continue
```

(3) 一个＃include 只能指定一个被包含文件。如果需要把多个文件都嵌入到源文件之中,则必须使用多个＃include。

(4) 文件包含可以嵌套使用,即被包含的文件中又包含另一个文件。

【例 9-16】 ＃include 的嵌套使用。下面的 main()函数、fun1()函数和 fun2()函数分别以 file.c、file1.c 和 file2.c 为名存放在 Include 目录下,file.c 包含了 file1.c,而 file1.c 又包含了 file2.c。当对 file.c 编译时,首先将 file1.c 中的文本替换＃include "file1.c",将 file2.c 中的内容替换＃include "file2.c",因此,file.c 编译时,实际编译了 3 个函数。

程序如下:

```
/* file.c */                        //file.c 文件
#include "file1.c"                  //包含 file1.c 文件
main()
  { printf("include exp\n");
    fun1();
    printf("end\n");}
/* file1.c */                       //file1.c 文件
#include "file2.c"                  //包含 file2.c 文件
void fun1();
void fun1()
  { printf("file1 included\n");
    fun2();}
/* file2.c */                       //file2.c 文件
void fun2();
void fun2()
  { printf("file2 included\n"); }
```

程序编译后,运行结果如下:

```
include exp
file1 included
file2 included
end
Press any key to continue
```

9.6.3 条件编译

条件编译的功能是只对源程序中的必要部分进行编译,而对其余部分不进行编译,不产生目标代码。在编译源文件之前,根据给定的条件,决定编译的范围,可使程序适应不同系统和不同硬件。

1. 条件编译的形式

(1) ＃if…＃else…＃endif(含＃if…＃endif)或＃if…＃elif…＃else…＃endif 形式。前者相当于 if…else…endif 结构,后者相当于多重选择的 if 结构,即 if…else if…else…endif 结构,＃elif 的含义是“else if”。＃if 和＃elif 后面必须跟常量条件表达式(即表达式中不能含变量),因此它通常与＃define 联用,由＃define 提供符号常数以组成常量条件表达式。因此,以第一种形式为例说明它们的功能:如果条件表达式的值为非 0,就编译＃if 后面的程序段,否则就只编译＃else 后面的程序段,它们的作用范围到＃endif 结束。例如:

```
#include "stdio.h"
#define MAX 200
main()
  { int i=10;
    double x=25.8;
    #if MAX>100
      printf("  x=%6.2f\n",x);
    #else
      printf("  i=%d\n",i);
    #endif
    printf("  i=%d,   x=%6.2f\n",i,x);
}
```

本程序编译后的运行结果如下:

```
x= 25.80
i=10,   x= 25.80
```

因为 MAX>100 的条件成立,只有 printf(" x=%6.2f\n",x)语句被编译,因而也只有该语句被执行。当然,由于＃endif 的作用,printf(" i=%d,   x=%6.2f\n",i,x)语句总是被编译和执行。如果把 MAX 定义为 10,那么程序编译后的运行结果如下:

```
i=10
i=10,   x= 25.80
```

注意:＃if 后面的条件表达式不要加“()”,其后的程序段也不要加“{}”。实际操作时,是先把源程序编写好,在编译前根据需要再插入条件编译命令。

(2) ＃ifdef…＃else…＃endif 或＃ifndef…＃else…＃endif 形式。这两种形式分别表示“如果定义”和“如果不定义”。它们与＃define 和＃undef 配合使用来实现是否编译的条件。例如:

```
#include<stdio.h>
#define AT
main()
{   int i,j;
```

```
    #ifdef AT
      printf("Starting test\n");
    #endif
      for(i=0;i<10000;i++)
        for(j=0;j<10000;j++)
            ;
    #undef AT
    #ifndef AT
        printf("Stop test\n");
    #else
        printf("Done\n");
    #endif
}
```

读者不难分析该程序的运行结果如下：

```
Starting test
Stop test
```

这个程序可以用来测试二重循环的执行时间，当屏幕上出现“Starting test”时立即卡表计时，当屏幕出现“Stop test”时停止计时，于是就可以得到循环执行的时间。

(3) 条件编译除了上面介绍的两类形式外，还可以将这两类形式分别形成嵌套或将这两类形式混合在一起形成嵌套。

2. 条件编译的功能

使用条件编译可以实现以下目的。

(1) 便于程序的调试。在程序调试时，经常需要查看某些变量的中间结果。这时，可以使用条件编译在程序中设置若干个调试用的语句。例如：

```
#define DEBUG 1
#ifdef DEBUG
    printf("a=%d\n",a);
#endif
```

在这里，条件编译用于调试时查看变量 a 的中间结果值。在调试完成后，只需要把符号常量 DEBUG 的宏定义变为注释语句：

```
/*  #define DEBUG 1   */           //注释语句
```

则再次编译该源程序时，这些测试用的语句就不再参加编译了。可以看出，使用条件编译省去了在源程序中增删测试语句的麻烦。在程序正式投入运行后的维护期间，当需要再次测试程序时，这些测试语句还可以再次得到利用。

(2) 增强了程序的可移植性。使用条件编译，还可以使源程序适应不同的运行环境，从而增强了程序在不同机器间的可移植性。例如：

```
#define MACHINE  1          //根据计算机类型进行宏定义
```

```
#if MACHINE==1              //* Honey Well 6000
    #define SIZE 36
#elif MACHINE==2            //VAX-11
    #define SIZE 32
#else
    #define SIZE 16         //IBM PC
#endif
```

在这里，只要对 MACHINE 进行宏定义，利用条件编译可以使符号常量 SIZE 根据不同计算机类型而取不同的常数，从而使包含 SIZE 的 C 程序适用不同的计算机环境，达到程序可移植的目的。

习题 9

一、选择题

1. C 语言数据文件的逻辑组成成分是(　　)。

A. 记录　　B. 数据行
C. 数据块　　D. 字符(字节)序列

2. C 语言中，数据文件的存取方式为(　　)。

A. 只能顺序存取　　B. 只能从文件的开头进行存取
C. 可以顺序存取或随机存取　　D. 只能随机存取(也叫直接存取)

3. 在 C 语言中，用"a"方式打开一个已含有 10 个字符的文本文件，并写入了 5 个新字符，则该文件中存放的字符是(　　)。

A. 新写入的 5 个字符
B. 原有的 10 个字符在前，新写入的 5 个字符在后
C. 新写入的 5 个字符在前，原有的 10 个字符在后
D. 新写入的 5 个字符覆盖原有字符中的前 5 个字符，保留原有的后 5 个字符

4. 设已正确打开一个已存有数据的文本文件，文件中原有数据为 abcdef，新写入的数据为 xyz，若文件中的数据变为 xyzdef，则该文件打开的方式是(　　)。

A. w　　B. w+　　C. a+　　D. r+

5. 以下程序将一个名为 f1.dat 的文本文件的内容追加到一个名为 f2.dat 文件的末尾，请对程序空白处进行正确的选择。

```
#include<stdio.h>
main()
{  char c;
   FILE *fp1, *fp2;
   fp1=fopen("f1.dat","r");
   fp2=fopen("f2.dat","a");
   while((c=__【1】__) !=EOF)
```

```
    【2】 ;
  fclose(fp1);
  fclose(fp2);
}
```

【1】A. fgetc(1,fp1) B. fgetc(1)
C. getc(fp1) D. getc(1,fp1)

【2】A. putc(c,fp1) B. putc(fp2)
C. putc(c) D. fputc(c,fp2)

6. fgets(str,n,fp)函数的功能是从文件读入字符串并存入内存中的首地址 str,以下叙述中正确的是(　　)。

A. n 代表最多能读入 n 个字符
B. n 代表最多能读入 $n-1$ 个字符
C. n 代表最少能读入 n 个字符串
D. n 代表最少能读入 $n-1$ 个字符串

7. 执行 fseek(fp,－20L,2);后的结果是(　　)。

A. 将文件指针从文件末尾向文件头方向移动 20B
B. 将文件指针从文件头向文件末尾方向移动 20B
C. 将文件指针从当前位置向文件头方向移动 20B
D. 将文件指针从当前位置向文件末尾方向移动 20B

8. 若 fp 为文件指针,且文件已正确打开,以下语句的输出结果为(　　)。

```
fseek(fp,0,SEEK_END);
n=ftell(fp);
printf("n=%d\n",n);
```

A. fp 所指文件的长度,以比特为单位
B. fp 所指文件的当前位置,以比特为单位
C. fp 所指文件的长度,以字节为单位
D. fp 所指文件的当前位置,以字节为单位

9. 在 C 语言中,可以把整数以二进制形式存放到文件中的函数是(　　)。

A. fprintf() B. fread() C. fwrite() D. fputc()

10. 下列程序用来建立一个二进制随机文件 f1.dat,将键盘输入的一个浮点数 f 写入第 5 条记录。请选择正确的答案填入程序空白处。

```
#include<stdio.h>
main()
{  float f;
  FILE *fp;
  printf("\n input a float number:");
  scanf("%f",&f);
  if((  【1】  )==NULL)
   { printf("Can't open file\n");exit(1);}
  fseek(fp,4*sizeof(float),0);
```

```
        【2】 ;
  fclose(fp);
}
```

【1】A. fp=fopen("f1.dat","a")　　B. fp=fopen("f1.dat","wb")

C. fp=fopen("f1.dat","rb")　　D. fp=fopen("f1.dat","w+")

【2】A. fputs(f,5,fp)　　B. fseek(fp,sizeof(float),0)

C. fputc(f,4,fp)　　D. fwrite(&f,sizeof(float),1,fp)

11. 以下说法中正确的是(　　)。

A. #define 和 printf 都是 C 语句　　B. #define 是 C 语句,而 printf 不是

C. #define 和 printf 都不是 C 语句　　D. printf 是 C 语句,但#define 不是

12. 以下关于编译预处理的叙述中,错误的是(　　)。

A. 一条有效的预处理命令行必须独占一行

B. 预处理命令是在正式编译之前先被处理的

C. 预处理命令行必须位于源程序的开始位置

D. C 源程序中凡是以"#"开始的控制行都是预处理命令行

13. 宏定义的宏展开是在(　　)阶段完成的。

A. 预编译　　B. 程序编辑　　C. 程序编译　　D. 程序执行

14. 在宏定义 #define PI 3.14159 中,宏名 PI 代替一个(　　)。

A. 常量　　B. 字符串　　C. 单精度数　　D. 双精度数

15. 下面程序的运行结果是(　　)。

```
#define PI 3.141593
main()
{ printf("PI=%f",PI);
}
```

A. 3.141593=PI　　B. PI=3.141593

C. 3.141593=3.141593　　D. 以上答案都不正确

16. 若有以下宏定义:

```
#define STR "%d,%c"
#define A 97
```

已知字符'a'的 ASCII 码值为 97,则语句 printf(STR,A,A+2);的输出结果为(　　)。

A. a,c　　B. 97,99　　C. 97,c　　D. a,99

17. 以下程序的输出结果是(　　)。

```
#define M(x,y,z)  x*y+z
main()
{  int a=1,b=2,c=3;
   printf("%d\n",M(a+b,b+c,c+a));
}
```

A. 12　　B. 13　　C. 15　　D. 19

18. 下列程序执行后的输出结果如下(　　)。

```
#define MA(x) x*(x-1)
main()
{  int a=1,b=2;
   printf("%d\n",MA(1+a+b));
}
```

A. 6　　B. 8　　C. 10　　D. 12

19. 执行下面的程序后,a 的值是(　　)。

```
#define SQR(X)  X*X
main()
{  int a=10,k=2,m=1;
   a/=SQR(k+m)/SQR(k+m);
   printf("%d\n",a);
}
```

A. 0　　B. 1　　C. 2　　D. 10

20. 设有以下宏定义:

```
#define N 3
#define Y(n)  ((N+1)*n)
```

则执行语句 z=2*(N+Y(5+1));后,z 的值为(　　)。

A. 42　　B. 48　　C. 54　　D. 出错

二、填空题

1. 以下程序运行时,用户从键盘输入一个文件名,然后输入一串字符(用#结束输入)存放到此文件中形成文本文件,最后将字符的个数写到文件的尾部。请填空。

```
#include<stdio.h>
FILE *fp;
main()
{  char ch, fname[32];
   int count=0;
   printf("Input the filename:");
   scanf("%s",fname);
   if((fp=fopen(  【1】  , "w+"))==NULL)
    { printf("Can't open file: %s\n",fname); exit(0); }
   printf("Enter data:\n");
   while((ch=getchar())!='#')
    { fputc(ch,fp);
      count++;
    }
```

```
    fprintf(__【2】__,"%d\n",count);
    fclose(fp);
}
```

2. 下面的程序把从键盘输入的文本(用@作为文本结束标志)复制到一个名为 bi.dat 的新文件中。请填空。

```
#include<stdio.h>
FILE * fp;
main()
{   char ch;
    if((fp=fopen(__【1】__))==NULL)
      exit(0);
    while((ch=getchar())!='@')
      fputc(ch,fp);
    __【2】__;
}
```

3. 设文本文件 number.dat 中存放了一组整数。以下程序的功能是统计文件中正整数的个数。请填空。

```
#include<stdio.h>
#include<stdlib.h>
main()
{   FILE * fp;
    int x,count=0;
    if((fp=fopen("number.dat","rb"))==NULL)
     { printf("cannot open file\n"); exit(1); }
    while(!feof(fp))
     { ________;
       if(x>0) count++;
     }
    fclose(fp);
    printf("The result is: %d\n",x);
}
```

4. 以下程序的功能是:从键盘输入一个字符串,把该字符串中的小写字母转换成大写字母,输出到文件 test.txt 中,然后从该文件读出字符串并显示出来。请填空。

```
#include<stdio.h>
main()
{  FILE * fp;
   char str[100];
   int i=0;
   if((fp=fopen("test.txt",__【1】__))==NULL)
    { printf("Cannot open this file.\n"); exit(0); }
```

```
    printf("Input a string:\n");
    gets(str);
    while(str[i])
      {  if(str[i]>='a'&&str[i]<='z')
           str[i]= 【2】 ;
         fputc(str[i],fp);
         i++;
      }
    fclose(fp);
    fp=fopen("test.txt", 【3】 );
    fgets(str,100,fp);
    puts(str);
    fclose(fp);
}
```

5. 下面程序的输出结果是________。

```
#include "stdio.h"
#define PR(ar)  printf("%d",ar)
main()
{  int j,a[]={1,3,5,7,9,11,13,15}, *p=a+5;
   for(j=3;j;j--)
     { switch(j)
        { case 1:
           case 2: PR(*p++); break;
           case 3: PR(*(--p));
        }
     }
}
```

6. 下面程序的输出结果是________。

```
#include "stdio.h"
#define POWER(x)  (x)*(x)
main()
{  int a=1,b=2,t;
   t=POWER(a+b);
   printf("%d\n",t);  }
```

7. 以下程序的输出结果是________。

```
#include "stdio.h"
#define MAX(x,y)  (x)>(y)?(x):(y)
main()
{  int a=5,b=2,c=3,d=3,t;
   t=MAX(a+b,c+d)*10;
   printf("%d\n",t);  }
```

8. C语言中，宏定义有效范围从定义处开始，到本源程序结束处终止。但可以用________来提前解除宏定义的作用。

9. C编译预处理命令总是以________字符开始。

三、编程题

1. 编制程序建立一个文本文件 wb.txt，将下列字符串写入该文件：London、Paris、Bon、Rome、Tokyo、Detroit、Moscow、Jerusalim、Bomgey、Beijing、Washington，要求每个字符串占 11B。然后，读取该文件的各个字符串，并在屏幕上显示出来。

2. 编制程序建立一个学生四、六级英语考试成绩的二进制文件 score.dat(未参加考试的成绩标记 0)。每个学生记录含准考证号、姓名、四级英语成绩、六级英语成绩和考试时间共 5 个字段，学生数 30 人(数据从键盘输入)，然后读取文件，将数据记录显示在屏幕上。

3. 编写程序，其功能是建立一个二进制随机文件 bin.dat，将键盘输入的 5 个浮点数分别写入第 1、3、5、7、9 条记录中，然后再从文件中读出这 5 条记录，在屏幕上输出。

附录A

C语言运算符集

<table>
<tr><th>优先级</th><th>运 算 符</th><th>功 能</th><th>运算量个数</th><th>结合性</th></tr>
<tr><td>0</td><td>( )</td><td>括号，提高优先级</td><td></td><td></td></tr>
<tr><td>1</td><td>[]
->
.</td><td>下标运算，访问地址运算
指向结构或联合成员
取结构或联合成员</td><td>2</td><td>自左至右</td></tr>
<tr><td>2</td><td>!
~
++
--
(类型关键字)
*
&
sizeof</td><td>逻辑非
按位取反
加1
减1
强制类型转换
访问地址或指针
取地址
测试数据长度</td><td>1</td><td>自右至左</td></tr>
<tr><td>3</td><td>*
/
%</td><td>乘法
除法
求整数余数</td><td>2</td><td>自左至右</td></tr>
<tr><td>4</td><td>+ -</td><td>加法 减法</td><td>2</td><td>自左至右</td></tr>
<tr><td>5</td><td><< >></td><td>左移位 右移位</td><td>2</td><td>自左至右</td></tr>
<tr><td>6</td><td>< > <= >=</td><td>关系运算</td><td>2</td><td>自左至右</td></tr>
<tr><td>7</td><td>== !=</td><td>等于 不等于</td><td>2</td><td>自左至右</td></tr>
<tr><td>8</td><td>&</td><td>按位与</td><td>2</td><td>自左至右</td></tr>
<tr><td>9</td><td>^</td><td>按位异或</td><td>2</td><td>自左至右</td></tr>
<tr><td>10</td><td>|</td><td>按位或</td><td>2</td><td>自左至右</td></tr>
<tr><td>11</td><td>&&</td><td>逻辑与</td><td>2</td><td>自左至右</td></tr>
<tr><td>12</td><td>||</td><td>逻辑或</td><td>2</td><td>自左至右</td></tr>
<tr><td>13</td><td>? :</td><td>条件运算</td><td>3</td><td>自右至左</td></tr>
<tr><td>14</td><td>= += -= *= /= %=
>>= <<= &= ^= |=</td><td>赋值运算</td><td>2</td><td>自右至左</td></tr>
<tr><td>15</td><td>,</td><td>逗号运算</td><td>2</td><td>自左至右</td></tr>
</table>

注：表中所列优先级，0最高，15最低。

附录B

ASCII 代码表

字符	ASCII 码	字符	ASCII 码	字符	ASCII 码	字符	ASCII 码	字符	ASCII 码
NUL	0	SUB	26	4	52	N	78	h	104
SOH	1	ESC	27	5	53	O	79	i	105
STX	2	FS	28	6	54	P	80	j	106
ETX	3	GS	29	7	55	Q	81	k	107
EOT	4	RS	30	8	56	R	82	l	108
EDQ	5	US	31	9	57	S	83	m	109
ACK	6	Space	32	:	58	T	84	n	110
BEL	7	!	33	;	59	U	85	o	111
BS	8	"	34	<	60	V	86	p	112
HT	9	#	35	=	61	W	87	q	113
LF	10	$	36	>	62	X	88	r	114
VT	11	%	37	?	63	Y	89	s	115
FF	12	&	38	@	64	Z	90	t	116
CR	13		39	A	65	[	91	u	117
SO	14	(	40	B	66	\	92	v	118
SI	15	)	41	C	67	]	93	w	119
DLE	16	*	42	D	68	^	94	x	120
DCI	17	+	43	E	69	_	95	y	121
DC2	18	,	44	F	70	`	96	z	122
DC3	19	-	45	G	71	a	97	{	123
DC4	20	.	46	H	72	b	98	|	124
NAK	21	/	47	I	73	c	99	}	125
SYN	22	0	48	J	74	d	100	~	126
ETB	23	1	49	K	75	e	101	Del	127
CAN	24	2	50	L	76	f	102		
EM	25	3	51	M	77	g	103		

注：表中所列 ASCII 代码值为十进制数。

附录C

C常用库函数及其标题文件

1. I/O函数（标题文件stdio.h）

下面的数据类型中有一些类型是在stdio.h中定义的，例如，size_t表示整型字节数。

函数名	函数原型说明	功　能	返　回　值
clearerr	void clearerr(FILE * fp)	清除与文件指针fp有关的所有出错信息	无
fclose	int fclose(FILE * fp)	关闭fp所指的文件	出错返回非0，否则返回0
feof	int feof(FILE * fp)	检查文件是否结束	遇文件结束返回非0，否则返回0
fgetc	int fgetc(FILE * fp)	从fp所指文件读取一个字符	返回所读字符数，出错返回EOF
fgets	char fgets(char * str,int n,FILE * fp)	从fp所指文件读取一个长度为$n-1$的字符串，存入str中	返回str地址，遇文件结束返回NULL
fopen	FILE * fopen(const char * fname,const char * mode)	以mode方式打开文件fname	成功时返回文件指针，否则返回NULL
fprintf	int fprintf(FILE * fp,const char * format,arg_list)	将arg_list的值按format指定的格式写入fp所指文件中	返回实际写入的字符数
fputc	int fputc(int ch,FILE * fp)	将ch中的字符写入fp所指文件	成功时返回该字符，否则返回EOF
fputs	int fputs(const char * str,FILE * fp)	将str中的字符串写入fp所指文件中	成功时返回0，否则返回非0
fread	size_t fread(void buf,size_t size,size_t count,FILE * fp)	从fp所指文件读取长度为size的count个数据项，写入fp所指文件中	返回读取的数据项个数
fscanf	int fscanf(FILE * fp,const char * format,arg_list)	从fp所指文件按format指定的格式读取数据存入arg_list中	返回读取的数据个数，出错或遇文件结束返回0

续表

函数名	函数原型说明	功　　能	返　回　值
fseek	int fseek(FILE * fp,long offset,int origin)	移动 fp 所指的文件指针位置	成功时返回当前位置,否则返回－1
ftell	long ftell(FILE * fp)	求出 fp 所指文件的当前的读写位置	返回文件指针当前位置距文件头的字节数
fwrite	size_t fwrite(const void * buf,size_t size,size_t count,FILE * fp)	将 buf 所指的内存区中的 count * size 个字节写入 fp 所指文件中	写入的数据项个数
getc	int getc(FILE * fp)	从 fp 所指文件中读取一个字符	返回读取的字符,出错或遇文件结束时返回 EOF
getch	int getch(void)	从标准输入设备读取一个字符,不必按 Enter 键,输入的字符不显示出来	返回所读字符,否则返回－1
getche	int getche(void)	从标准输入设备读取一个字符,不必按 Enter 键,但输入字符显示在屏幕上	返回所读字符,否则返回－1
getchar	int getchar(void)	从标准输入设备读取一个字符,以 Enter 键结束,并在屏幕上显示	返回所读字符,否则返回－1
gets	char * gets(char * str)	从标准输入设备读取一个字符串,以 Enter 键结束	返回读取的字符串
getw	int getw(FILE * fp)	从 fp 所指文件读取一个整型数	返回读取的整数
printf	int printf(const char * format,arg_list)	将 arg_list 中的数据按 format 指定的格式输出到标准输出设备	返回输出的字符个数
putc	int putc(int ch,FILE * fp)	同 fputc	同 fputc
putchar	int putchar(int ch)	将 ch 中的字符输出到标准输出设备	返回输出的字符,出错返回 EOF
puts	int puts(const char * str)	将 str 所指内存区中的字符串输出到标准输出设备	返回换行符,出错返回 EOF
remove	int remove(const char * fname)	删除 fname 所指文件	成功返回 0,否则返回－1
rename	int rename(const char * oldfname,const char newfname)	将名为 oldname 的文件更名为 newname	成功返回 0,否则返回－1
rewind	void rewind(FILE * fp)	将 fp 所指文件的指针指向文件开头	无
scanf	int scanf(const char * format,arg-list)	从标准输入设备按 format 指定的格式读取数据,存入 arg-list 中	返回已输入的字符个数,出错返回 0

2. 字符判别和转换函数（标题文件 ctype.h）

函数名	函数原型说明	功　　能	返　回　值
isalnum	int isalnum(int ch)	检查 ch 是否为字母或数字	是,返回 1;否则返回 0
isalpha	int isalpha(int ch)	检查 ch 是否为字母	是,返回 1;否则返回 0
isascii	int isascii(int ch)	检查 ch 是否为 ASCII 字符	是,返回 1;否则返回 0
iscntrl	int iscntrl(int ch)	检查 ch 是否为控制字符	是,返回 1;否则返回 0
isdigit	int isdigit(int ch)	检查 ch 是否为数字	是,返回 1;否则返回 0
isgraph	int isgraph(int ch)	检查 ch 是否为可打印字符,即不包括控制字符和空格	是,返回 1;否则返回 0
islower	int islower(int ch)	检查 ch 是否为小写字母	是,返回 1;否则返回 0
isprint	int isprint(int ch)	检查 ch 是否为字母或数字	是,返回 1;否则返回 0
ispunch	int ispunch(int ch)	检查 ch 是否为标点符号	是,返回 1;否则返回 0
isspace	int isspace(int ch)	检查 ch 是否为空格	是,返回 1;否则返回 0
isupper	int isupper(int ch)	检查 ch 是否为大写字母	是,返回 1;否则返回 0
isxdigit	int isxdigit(int ch)	检查 ch 是否为十六进制数字	是,返回 1;否则返回 0
tolower	int tolower(int ch)	将 ch 中的字母转换为小写字母	返回小写字母
Toupper	int toupper(int ch)	将 ch 中的字母转换为大写字母	返回大写字母

3. 字符串函数（标题文件 string.h/mem.h）

函数名	函数原型说明	功　　能	返　回　值
strcat	char * strcat(char * str1, const char * str2)	将字符串 str2 连接到 str1 后面	返回 str1 的地址
strchr	char * strchr(const char * str, int ch)	找出 ch 字符在字符串 str 中第一次出现的位置	返回 ch 的地址,找不到返回 NULL
strcmp	int strcmp(const char * str1, const char * str2)	比较字符串 str1 和 str2	str1<str2 返回负数,str1 = str2 返回 0,str1>str2 返回正数
strcpy	char * strcpy(char * str1, const char * str2)	将字符串 str2 复制到 str1	返回 str1 的地址
strlen	size_t strlen(const char * str)	求字符串 str 的长度	返回 str1 包含的字符数(不含末尾的\0)
strlwr	char * strlwr(char * str)	将字符串 str 中的字母转换为小写字母	返回 str 的地址

续表

函数名	函数原型说明	功　　能	返　回　值
strncat	char * strncat(char * str1,const char * str2,size_t count)	将字符串 str2 中的前 count 个字符连接到 str1 的后面	返回 str1 的地址
strncpy	char * strncpy(char * str1,const char * str2,size_t count)	将字符串 str2 中的前 count 个字符复制到 str1 中	返回 str1 的地址
strstr	char * strstr(const char * str1,const char * str2)	找出字符串 str2 在字符串 str 中第一次出现的位置	返回 str2 的地址，找不到返回 NULL
strupr	char * strupr(char * str)	将字符串 str 中的字母转换为大写字母	返回 str 的地址

4. 数学函数(标题文件 math.h)

函数名	函数原型说明	功　　能	返回值
acos	double acos(double x)	计算 arccos(x)的值	计算结果
asin	double asin(double x)	计算 arcsin(x)的值	计算结果
atan	double atan(double x)	计算 arctan(x)的值	计算结果
atan2	double atan2(double y,double x)	计算 arctan(x/y)的值	计算结果
ceil	double ceil(double num)	求不小于 num 的最小整数	计算结果
cos	double cos(double x)	计算 cos(x)的值	计算结果
cosh	double cosh(double x)	计算 cosh(x)的值	计算结果
exp	double exp(double x)	计算 e^x 的值	计算结果
fabs	double fabs(double num)	计算$\|x\|$的值	计算结果
floor	double floor(double num)	求不大于 x 的最大整数(双精度)	计算结果
fmod	double fmod(double x,double y)	求 x/y 的余数(即求模)	计算结果
frexp	double frexp(double num,int * exp)	将双精度数分成尾数部分和指数部分	计算结果
hypot	double hypot(double x,double y)	计算直角三角形的斜边长	计算结果
log	double log(double num)	计算自然对数	计算结果
log10	double log10(double num)	计算常用对数	计算结果
modf	double modf(double num,int * i)	将双精度数 num 分解成整数部分和小数部分,整数部分存放在 i 所指的变量中	返回小数部分
pow	double pow(double base,double exp)	计算幂指数 x^y	计算结果
pow10	double pow10(int n)	计算指数函数 10^n	计算结果
sin	double sin(double x)	计算 sin(x)的值	计算结果

续表

函数名	函数原型说明	功　　能	返回值
sinh	double sinh(double x)	计算 sinh(x)的值	计算结果
sqrt	double sqrt(double num)	计算 $\sqrt{num}$ 的值	计算结果
tan	double tan(double x)	计算 tan(x)的值	计算结果
tanh	double tanh(double x)	计算 tanh(x)的值	计算结果

5. 动态分配函数及其他(标题文件 stdlib.h)

函数名	函数原型说明	功　　能	返　回　值
calloc	void * calloc(size_t num,size_t size)	为 num 个数据项分配内存,每个数据项大小为 size 字节	返回分配的内存空间起始地址,分配不成功返回 0
free	void * free(void * ptr)	释放 ptr 所指的内存	无
malloc	void * malloc(size_t size)	分配 size 个字节的内存	返回分配的内存空间起始地址,分配不成功返回 0
reallc	void * realloc(void * ptr,size_t newsize)	将 ptr 所指的内存空间改为 newsize 字节	返回新分配的内存空间起始地址,分配不成功返回 0
exit	void exit(int status)	终止程序运行	无
srand	void srand((unsigned) seed)	初始化随机数发生器,seed 通常采用 time(NULL)	无
rand	int rand(int)	随机数发生器,产生 0～65537 的整数	返回一整数

附录D

习题参考答案

习题 1

一、选择题

1	2	3	4	5	6	7
B	A	D	C	A	B	C

二、填空题

题号	答　案	题号	答　案
1	编辑、编译、连接、运行	2	.obj
3	.exe	4	调试
5	【1】char ch;【2】"%d",ch		

三、编程题

略

习题 2

一、选择题

1	2	3	4	5	6	7	8	9	10
B	A	A	A	A	A	D	D	B	C
11	12	13	14	15	16	17	18		
C	B	C	A	B	B	A	B		

二、填空题

题号	答　案	题号	答　案
1	2，　1	2	#define 宏名 字符串
3	unsigned [int] double char	4	八　十　十六
5	4	6	conio.h
7	'\0'　"%s"	8	5.0,4,c=3
9	a=1,b=2		

三、编程题

略

习题 3

一、选择题

1	2	3	4	5	6	7	8	9	10
C	D C	A	C	C	B	A	C	D	C
11	12	13	14	15	16	17	18	19	20
C	A	C	B	A	B	C	D	A	A

二、填空题

题号	答　案	题号	答　案
1	double	2	2
3	5.0,4,c=3	4	1
5	a==0	6	0

三、编程题

略

习题 4

一、选择题

1	2	3	4	5	6	7	8	9	10
C	A	C	C	C	D	B	C	D	B
11	12	13	14	15	16	17	18	19	20
B	C	A	D	D					

二、填空题

题号	答　案	题号	答　案

1	if(a<=b)
	x=1,printf("####x=%d\n",x);
	　else
	y=2,printf("****y=%d\n",y);
		2	10

3	19 或 18	4	b=i+1;
5	8921	6	12

三、编程题

略

习题 5

一、选择题

1	2	3	4	5	6	7	8	9	10
D	D	C	A	A	B	C	C	D	D

二、填空题

题号	答　案	题号	答　案
1	a[1][0]	2	9x
3	Hello	4	s[i++]

三、编程题

略

习题 6

一、选择题

1	2	3	4	5	6	7	8	9	10
D	B	B	A	B	A	D	B	A	D

二、阅读程序题

题号	答　案	题号	答　案
1	a=0,b=7	2	10
3	49	4	6
5	11	6	60
7	k=2 a=3 b=2	8	TJCU JCU
9	How does she	10	2　4

三、编程题

略

习题 7

一、选择题

1	2	3	4	5	6	7	8	9	10	11	12
C	A	C	C	A	B	B	B	C	D	C	C

二、阅读程序题

题号	答　案	题号	答　案
1	8	2	4　3
3	0	4	5　3　10　8
5	3,4	6	5　6
7	10　//求字符串长度	8	11

三、填空题

题号	答　案	题号	答　案
1	【1】*(pa++)或 pa[i]　【2】n	2	1.0/(k*k)或 1.0/k/k
3	int *	4	x
5	【1】a[i-1]　【2】a[9-i]	6	void fun(double m[10][22])　{}

四、编程题

略

习题 8

一、选择题

1	2	3	4	5	6	7	8	9	10
A	B	D	B	【1】D 【2】B	C	B	D	A	B

二、阅读程序题

题号	答　案	题号	答　案
1	【1】12	2	32
3	【1】b->day 【2】(* b).day	4	【1】char * data 【2】struct Link * next
5	(double *)	6	malloc(11)
7	【1】struct List * next 【2】int data	8	【1】(struct List *) 【2】(struct List *) 【3】return h

三、编程题

略

习题 9

一、选择题

1	2	3	4	5	6	7	8	9	10
D	C	B	D	C D	B	A	C	C	B D
11	12	13	14	15	16	17	18	19	20
C	C	A	B	B	C	A	B	B	B

二、填空题

题号	答　案	题号	答　案
1	【1】fname　【2】fp	2	【1】"bi.dat","w" 【2】fclose(fp)
3	fread(&x,sizeof(int),1,fp)	4	【1】"w" 【2】str[i]－32 【3】"r"
5	9911	6	9
7	7	8	＃undef　宏名
9	＃		

三、编程题

略

附录E

C程序应用开发案例

(1) 编写一应用程序,其功能是接收键盘输入的字符,显示输入的文本信息;统计原文中的单词数和语句数;根据用户输入的密码对原文进行加密,并显示密文;对密文进行解密和显示;将输入的文本信息按输入的文件名保存在磁盘上。该程序的运行界面如图 E-1 所示。

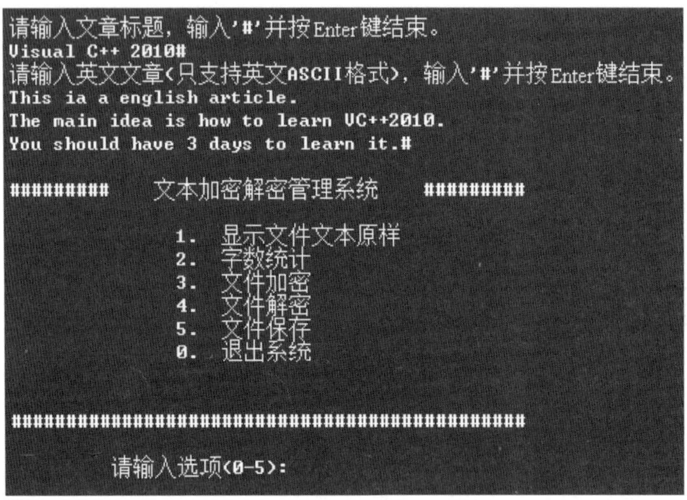

图 E-1　文本加密解密操作界面

```
#include<stdio.h>                    //标准输入输出文件
#include<stdlib.h>                   //标准库函数文件
#include<string.h>                   //字符串处理函数文件
#include<ctype.h>                    //字符操作函数文件
#define MAX 1000                     //定义常数 MAX,容纳最大字符数

//定义全局变量和数组
char title[60],content[MAX];        //title 存放文本标题,content 存放文本内容
char * p2=content;
char key,rekey;                      //存储加密和解密密码
```

/＊函数说明,定义 6 个功能模块函数和 1 个主函数,一般将主函数定义放在程序前部,其他函数定义放在主函数之后,因此需要进行函数说明。函数说明的目的一是程序设计的需要,二是帮助读者理解程序的结构和功能。＊/

```
char Menubar();                         //菜单函数,返回菜单选项字符
void List();                            //显示文本函数
void Save();                            //保存文件函数
void Jiami();                           //文本加密函数
void Jiemi();                           //文本解密函数
void Tongji();                          //统计单词和语句数函数
```

//主函数

/＊进行功能选项判定并调用相应的功能函数,在无限循环中调用函数 Menubar()显示菜单,并返回菜单选项＊/

```
void main()
{   int k=0,len=0;
    char ch;
    printf("请输入文章标题,输入'#'并按 Enter 键结束。\n");
    while((ch=getchar())!='#')
      {  title[k++]=ch;  }
    title[k]='\0';
    printf("请输入英文文章(只支持英文 ASCII 格式),输入'#'并按 Enter 键结束。\n");
    while((ch=getchar())!='#')          //输入文本内容
      {  if(len>MAX)
        {  printf("文章太长,超出规定长度,多余字符将被忽略!\n");
           break;  }
        content[len++]=ch;
        }
     content[len]='\0';
    for(;;)                             //无限循环,选择 0 退出循环
      {  switch(Menubar())              //调用主菜单函数,按返回值选择功能函数
         {
    //选择功能 1 至 4,查询并显示记录
    case '1': List(); break;            //调用 List()函数,显示原文
    case '2': Tongji();break;           //调用 Tongji()函数,单词与语句数统计
    case '3': Jiami();break;            //调用 Jiami()函数,文件加密
    case '4': Jiemi();break;            //调用 Jiemi ()函数,文件解密
    case '5': Save();break;             //调用 Save()函数,保存文件
    case '0': exit(0);                  //跳出循环,终止程序运行
         }                              //switch 语句结束
      }                                 //for 循环结束
    }                                   //main()函数结束
```

//菜单函数

/＊由 main()函数调用,返回菜单选项字符供 main()的 switch 语句判定,调用相应的函数。使

用 printf()函数显示菜单项,用 sacnf()函数接收选项字符,while 条件判断选项的合法性,非法字符则重新输入。*/

```
char Menubar()
{  char c='0';
   printf("\n#########     文本加密解密管理系统     #########\n\n");
   printf("                1.  显示文件文本原样       \n");
   printf("                2.  字数统计               \n");
   printf("                3.  文件加密               \n");
   printf("                4.  文件解密               \n");
   printf("                5.  文件保存               \n");
   printf("                0.  退出系统               \n");
   printf("\n");
   printf("\n##############################################\n");
   printf("\n          请输入选项(0-5):");      //提示输入选项
    do{  scanf("%c",&c);                      //输入选择项,接收 1 个字符
      }while(!(c>='0'&&c<='5'));              //选择项合法性判断,不满足条件则重输
   return c;                                  //返回选择项值
}

//保存文件函数
/*保存数组中的文本数据到文件中,在对数组中的数据作过修改后,需要引用本函数保存修改结果。*/
void Save()
{  char f_name[12];
   FILE *fp;                                  //指向文件的指针
   printf("请输入文件名: ");
   scanf("%s",f_name);
   fp=fopen(f_name,"wt");
   getchar();
   printf(".........正在保存文件.............\n");     //输出提示信息
   fprintf(fp,"\n");                          //将换行符号写入文件
   fprintf(fp,"%s",title);
   fprintf(fp,"\r\n");                        //将换行符号写入文件,使记录分行存放
   fprintf(fp,"%s",content);
   fprintf(fp,"\r\n");                        //将换行符号写入文件,使记录分行存放
   fclose(fp);                                //关闭文件
   printf("........文件已经成功保存!..........\n");     //提示文件保存成功
}

//显示文本信息函数
void List()
{  printf("\n*********     原文如下     *********\n");
   printf("----------------------------------------\n");
   puts(title);
```

```
   puts(content);
   printf("\n*********    显 示 结 束    ********* \n");
}

//统计函数
void Tongji()
  {  int w,s;                      //定义两个整型变量
     w=s=0;                        //对 w,s 赋初值 0
  //for 循环,p2 指向 content 数组的首地址,当 p2 取值不是终止符'\0'时,执行循环体后,
  //p2++
  for(p2=content; *p2!='\0';p2++)
    {  if(*p2=='.'||*p2=='?'||*p2=='!')
                                   //选择语句条件是 p2 地址所取值是句号或问号或感叹号
       ++s;                        //满足以上条件,则执行++s,即语句数增加 1
     if(*p2>='A'&&*p2<='Z'||*p2>='a'&&*p2<='z')
                                   //选择语句条件是 p2 地址所取值是 26 个字母
        {  if(*(p2+1)<'A'||*(p2+1)>'Z'&&*(p2+1)<'a'||*(p2+1)>'z')
                                   //复合条件语句
          ++w;
      //当条件满足 p2+1 这个地址取值不是 26 个字母时,执行++w,即单词数加 1
        }
    }
    printf("\n 总单词数为%d\n",w);      //结束 for 循环后打印 s,w 的最后结果
    printf("总句数为%d\n",s);
}

//对文本进行加密函数
void Jiami()
{   int i=0;
    printf("请输入加密密码: ");
    scanf("%*c%c",&key);
    while(content[i])
    {   if  (content[i]>=32&&content[i]<91)         content[i]+=26;
        else if(content[i]>=91&&content[i]<102)     content[i]+=26;
        else if(content[i]>101&&content[i]<127)     content[i]-=69;
        else                                        content[i]=content[i];
        i++;
    }
    printf("加密后的文章内容如下: \n\n");
    puts(content);
}

//对加密后的密文进行解密函数
void Jiemi()
```

```
{   int     i=0;
    printf("请输入密码 : ");
    scanf("%*c%c",&rekey);
    if(key==rekey)                          //key 和 rekey 已定义为全局变量
    { while(content[i])
      {if  (content[i]>=32&&content[i]<=57)           content[i]+=69;
       else if(content[i]>=58&&content[i]<117)        content[i]-=26;
       else if(content[i]>=117&&content[i]<=127)      content[i]-=26;
       else                                           content[i]=content[i];
       i++;  }
    printf("\n\n 解密后的文章内容如下: \n\n");
    puts(content);
    printf("\n\n");   }
    else
    printf("密码错误! 请重新输入……");
}
```

(2) 通过产生随机数,由计算机自动出题,进行算术四则运算的测试,要求编写的程序具有:检查答题的对错、对错题重做、查看正确结果、系统测试评估、再次练习等功能。系统运行界面如图 E-2 所示。

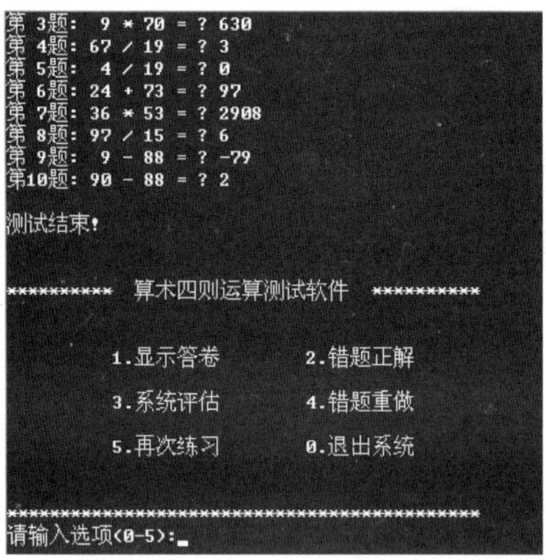

图 E-2　算术四则运算测试软件界面

```
//包含头文件
#include "stdio.h"
#include<stdlib.h>
#include<time.h>                //时间函数
#include<ctype.h>               //字符操作函数
#define M 10                    //定义测试的试题数
```

/*定义全局变量,其中,数组 sy、fh、sr、jd、jg 分别保存第一运算数,运算符,第二运算数,

```
输入结果,正确结果 * /
int sy[M],sr[M],jd[M],jg[M];
int fs;                                 //变量 fs 用于保存成绩
char fh[M];                             //数组 fh 保存运算符号

//除法运算函数
void chufa(int * s1,int * s2,int * s3)
  { int sy= * s1,sr= * s2,jg;           //sy 为被除数,sr 为除数,jg 存放正确答案
    srand((unsigned)time(NULL));        //随机函数发生器
    while(!sr)                          //该循环避免除数为 0
    {sr=rand()%100; }                   //随机函数
    jg=sy/sr;
    * s1=sy;                            //指针变量
    * s2=sr;
    * s3=jg;
}
//四则运算函数
/* 自动生成 M 道运算题目,运算数为 0~99 时,每出 1 道题后等待答题者输入运算结果,判断输入的结果是否正确,正确则加 100/M 分,并给出最终得分。算法描述: 用随机函数 srand()和 rand()组合,产生 0~32767 的整数,与 100 取余数后,得到 0~99 的整数;运算符由 rand()%4 得到 0~3 的随机数确定,其中约定 0-加法、1-减法、2-乘法、3-除法。for 循环控制题目数量,每次循环先产生题目并显示出来,将计算结果保存在 jg 中,然后再等待答题者从键盘输入计算结果,并保存在 jd 中,将 jg 与 jd 进比较,判定正确性,做完 M 道题后(循环结束),显示测试结果并进行评价 * /
void jisuan()
{  int p;     //p 为随机产生的运算符号,约定 0-加法、1-减法、2-乘法、3-除法
int i;                                          //i 为循环控制变量
fs=0;                                           //用于存储成绩
printf("你将进行的是 100 以内数值的四则运算!\n");
srand((unsigned)time(NULL));                    //随机数种子由系统时间函数产生
/* 循环产生 M 道 100 之内的四则运算题目 * /
for(i=0;i<M;i++)
    { sy[i]=rand()%100;                         //随机产生第一个操作数(0~99)
      sr[i]=rand()%100;                         //随机产生第二个操作数(0~99)
      p=rand()%4;                               //随机产生运算符(0~3)
      if(p==0)                                  //p 为 0,表示做加法
        { fh[i]='+'; jg[i]=sy[i]+sr[i]; }       //fh 为'+',jg[i]=sy[i]+sr[i]
        else  if(p==1)                          //p 为 1,表示做减法
          { fh[i]='-'; jg[i]=sy[i]-sr[i]; }
              else  if(p==2)                    //p 为 2,表示做乘法
                { fh[i]='*'; jg[i]=sy[i] * sr[i]; }
        else  if(p==3)                          //p 为 3,表示做除法
           { fh[i]='/'; chufa(&sy[i],&sr[i],&jg[i]);  }
     printf("第%2d 题: %2d %c %2d=? ",i+1,sy[i],fh[i],sr[i]);     //显示题目
```

```
    scanf("%d",&jd[i]);                     //等待键盘输入结果
        if(jd[i]==jg[i])   fs+=100/M;
//如果输入的结果与计算机运算结果相符则加 100/M 分
        }                                   //循环结束
    printf("\n 测试结束!\n\n");
}

//显示菜单函数
char caidan()
{   char   c='0';                           //定义变量
   printf("\n**********  算术四则运算测试软件   **********\n\n\n");
   printf("          1.显示答卷          2.错题正解\n\n");
   printf("          3.系统评估          4.错题重做\n\n");
   printf("          5.再次练习          0.退出系统\n\n");
   printf("\n*********************************************");
   printf("\n 请输入选项(0-5):");          //提示输入选项
   do
   { scanf("%c",&c);   }                    //接收键盘输入选项
   while(!(c>='0'&&c<'6'));                 //验证选项是否合法,不合要求则重新输入
   return c;                                //返回选择项
}

//评价函数
void pingjia()
{   printf("你的成绩是%d 分。\n",fs);      //显示测试成绩,fs 为全局变量
    if(fs==100)                             //显示评价
        printf("真棒! 不要骄傲哟! \n");
      else if(fs>=90)
          printf("优秀! 恭喜你取得了好成绩! \n");
        else if(fs>=70)
            printf("良好! 请继续努力,下次取得更好的成绩! \n");
          else if(fs>=60)
              printf("及格! 成绩不太理想哟,再接再厉吧! \n");
            else if(fs>=10)
                printf("多花点功夫吧,不然你会后悔的! \n");
              else
                  printf("太差劲了! 再不努力的话,后果不堪设想! 再做一次吧!! \n");
     printf("\n\n");
}

//显示答卷函数
void dajuan()
{   int j;
    printf("你的答卷为: \n");
```

```
    for(j=0;j<M;j++)
        printf("%2d %c %2d=%2d\n",sy[j],fh[j],sr[j],jd[j]);
      printf("\n\n");
}

//对错题给出正确的答案函数
void zhengjie()
{   int k;
    printf("你答错的题的正确答案为: \n");
    for(k=0;k<M;k++)
    {   if(jd[k]==jg[k])
           continue;
        else
        printf("%2d %c %2d=%2d\n",sy[k],fh[k],sr[k],jg[k]);
      }
    printf("\n\n");
}

//将错题给出,让答题者再次对其进行计算
void chongzuo()                                //重做错题函数
{   int m,n;
    printf("以下是你做错的题,请重做: \n");
    for(m=0;m<M;m++)                           //用循环对错题进行选择
      if(jd[m]==jg[m])
        continue;                              //答对的题则跳过
      else
        { printf("%2d %c %2d=?",sy[m],fh[m],sr[m]);
            scanf("%d",&jd[m]);
                  if(jd[m]==jg[m])             //再次对输入的答案进行检验
                       printf("恭喜! 你答对了! \n");
        else                                   //若仍未做对,则用此函数
          { for(n=1;n<3;n++)
            { printf("你仍未做对! 你还有%d 次机会: ",3-n);         //再次计算
              printf("%2d %c %2d=?",sy[m],fh[m],sr[m]);
              scanf("%d",&jd[m]);
              if(jd[m]==jg[m])    { printf("恭喜! 你答对了! \n");  break;}
                                                                   //跳出循环
              }
            }
        }                                      //循环结束
        printf("\n\n");
}
```

```
//主函数
void main()
{ int key=1;
  jisuan();
  while(key)
    { switch(caidan())
      {  case  '1':  { printf("\n\n\n"); dajuan(); } break;
         case  '2':  { printf("\n\n\n"); zhengjie(); } break;
         case  '3':  { printf("\n\n\n"); pingjia(); } break;
         case  '4':  { printf("\n\n\n"); chongzuo(); } break;
         case  '5':  { printf("\n\n\n"); jisuan(); } break;
         case  '0':  key=0;
      }
    }
}
```

(3) 通讯录管理程序。其功能是：通讯录初始化、显示、添加、删除、查询以及退出系统等。通讯录中的记录存放在结构数组中，该结构类型包含姓名、性别、电话号码、电子邮件、QQ和地址成员，用于描述通讯录的数据项，添加和删除记录后，将变化后的记录保存在磁盘文件。程序运行的界面如图E-3所示。

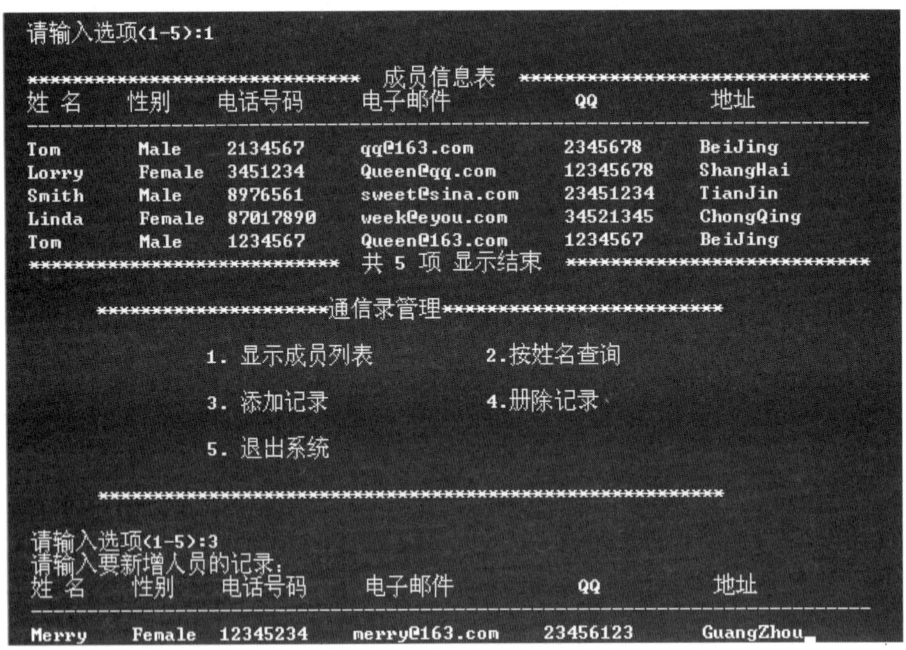

图E-3 通讯录管理系统操作界面

```
//包含头文件
#include"stdio.h"
#include"string.h"
```

```
#include"ctype.h"
#include"stdlib.h"
#define MAX 100
//定义结构类型
struct TXL
{  char  name[10];                    //姓名
   char  sex[8];                      //性别
   char  tele[12];                    //电话号码
   char  email[15];                   //电子邮件
   char  QQ[10];                      //QQ 号码
   char  address[15];                 //地址
};
//函数说明
void Menu();                              //主菜单
void Save(struct TXL temp[],int n);       //保存记录函数
void List(struct TXL temp[],int n);       //显示记录函数
void Query(struct TXL temp[],int n);      //查询记录函数
int  Init(struct TXL temp[]);             //通讯录初始化函数
int  Append(struct TXL temp[],int n);     //新增记录函数
int  ShuRu(struct TXL temp[],int n);      //录入记录函数
int  Delet(struct TXL temp[],int n);      //删除记录函数
int  Search(struct TXL temp[],int n,int b,char *p);      //查找记录函数
//主函数
void main()
{  struct TXL data[MAX];                  //定义结构数组,用于存储通讯录
   int  count=0;                          //存储通讯录中的记录数
   int  choice;
   count=ShuRu(data, count);
   while(1)                               //用 while 循环显示主菜单,进行相关操作
    {Menu();                              //调用系统菜单函数
     scanf("\n%d",&choice);               //输入操作选项
     if(1==choice)         List(data,count);              //调用 List 函数,显示数据
     else if(2==choice)    Query(data,count);             //调用 Query 函数,进行查询
     else if(3==choice)    count=Append(data,count);      //调用 Append 函数,添加记录
     else if(4==choice)    count=Delete(data,count);      //调用 Delete 函数,删除记录
     else if(5==choice)    break;                         //终止循环,结束程序运行
     else printf("  输入错误,重新输入……"),getchar(); //输入错误,重新输入
}}
//显示系统菜单函数
void Menu()
  {printf("\n     *********************通信录管理*************************\n");
   printf("\n                    1. 显示成员列表            2.按姓名查询 \n");
   printf("\n                    3. 添加记录                4.删除记录\n");
   printf("\n                    5. 退出系统\n");
```

```
    printf("\n    ****************************************************\n");
    printf("\n  请输入选项(1-5):");                //提示信息
  }
//初始化函数
int  Init(struct TXL temp[])
{  int i,n;                                   //定义 i,n 的类型
   printf("\n  请输入需要录入的记录条数:");    //提示信息
   scanf("%d",&n);                            //输入记录数
   printf("  按姓名输入记录,各项内容之间用空格隔开,按 Enter 键结束一条记录。\n");
   printf("   序号   姓名     性别     电话号码     电子邮件   QQ     地址 \n");
   printf("    -------------------------------------------\n");
   for(i=0;i<n;i++)                           //输入 n 条记录到数组中
   {   printf(" %-5d",i+1);
       scanf("%s%s%s%s%s%s",temp[i].name,temp[i].sex,temp[i].tele,temp[i].
       email, temp[i].QQ,temp[i].address);
   }
   return n;                                  //返回记录条数
}
//保存记录函数
void Save(struct TXL temp[],int n)
{  int i;
   FILE * fp;                                 //指向文件的指针
   if((fp=fopen("jilu.txt","wt"))==NULL)      //打开文件
   {  printf("  保存文件失败! \n");            //打开文件失败,可能是文件不存在
      exit(1);                                //返回
   }
   printf("\n   正在保存文件....\n");          //输出提示信息
   fprintf(fp,"%d",n);                        //将记录数写入文件
   fprintf(fp,"\r\n");                        //将换行符号写入文件
   for(i=0;i<n;i++)
     {fprintf(fp,"%-10s%-8s%-12s%-15s%-10s%-15s",temp[i].name,temp[i].sex,
          temp[i].tele,temp[i].email,temp[i].QQ,temp[i].address);
                                              //固定格式写入所有记录
      fprintf(fp,"\r\n");                     //将换行符号写入文件,使记录分行存放
   }
   fclose(fp);                                //关闭文件
   printf("   **** 文件已经成功保存! ****\n");
}
//输入记录函数
int ShuRu(struct TXL temp[],int zs)
{   int i,n;
    FILE * fp;
    if((fp=fopen("jilu.txt","rt"))==NULL)                    //打开文件
    {  printf("  尚未建立通信录,请先建通信录。\n");          //不能打开文件
```

```
        zs=Init(temp);                            //调用 Init()函数,输入通信录
        Save(temp, zs);                           //调用 Save()函数,保存文件
        fp=fopen("jilu.txt","rt");                //再次打开文件
    }
    fscanf(fp,"%d",&n);                           //读入记录数
    for(i=0;i<n;i++)
        fscanf(fp,"%10s%8s%12s%15s%10s%15s",temp[i].name,temp[i].sex,
            temp[i].tele,temp[i].email,temp[i].QQ,temp[i].address);
                                                  //按格式读入记录到数组中
    fclose(fp);                                   //关闭文件
    return n;                                     //返回记录数
}
//显示记录函数
void List(struct TXL temp[],int n)
{   int i;
    printf("\n ************************  成员信息表  ************************\n");
    printf("  姓名    性别    电话号码      电子邮件        QQ         地址 \n");
    printf("  ------------------------------------------------------------\n");
    for(i=0;i<n;i++)
        printf(" %-10s%-8s%-12s%-18s%-12s%-15s\n",temp[i].name,temp[i].sex,
            temp[i].tele,temp[i].email,temp[i].QQ,temp[i].address);
    printf("  *****************  共 %d 项 显示结束  ****************** \n",i++);
}
//查找记录函数
int Search(struct TXL temp[],int n,int b,char *p)
{   int i;
    for(i=b;i<n;i++)                              //从第 b 条记录开始,直到最后一条
    {   if(strcmp(p,temp[i].name)==0)             //记录中的姓名和待比较的姓名是否相等
            break;                                //相等,则提前结束循环
    }                                             //for 循环结束
    return i;                                     //返回记录所在的下标值
}
//新增记录函数
int  Append(struct TXL temp[],int n)
{   printf("  请输入新增人员的记录数据: \n");
    printf("  姓名    性别    电话号码      电子邮件        QQ         地址 \n");
    printf("  ------------------------------------------------------------\n");
    scanf("%s%s%s%s%s%s",temp[n].name,temp[n].sex,temp[n].tele,temp[n].email,
        temp[n].QQ,temp[n].address);              //添加记录到数组末尾
    Save(temp, n+1);                              //调用 Save 函数,保存文件
    return n+1;                                   //返回新的记录数
}
//查询记录函数
void Query(struct TXL temp[],int n)
```

```
{  char p[10];                                   //接收查找人的姓名的字符串
   int i;                                        //定义查找到记录的位置变量
   printf(" 请输入姓名,按 Enter 键结束: ");
   scanf("%s",p);                                //输入待查找姓名
   i=Search(temp,n,0,p);                         //调用 Search 函数,查找此人记录
   if(i>n-1)                                     //如果返回值超过实际人数说明没找到
      printf(" 查无此人! \n");
   else
   {  printf(" 姓名    性别    电话号码     电子邮件       QQ       地址 \n");
      printf(" ---------------------------------------------------\n");
      while(i<n)                                 //循环查找
      {                                          //查找成果,调用显示函数显示记录
        printf("%-10s%-8s%-12s%-18s%-10s%-15s\n",temp[i].name,temp[i].sex,
                   temp[i].tele,temp[i].email,temp[i].QQ,temp[i].address);
        i=Search(temp,n,i+1,p);                  //找此人的下一条记录
      }
      printf(" --------------- 结    束 ---------------------\n");
   }
}
//删除记录函数
int Delet(struct TXL temp[],int n)
{  char p[10];                                           //接收要删除记录的姓名
   char ch='N';
   int i=0,j;
   printf(" 请输入姓名,此人的记录将被清除: ");             //提示信息
   scanf("%s",p);                                        //输入要删除记录人的姓名
   while(i<n)
   {  i=Search(temp,n,i,p);                              //调用 chazhao 函数查找记录
      { printf(" 姓名    性别    电话号码     电子邮件       QQ       地址 \n");
      printf(" ---------------------------------------------\n");
                                                         //调用输出函数显示该条记录信息
      printf(" %-10s%-8s%-12s%-18s%-10s%-15s\n",temp[i].name,temp[i].sex,
           temp[i].tele,temp[i].email,temp[i].QQ,temp[i].address);
      printf(" 确认是否删除此人记录(Y 删除/N 取消)?");       //提示
      scanf("%*c%c",&ch);                                //接收键盘输入一个字符(Y 或 N)
      ch=toupper(ch);                                    //将字母转换成大写
      if(ch=='Y')                                        //确认删除
      { for(j=i+1;j<n;j++)                               //删除该记录,实际后续记录前移
      { strcpy(temp[j-1].name,temp[j].name);             //将后一条记录的姓名拷贝到前一条
       strcpy(temp[j-1].sex,temp[j].sex);
       strcpy(temp[j-1].tele,temp[j].tele);
       strcpy(temp[j-1].email,temp[j].email);
       strcpy(temp[j-1].QQ,temp[j].QQ);
       strcpy(temp[j-1].address,temp[j].address);
```

```
            }
            n--;                                              //记录数减 1
         }                                                    //if 结束
         }                                                    //外层 if 结束,不删除
         i++;                                                 //找下一条满足条件的记录
    }                                                         //while 循环结束
    Save(temp, n);                                            //保存文件
    return n;                                                 //返回新记录数
}
```

图书资源支持

感谢您一直以来对清华版图书的支持和爱护。为了配合本书的使用，本书提供配套的资源，有需求的读者请扫描下方的“书圈”微信公众号二维码，在图书专区下载，也可以拨打电话或发送电子邮件咨询。

如果您在使用本书的过程中遇到了什么问题，或者有相关图书出版计划，也请您发邮件告诉我们，以便我们更好地为您服务。

我们的联系方式：

地　　址：北京市海淀区双清路学研大厦 A 座 714

邮　　编：100084

电　　话：010-83470236　010-83470237

客服邮箱：2301891038@qq.com

QQ：2301891038（请写明您的单位和姓名）

资源下载：关注公众号“书圈”下载配套资源。

资源下载、样书申请

书圈　　获取最新书目　　观看课程直播